新时代

中国财税法治热点问题研究

刘中建　韩晓　著

知识产权出版社
全国百佳图书出版单位
—北京—

图书在版编目（CIP）数据

新时代中国财税法治热点问题研究/刘中建，韩晓著. —北京：知识产权出版社，2021.11

ISBN 978 - 7 - 5130 - 7765 - 1

Ⅰ.①新… Ⅱ.①刘… ②韩… Ⅲ.①财政法—研究—中国②税法—研究—中国 Ⅳ.①D922.204

中国版本图书馆 CIP 数据核字（2021）第 201869 号

责任编辑：李学军　　　　　　　　　　责任校对：谷　洋
封面设计：刘　伟　　　　　　　　　　责任印制：孙婷婷

新时代中国财税法治热点问题研究

刘中建　韩晓　著

出版发行：	知识产权出版社 有限责任公司	网　　址：	http：//www.ipph.cn
社　　址：	北京市海淀区气象路 50 号院	邮　　编：	100081
责编电话：	010 - 82000860 转 8559	责编邮箱：	752606025@qq.com
发行电话：	010 - 82000860 转 8101/8102	发行传真：	010 - 82000893/82005070/82000270
印　　刷：	北京九州迅驰传媒文化有限公司	经　　销：	各大网上书店、新华书店及相关专业书店
开　　本：	787mm×1092mm　1/16	印　　张：	17.5
版　　次：	2021 年 11 月第 1 版	印　　次：	2021 年 11 月第 1 次印刷
字　　数：	268 千字	定　　价：	98.00 元

ISBN 978 - 7 - 5130 - 7765 - 1

前　言

　　党的十八大以来，面对国内外形势的深刻变化以及实现中华民族伟大复兴、建设现代化社会主义强国关键时期亟待解决的一系列重大的时代课题，以习近平同志为核心的党的新一代领导集体锐意进取，全面进行理论创新，对中国特色社会主义建设规律的认知达到一个新的高度。伴随习近平新时代中国特色社会主义思想的创立并逐渐丰富完善，我国社会主义建设事业开启了新的历史篇章，中国特色社会主义进入了新时代。在此时代背景之下，党的十九大明确了新时代中国共产党的历史使命，提出了新时代中国特色社会主义思想和基本方略，从而为党和国家各项事业的发展树立了大政方针和行动纲领。作为马克思主义中国化的最新成果，习近平新时代中国特色社会主义思想准确把握住了我国现阶段的主要矛盾，进一步明确了"两个一百年"的发展目标，并对国家治理方式转变进行了全新的探索，国家治理现代化和全面依法治国被提到前所未有的战略高度，在此过程中，作为新时代全面深化改革的重点领域及全面加强法治建设的突破口，财税法治的地位得以凸显。

　　面对人民日益增长的美好生活需要和不平衡不充分的发展之间的矛盾，为切实提升国家治理能力和水平，构建并完善与现代市场经济、新时代社会结构相匹配的国家治理体系，党的十八届三中全会通过的《中共中央关于全面深化改革若干重大问题的决定》将全面深化改革的总目标明确为"完善和发展中国特色社会主义制度，推进国家治理体系和治理能力现代化"，并强调财政是国家治理的基础和重要支柱，乃至实现国家长治久安的重要制度保障，此当为新中国成立以来党和国家关于财政职能最有分量的理论定位。站在这一高度，党的十八届四中全会通过的《中共中央关于全面推进依法治国若干重大问题的决定》则提出全面依法治国的方略，并将财税列为全面加强法治建设的重点领域。两次全会前后呼应，充分体现了财税法治在国家治理现代化中的基础性作用以及建设法治国家、法治政府、法治社会全局中的决定性地位。承续两次全会的精神，党的十八届五中全会进一步明确了建立现代财政制度和科学的税收制度的改革目标。随着新时代全面深化改革的陆续推进，党的十九大明确提出，在 2020 年全面实现小康的基础上，到 2035 年基本实现社会主义现代化和国家治理体系和治理能力现代化；到 21 世纪中叶将我国建成富强民主文明和谐美丽的社会主义现代化强国，全面实现国家治理体系和治理能力现代化。为实现"两个一百年"奋斗目标，习近平总书记在党的十九大报告中强调要加快建设现代财政制度，建立权责清晰、财力协调、区域均衡的中央和地方财政关系，发挥中央和地方两个积极性的体制机制。与上述历次全会精神一脉相承，党的十九届三中全会在阐述深化党和国家机构改革的决定时，再次重申要"加强和优化政府财税职能，夯实国家治理的重要基础"。与此同时，在党的十九届四中全会通过的《中共中央关于坚持和完善中国特色社会主义制度、推进国家治理体系和治理能力现代化若干重大问题的决定》中亦有"完善标准科学、规范透明、约束有力的预算制度"，"建立权责清晰、财力协调、区域均衡的中央和地方财政关系，形成稳定的各级政府事权、支出责任和财力相适应的制度"，"强化税收调节，完善直接税制度并逐步提高其比重"等重要论断。由此可知，党中央对于财税法治在治国安邦中的基石性作用的认识是一以贯之的。

特别值得提出的是，党的十九大要求全党以习近平新时代中国特色社会主义思想为指导统一思想和行动，明确提出把习近平新时代中国特色社会主义思想贯彻到社会主义现代化建设全过程，而本书所要着重研究的新时代财税法治建设问题正是新时代我国社会主义现代化建设的重要领域之一。依据党的十八届三中全会的重要论述，财政是国家治理的基础和重要支柱，依法治国是国家治理的基本方式，财税法律制度是中国特色社会主义制度的重要组成部分。遵照党的十九大提出的明确要求，要构建和完善新时代中国特色社会主义财政法律体系，必须始终坚持以习近平新时代中国特色社会主义思想为指导，将党的指导思想、方针政策贯彻到中国特色社会主义财税法治的实践中。2020年11月召开的中央全面依法治国工作会议首次提出习近平法治思想的概念，并将其定位为新时代全面依法治国的根本遵循和行动指南。总之，为更好地落实新时代党中央有关全面深化改革、全面依法治国以实现国家治理现代化的重大战略部署，本书拟以习近平新时代中国特色社会主义思想尤其是习近平法治思想为指导，在总结近年来我国财税改革、财税法治建设取得的成绩和经验的基础上，着重就新时代我国财税法治建设的意义、已有成果及不足之处、目标定位、重点领域、主要工作环节、典型法治问题等展开具体分析。

目　录

第一章　新时代财税法治建设的
重要意义及建设目标

一、新时代财税法治建设的重要意义

新时代加强财税法治建设的重要意义是由现代财政的特质和财政体制改革以及财税法治建设在新时代国家发展战略格局中的地位决定的。

（一）财政在国家治理现代化中的角色定位

"财者，为国之命而万事之本。国之所以存亡，事之所以成败，常必由之"❶。纵观人类文明发展历程可知，财政往往成为一国政治兴衰的根本性力量，一个王朝衰落的背后往往就是财政危机的经年积累与最终爆发，而一个新兴政权的蓬勃兴起，往往也主要依赖于一套良好财政制度的构建及其初步的健康运转。新中国的发展史也充分证实了这一点。我国历次重大改革亦大多以财税体制改革为突破点和重点阵地。自改革开放以来，为适应建立社会主义市场经济体制和法治国家的需要，我国逐步构建起了公共财政的基本框架。如前文所述，进入社会主义建设新时代之后，在全面深化改革、实现"两个一百年"奋斗目标的宏大布局之下，以习近平同志为核心的新一代中央领导集体对财政的角色定位有了新的认识。党的十八届三中全会有关财政为国家治理之基础和重要支柱的表述，突破了以往将

---

❶　（宋）苏辙：《栾城集·上皇帝书》。

财政仅仅视为一种经济事象且更多关注其在经济上的宏观调控功能的局限性，科学把握到并突出强调了财政概念中"政"的重要性，因而财政在新时代被赋予优化资源配置、维护市场统一、促进社会公平、实现国家长治久安的重大历史使命。

1. 优化资源配置、维护市场统一

一般而言，在现代经济体制下，市场在资源配置中起着基础性作用。但发达市场经济国家的数百年的发展经验业已证明，市场这一无形之手的有效性是以市场充分竞争状态的存在为前提的，故市场的天然缺陷需要政府通过公权力进行资源配置、市场调控，以稳定宏观经济。与此同时，市场以效率为导向，无法充分顾及社会公平，这同样需要政府加强公共服务、提供社会保障。无论是资源配置、宏观经济调控还是公共产品的提供，其最基本的手段或物质支撑都只能是财政。不仅如此，现代财政的原理还在于通过一定的特殊机制和手段将政府与市场有效结合起来，充分调动市场机制的作用，以达到全社会资源配置的帕累托最优状态。在维护统一市场方面，政府提供的多项公共服务中，诸如反垄断、打击不正当竞争、提供宏观经济信息及产业指导意见等，都是维护统一市场的基本举措，更遑论政府可以通过财政政策调控市场机制，通过税收优惠和财政补贴等手段调控市场经济的运行。除此之外，现代预算制度、规范化的央地财政关系以及现代税收体系的构建，更是高效有序的统一市场得以形成的必备制度条件。

2. 调节分配，促进社会公平正义

"公平正义是社会制度的首要价值"❶，它构成了整个人类哲学史一以贯之的思想主题，体现了人类的普遍道德诉求。❷ 马克思主义之所以倡导社会主义而反对资本主义，正是在于前者将追求公平正义作为其特有的主

---

❶ ［美］约翰·罗尔斯：《正义论》，何怀宏等译，商务印书馆 1971 年版，第 3 页。
❷ 布雷恩·特纳指出："现代社会具有一个明显特点，就是对平等十分重视。这一要求不是偶尔出现的，它有很长的历史传统，历久弥新，传承并延续下来，最终展现的结果，体现为权利意识不断强化，权利内涵不断丰富，权利外延不断拓展。"［英］布雷恩·特纳：《公民权研究手册》，王小章译，浙江人民出版社 2007 年版，第 35 页。

导价值特征。作为马克思主义政党，中国共产党长期致力于构建社会秩序的公平正义，持之以恒地以公平正义为价值追求，党的十八大即明确把公正作为社会主义核心价值观的重要内容。就本书主题而言，财政的本质特征是其公共价值，财政存在的根本目的不仅是公民对政府基本公共服务功能的需要，更是维护社会公平正义的需要。具体而言，财政通过分配功能来促成社会公平正义的实现：在市场经济条件下，公民按照劳动和生产要素参与社会财富的初次分配。囿于个人禀赋、生存环境的不同以及其他非竞争性因素的影响，必然会形成个体之间并以此为基础扩展至阶层之间、地区之间的不公平的分配格局。良好的财政制度，既通过税收❶等参与国民财富的第一次分配，又通过财政支出❷等手段参与国民财富的第二次分配，从而将社会公众的收入差距维持在合理的范围之内。此外，新时代财政促进社会公平之功能，还特别地体现在公共财政的"公共"性一面，也即公共财政除了强调支出结构的公共性及不断扩大民生支出覆盖范围，更强调统一按"国民"身份分配财政支出，以区别于过去根据城乡二元标准甚至行政级别配置资源的特权型倾向的财政分配方式，从而从根本上体现和促进社会公平正义。

3. 维护社会有序运转，实现国家长治久安

人类进入文明社会、组成国家，尤其是在宪法的基础上建立现代国家，是因为国家可以通过一系列制度安排来实现和维护社会有序运转。作为国家基本制度重要组成部分的财政制度，渗透于国家改革和发展的方方面面，覆盖和牵动着政府的各项职能，具有基础性和支撑性作用，在维护政府运转、优化治安环境、保障充分就业、稳定基本物价、发展国民经济

---

❶　税收调整分配的方式是多元的，它可以通过税种设置、税率调整、税收优惠等手段，从根本上调节不同利益群体的要素分配，也从所得税切入调整企业利润水平，以及个人劳动、非劳动收入，使其保持在一个合理区间，亦可通过资源税调节因比较优势而形成的级差收入，如此等等。

❷　财政支出调整分配的手段也是多元的，可以是通过转移支付手段，均等城乡及不同地区之间的公共服务；可以通过完善社会保障的方式，保障公民住房、教育、医疗、就业和养老等基本权利，尤其是提高弱势群体对美好生活的满意度；可以通过加大教育投入、公平配置教育资源等，为全社会提供公平的受教育机会，如此等等，都可以在相当程度上弥补初次分配的不公平。

以及促进社会和谐稳定乃至国家长治久安等多方面都起到重要的作用。一国政治之稳定、经济之发展、社会之和谐、民众之幸福，皆以规模适度的财政收入、科学合理的财政保障为前提。一方面，财政规模要适度，纳税人财政负担过重或者政府财力明显不足皆会影响经济社会的有序、稳定和可持续发展，最终影响国家的长治久安；另一方面，财政支出结构要科学合理，它是国家发展战略及执政党诸项社会经济政策的直接体现，影响着经济社会的发展方向、路径、效率和速度，关涉国家治理能力和治理水平。总之，任何一个国家只有建立起完善健全的财政制度，政府才能高效廉洁运行，国家才能长治久安，否则政府必将举步维艰，国家亦会陷入混乱。

（二）财税法治在中国特色社会主义建设"五位一体"总体布局中的基本功能

如前文所述，作为国家治理体系和能力现代化的基础和重要支柱，财政法律制度承载并规范着一个国家的整体系统架构，大到国家与社会、政府与市场、中央与地方之间的关系，小到各政府机关之间以及征税机关与纳税人之间的关系，对一国的经济、政治、文化、社会、生态文明、国防等各个领域都具有重要影响。基于财政法律制度的特殊功用，在党中央全面深化改革的重大战略布局中，以构建中国特色社会主义现代财政法律制度为目标的财税体制改革居于十分突出的地位，纵观党的历次全会决议可见，以法治化为保障的财税体制改革成为经济体制、政治体制、文化体制、社会体制和生态文明体制等一系列重大改革的重要抓手和突破口。

1. 构建新时代中国特色社会主义财税法治体系是全面建成小康社会的重要制度保证

党的十九大报告为新时代中国特色社会主义描绘了清晰而又宏伟的蓝图，全面建成小康社会被定位为"两个一百年"第一阶段的发展目标。全面建成小康社会，意味着我国将实现经济、政治、文化、社会、生态文明五位一体的协调发展，进一步解决城乡区域发展不平衡、经济社会发展不协调等问题并惠及全体人民。同时，也是至为关键的，这一阶段还要为"两个一百年"的第二个阶段发展目标即全面建成社会主义强国奠定制度基础。总之，中国特色社会主义各项制度的成熟定型是全面建成小康社会的题中应有之义，制度的完善和发展是全面建成小康社会的根本保障。❶在全面建成小康社会的重大战略中，作为国家治理基础和重要支柱的财政法律制度，在完善中国特色社会主义政治制度建设、推进国民经济健康持续发展、促进社会主义文化的大发展大繁荣、更好地保障和改善民生、进一步保护和改善生态环境等方方面面都起着至为关键的作用。

2. 构建新时代中国特色社会主义财税法治体系是全面深化改革的重要方面

进入新时代以来，中国特色社会主义事业的发展依然面临着许多困难和挑战，为了更好地满足人民对美好生活的需要，切实解决好各领域、各地区发展不平衡、不充分问题，全面深化改革仍是必由之路和关键一招。对此，党的十九大报告明确指出："坚决破除一切不合时宜的思想观念和体制机制弊端，突破利益固化的藩篱，吸收人类文明有益成果，构建系统完备、科学规范、运行有效的制度体系，充分发挥我国社会主义制度优越性。"全面深化改革是一项集政治、经济、社会、文化、生态环境于一体的复杂系统工程，是一场涉及党和国家工作全局的伟大革命。党的十八届三中全会决定提出财政是国家治理的基础和重要支柱，将"优化资源配置、维护市场统一、促进社会公平、实现国家长治久安的制度保障"的重任寄托于建立和完善"科学的财税体制"，凸显了财税改革与国家整体性改革的密切关系。决定有近一半的篇幅论及财税改革和财税法治，从头到尾都贯穿着财税体制改革和法治的精神。总之，财税体制改革和财税法治建设是我国新时期全面深化改革的主线和重点领域之一。

---

❶ 肖贵清：《全面建成小康社会的内涵、战略地位和制度保障》，载《思想理论教育导刊》2015 年第 9 期。

3. 构建新时代中国特色社会主义财税法治体系是全面依法治国的应有之义

进入新时代以来，中国共产党高度重视法治工作，在党的十八届三中全会就全面深化改革、实现国家治理现代化作出重大部署之后，党的十八届四中全会就全面推进依法治国问题作出重大决定，将法治明确为国家治理、政府治理的主要方式。党的十九大报告更是明确指出，"全面依法治国是中国特色社会主义的本质要求和重要保障"，必须"坚定不移走中国特色社会主义法治道路，完善以宪法为核心的中国特色社会主义法律体系，建设中国特色社会主义法治体系，建设社会主义法治国家"。2020年11月16日至17日，中央全面依法治国工作会议召开，这是中国共产党历史上首次围绕这一主题召开中央工作会议，本次会议将习近平法治思想明确为全面依法治国的指导思想。全面依法治国与全面深化改革关系密切，犹如车之两轮、鸟之两翼，相互促进，相互支撑。习近平法治思想及党的全面依法治国伟大战略要求中国共产党必须在宪法框架和法治轨道上执政，通过立法程序将党的意志变成国家意志，将党的重大决策和改革方案变成法律，以此实现各个领域的改革领导有力、于法有据、积极稳妥、循序渐进的目标。如前所述，法治为国家治理现代化的基本方式，国家治理现代化和国家治理法治化的目标是一致的，体现了新时代全面深化改革的两个维度和面向。就本书所重点关注的财税领域而言，财税改革是为国家治理现代化筑牢基础，财税法治是为国家治理现代化提供基本保障，二者紧密衔接、相互配合，共同构成新时代国家治理总目标的两大核心要素。在全面依法治国和国家治理现代化的大格局之下，通过立法、执法、司法、守法四个维度全面推进，并将机构设置优化、人员素质提升、法治思维再造作为深层保障，必将强有力地推进我国财税法治体系的全面建成和高效运行，进而最大限度发挥其增进民生福祉、维护社会公平正义、实现国家长治久安的功用。总之，构建新时代中国特色社会主义财税法治体系是全面依法治国重大方略在财税领域的基本要求和应用，它不仅是全面推进财税体制改革、实现国家治理现代化的支撑与保障，更是建设社会主义法治国家的重要突破口。

4. 构建新时代中国特色社会主义财税法治体系是维护国家安全的重要内容

安全乃国家生存之本，为民权保障之盾，为新时代全面深化改革这一伟大工程得以顺利推行最重要的外围条件。党的十八大以来，伴随国际形势的风云激荡及国内各种新情况新矛盾的陆续出现，以习近平同志为核心的新一代党的领导集体对国家安全形势的新变化和新特点作出了全新的判断，立足我国实际，放眼全球，提出了新时代的总体安全观，指明了一条中国特色的国家安全道路。新时代总体安全观集政治、国土、军事、经济、文化、社会、科技、信息、生态、资源、核安全等于一体，以人民安全为宗旨，以政治安全为根本，以经济安全为基础，以军事、文化、社会安全为保障，以促进国际安全为依托，体现了当代中国发展的客观需要。❶总体国家安全观的提出，充分体现了我们党对国家安全基本规律的把握，是对国家安全理论的重大创新，是新形势下指导国家安全实践的强大思想武器。党的十九大报告将坚持以国家总体安全观作为新时代中国特色社会主义的一项基本方略，体现了以习近平同志为核心的党中央对国家安全的高度重视。财政安全是政治安全、军事安全、社会安全等领域安全的基础与保障，它本身又构成经济安全的重要方面，为国家安全体系的一项重要内容。本书认为，以习近平法治思想为指导，以法治化手段切实维护财政安全、防控财政风险是在财税领域坚持总体安全观的必然要求，是构建新时代中国特色社会主义财政法律体系应当坚持的一项重要原则。

5. 构建新时代中国特色社会主义财税法治体系是建设现代化经济体系的重要基础

改革开放走过风云激荡的四十余年之后，近年来我国经济进入了新常态。新常态是以习近平同志为核心的党中央综合分析世界经济长周期和我国经济发展阶段性特征而作出的重大战略判断，深刻反映了我国经济由高

---

❶　高飞：《中国的总体国家安全观浅析》，载《科学社会主义》2015 年第 2 期。

速增长阶段向高质量阶段转变的重要特征。当前,我国正处在转变经济发展方式、优化经济结构、转换增长动力的攻关期,突破困境、转型升级,努力构建现代化经济体系成为下一阶段经济领域的战略目标。作为国家治理基础和重要支柱的财政与现代化经济体系具有天然的至为密切的联系,它既内生又服务于以效率变革、质量变革、动力变革和全要素生产率的提高为特征的现代化经济体系。❶ 党的十九大的一项重大理论贡献是将新时代社会主义的主要矛盾准确概括为"人民日益增长的美好生活需要和不平衡不充分的发展之间的矛盾"。矛盾观的转变直接决定了新形势下我国经济发展的新思路。在经济学需求与供给间对立统一的思维框架下,"人民日益增长的美好生活需要"代表了新时代的需求侧,而"不平衡不充分的发展"则准确地点明了供给侧存在的根本问题,在我国经济总体量日渐增大的现实国情面前,其中的"不平衡"问题尤其值得我们高度关注。主要矛盾决定了经济发展的战略定位,优化结构以化解供给侧的巨大压力必然成为下一步经济领域改革的主要路向,这牵扯到一系列体制性的变革。总体而言,要以完善市场经济体制为基础工程,辅之以宏观调控体制改革和创新体制的构建,最终实现资源再配置、完善现代经济体系之目的。在上述体制创新系列工程中,财税体制的改革居于至为关键的地位。一方面,规范化的财政体制可以在政府与市场主体之间以及中央与地方之间形成稳定的经济关系,有助力于良好营商环境的养成;另一方面,法治框架下系列财税政策的运用,诸如结构性减税、科技创新的财政支持等,有利于激发广大企业的活力,优化产业结构,引导市场资源的有效分配。总之,新形势下应当以供给侧结构性改革为主线,全面落实《中华人民共和国国民经济和社会发展第十四个五年规划和 2035 年远景目标纲要》"建立现代财税金融体制"的要求,充分发挥财税在国家经济治理中的基础作用,全方位推进经济高质量、高效率发展,努力提高全要素生产率,构建起适应新时代发展需要的现代化经济体系。

---

❶ 韩保江:《基于现代化经济体系构建的大背景研究财政问题》,载《财政科学》2017 年第 11 期。

6. 构建新时代中国特色社会主义财税法治体系是服务生态文明建设、建设美丽中国的重要条件

党的十八大以来，党中央对于生态文明建设的重要性的认识达到新的高度。一方面，生态文明建设在新时代全面发展观中的重要性进一步凸显。"绿水青山就是金山银山"的重要论断深刻揭示了生态环境保护与经济社会发展之间辩证统一的关系，阐明了保护生态环境就是保护生产力、改善生态环境就是发展生产力的道理，丰富和拓展了马克思主义生产力基本原理的内涵，已成为新发展理念的重要组成部分。另一方面，生态文明建设被提升到政治使命、民生福祉的层面予以重点强调。习近平总书记指出："生态环境是关系党的使命宗旨的重大政治问题，也是关系民生的重大社会问题。"❶党的十九大将坚持人与自然和谐共生作为新时代坚持和发展中国特色社会主义的基本方略之一，将污染防治作为全面建成小康社会必须打好的"三大攻坚战"之一，将建设美丽中国作为建成社会主义现代化强国的目标，并在党章中增加"增强绿水青山就是金山银山的意识"等内容。2018 年 3 月通过的宪法修正案将生态文明写入宪法，实现了党的主张、国家意志、人民意愿的高度统一。总之，在新时代背景下，生态文明制度体系建设成为坚持和完善中国特色社会主义制度、推进国家治理体系和治理能力现代化的重要组成部分。而作为国家治理现代化的基础及财税法治建设，为生态文明建设持续良性开展提供了必要的条件。

与生态文明建设相契合的财政可称为绿色财政。所谓绿色财政就是把环境保护理念融入财政制度的设计中，对传统财政制度进行修正和改革，使之更加适应和推动绿色发展。绿色财政不仅保持着传统的财政工具功能，同时更兼具资源节约、环境友好和生态保育的管理工具功能。相对于以往消耗过多资源、以牺牲环境为代价基础上的粗放型财政而言，绿色财政强调的是集约和可持续发展等绿色理念。❷新形势下，应当从服务生态文明建设、建设美丽中国的高度，努力由财政收入、财政支出、财政管理

---

❶　习近平总书记 2018 年 5 月 18 日出席全国生态环境保护大会上的讲话。
❷　茆晓颖：《绿色财政：内涵、理论基础及政策框架》，载《财经问题研究》2016 年第 4 期。

等方面构建绿色财政体制，将节约资源和保护环境的理念贯彻到具体的财税法律制度和财税政策中去，通过绿色税收、绿色国债、绿色政府采购、绿色转移支付等通道为推进人与自然和谐发展、根本解决环境问题、强化生态系统保护、完善环境监管等发展目标和改革任务贡献力量。

（三）财税法治建设对于推动依法治国及经济社会全面发展的特殊意义

基于财政在国家治理中的特殊地位，财税法调整的对象涉及国家与社会、政府与市场、中央与地方等方面的基本关系，同时对政治、经济、文化、社会、生态文明、国防等各个领域都具有重要影响，故财税法被视为治国安邦之法。财政收支能够将经济、政治、社会乃至文化同时呈现在一个平台上，并生动地展示着政治、经济与社会之间的关系，从而成为整个社会乃至国家的枢纽，故它又可被视为经世济用之法。相对其他领域的改革，财税法治建设对于推动全面依法治国及经济社会全面发展具有特殊的意义。

1. 财税法治是中国民主法治建设的突破口

民主法治建设涉及多元的社会关系，而其中最为基础的社会关系也即宪法视野下的社会关系为国民与国家之间的关系，以财税法的视角来看，就是纳税人与政府的关系。事实上，财政法律关系也是多维的，它既包括纳税人与政府的关系，也涉及立法机关与行政机关之间的财权分配关系以及中央与地方之间的财政关系，还包括纳税人之间的法律关系，但其中最基础的关系是纳税人与政府之间的财政关系，核心为税的法律关系。总之，财税法既关系国计，又深刻影响着民生，可谓是"顶天立地"之法。它通过现代预算制度实现透明政府、廉洁政府；它通过政府间财政关系制度规范国家的结构模式；它通过落实税收法定、建立现代税收制度来健全人民当家作主的人民代表大会制度，规范政府的收税行为，保护纳税人财产权；它通过财政支出制度来调控国民经济、均等社会公共服务。如果我国在财税领域实现了法治，便意味着理顺了纳税人与国家之间、国家权力机关与行政机关以及中央与地方之间、纳税人之间的利益关系,法治国家、法治社会的框架便基本形成。从这个意义上说,财税法治建设是中国民主法治建设的一个突破口,乃至牵动多个领域系统化制度变迁的"牛鼻子"。亦正是基于财税法的这一特质,无论是党的十八届三中全会还是十九大,都明确把我国改革的目标定位为治理体系和治理能力现代化,同时明确财政是治理的基础和重要支柱,由此我们可以看到财税法治在理财、治国、安邦中始终发挥着基石性和支柱性的作用。站在这一高度,党的十八届四中全会决定进一步提出依法治国的总目标,而财税法治在法治国家、法治政府、法治社会全局中无疑又处于决定性的地位。

2. 财税法治是新时代深化财税改革的最佳路径

一方面,财税法治可有效促进我国发展新阶段所呈现出来的诸多纷杂利益关系的平衡,在财税改革过程中凝聚起全体国民的最大共识,从而为财政创新的科学性和财政体制运行的顺畅性提供根本保障。与全面深化改革的其他领域相比,财税改革可谓成本最小,经济与社会效益最优。如中央在2012年八项规定中的"厉行勤俭节约"一项就是对政府及官员公款消费行为的一种制度化约束,这显然属于财税法治的范畴。诸如此类的规定,社会阻力很小,改革成效却很大,它直接撬动财政透明等根本性制度改革,极大地改变了党风、政风、民风,成为新时代反腐倡廉的一把利器,大大提升了党和国家的公信力,提振了全国人民对于全面深化改革、全面依法治国的信心。另一方面,财税法治建设有助于增强财税决策的稳定性和市场主体的可预期性,有利于优化营商环境,为构建现代经济体系提供制度保障。规范公权力的运行是法治国家建设的基本要求,财税法治建设可以有效地规范政府财政权力的行使,使其在法治框架之下有所为有所不为。政府任性征税之手及滥发补贴、滥用税收优惠政策之手被关进制度的笼子,政府的各项开支及举债皆受到预算制度的严格控制,市场主体对于自己经营的税收成本有了稳定的预期,并得以在统一规则下公平竞争,这必然为建设新时代社会主义现代市场经济体系提供最优秀的制度空间。

3. 财税法治建设对我国的改革开放事业起着推动和引领作用

改革开放四十余年的发展经验一再证明,每一轮帮助国家摆脱经济困境进而有效激发经济社会发展活力的改革，无不是从财税领域启航的，财税改革、财税法治建设对我国改革开放大格局的形成起着重要的推动和引领作用。如改革开放之初制定的三部所得税法❶，对扩大政策效应，吸引外资、借鉴先进经验、引进先进技术和人才等起到了极为重要的作用。再如不久之后 1983 年、1984 年的两步"利改税"改革，更是极大地释放了广大企业的活力，成为我国经济腾飞的助推剂。20 世纪 90 年代的分税制改革，对增加中央调控能力、调动地方积极性、推动统一市场的形成等起到了积极的作用，其所确立的财政体制延续至今，从而也奠定了我国今后一段时期财政改革的制度基础。自 21 世纪以来，我国财政领域的改革举措不断，其中影响较大的为三公费用公开。2011 年是中国财政史上具有里程碑意义的年份，截止到该年的 8 月，90 多个中央部门公布了自己的三公经费数据。11 月 21 日，国务院法制办公布《机关事务管理条例（征求意见稿）》，要求县级以上政府部门定期公布三公经费。三公经费的公开对于加强预防腐败力度、提升政府治理水平、优化营商环境起到了重要作用。随着党的十八大的召开，中国社会主义建设事业进入了新时代，财税法治建设更是受到中央前所未有的重视，财税在全面深化改革中的地位和作用得到全新的定位。与财税体制改革相为表里，财税法的功能从单纯的宏观调控转变为国家治理的基础和基本方式，对此，从党的十八届三中、四中、五中、六中全会，再到党的十九大、十九届四中全会等，党中央在一系列重大文献中一再予以确认和深入阐释。与此同时，我国的财税法治建设在预算法治、落实税收法定、构建规范化央地财政关系等领域大幅度推进。我们相信，随着中国特色财税法治体系的构建、完善，新时代全面深化改革的各项任务必将如期实现，从而为"两个一百年"发展目标的全面达成打下坚实的基础。

---

❶ 即 1980 年的个人所得税法、中外合作经营企业所得税法和 1981 年的外国企业所得税法。在中国改革开放之初，相关的法律非常少，但我们当时就颁布了三部法律。

二、新时代财税法治建设的目标

那么财税法治建设的目标是什么呢？遵照党的十八大以来历次全会精神，基于我国现实国情并结合十四五规划的要求，本书认为，财税法治建设应当坚持公共财政、民主财政、阳光财政、法治财政的基本立场和目标志向。

（一）公共财政

所谓公共财政，是指财政存在的目的是服务公众，以满足整个社会公共需要为基本指向，而非仅仅局限于城镇、特定区域或者特定社会群体。公共财政的核心在于"公共"，也即财政活动应当以公共需要为导向，公众之财要为公众所用。西方发达市场经济国家的实践经验表明，政府不必等到经济全面腾飞之后才去依靠丰沛的财政收入提供公共服务，而是当经济发展到某一特定阶段时就规划公共服务建设，公权力适当及时的介入不仅不会透支经济增长的基础，而且有可能为该国经济的长期可持续发展打下坚实的基础。综观西方各成熟市场经济国家，从"守夜人"到"有限政府"乃至服务型政府，尽管政府的职责范围在不断演变拓展，但为社会公众提供基本公共服务始终是其第一责任，而政府提供的公共服务主要通过财政支出活动展现出来，"公共事务几乎没有一项不是产生于捐税，或导致捐税"❶。

结合现实国情，公共财政在我国典型体现为民生财政，或曰民生财政可视为我国公共财政特有的基本运作模型。民生财政以服务民生为直接目的，以在经济可持续发展的基础上不断满足人民日益增长的公共服务需要为根本目的，为政府"以人为本"执政理念在财政领域的体现。单纯从其内容来看，它主要体现为在整个财政支出中，用于教育、医疗卫生、社保和就业、环保、公共安全等民生方面的支出占有相当比例。相当一段时

---

❶　［法］托克维尔：《旧制度与大革命》，冯棠译，商务印书馆2012年版，第129页。

期，我国财政发展模式是与公共财政的基本要求相偏离的。一方面，我国国民经济高速增长，社会财富快速积累；另一方面，政府社会服务职能缺位严重，民生保障欠账较多。党的十九大报告直面此类问题，明确指出了民生领域的诸多短板，并提出对群众就业等难题需要着力予以解决。民生保障不仅属于经济领域问题，也是一个影响广泛的社会问题，而且从根本上而言更是一个政治问题，它关涉公民基本权利的实现与否。学者郑永年曾指出，中国社会高度认同的权利就是民生权，必须高度重视民生权的实现问题，切实解决好民众最关心、最直接、最现实的利益问题。

在当前，民生财政建设的主要方式为基本公共服务均等化。党的十九大报告即明确提出，政府要履行好再分配职能，缩小收入分配差距，加快推进基本公共服务均等化。公共服务均等化的重点是幼有所育、学有所教、劳有所得、病有所医、老有所依、住有所居、困有所助、贫有所扶、弱有所救，涉及城乡、区域以及不同群体之间的基本公共服务等领域，其最终目的是使改革发展成果惠及全体国民。

（二）民主财政

民主财政是指现代财税法必须以民主政治作为基石，它要求财政活动的重大事项要由人民决定。从制度实践角度而言，它要求财政收入的规模、范围、频次等基本事项以及财政支出的力度和方向等重要问题的决定权都应掌握在由人民代表组成的权力机关的手中。

财政必须以民主政治为基石的背后原理在于，财政收支在本质上是一种公共活动，其目标是对财政收入这笔公共财产进行筹集、管理尤其是分配，分配对象的公共性决定了财政活动的民主性，因为"只有公共活动的民主性才能确保公共资源的最优配置"❶。此外，政府财政权力的来源亦能证成财政的民主性。政府分配公共财政资金的权力即财政权的根据在宪法，它源自纳税人的授权，为公共权力，这就要求政府行使财政权时必须以尊重和保障纳税人权利为前提，此即民主财政的基本要义。

---

❶ 刘云龙：《民主机制与民主财政》，中国城市出版社 2001 年版，第 49 页。

从操作层面而言，一国的财政民主化程度的高低最直接的体现就是民众对财政决策权的参与度与参与质量。结合我国国情，在新时代的语境下，就是如何在财政决策过程中落实好协商民主，实现财政制度与协商民主制度的有效整合。协商民主是中国经过长期探索建立起来的符合本国国情的中国特色社会主义民主政治制度，包括政党协商、人大协商、政府协商、政协协商、人民团体协商、基层协商以及社会组织协商等多种运作形式。实践证明，协商民主在整合社会关系、促进民主监督、提升决策效率等方面具有独特优势。2012 年 11 月，党的十八大提出"健全社会主义协商民主制度"，"协商民主"第一次写入中央最高规格的文献；一年后的党的十八届三中全会进一步提出"推进协商民主广泛多层制度化发展"。协商民主正式从地方性和局部性实践上升为国家战略，从政治领域扩展到经济、社会等各个领域，从工作方法上升为制度。财政属于公共财产，财政经费的收支及管理属于典型的公共事务，协商民主有广阔的适用空间。根据中国特色社会主义协商民主原则，无论是每年度财政收支的预算方案，还是财政税收法律、法规的制定和修改，抑或是大到全国小到地方各级财政体制的重大变革，都要照顾到社会各个阶层的利益，充分了解听取专业人士及广大人民群众的意见，努力实现广大民众利益诉求的最大公因数。从制度运作的角度而言，民主财政就是要完善现有各项政治制度，拓宽民主参与财政事务的渠道，扩大财政事务的协商范围，将中央有关协商民主建设的诸项要求落到实处。相对于民主建设的其他领域，财政民主最为典型的实践领域为国家预算的编制和审批，对此现行《预算法》第 32 条明确规定，各级预算应当"按照规定程序征求各方面意见后，进行编制"。从近年来的预算实践而言，在我国落实财政民主的一条重要的途径就是大力提倡参与式预算，进一步完善公众参与预算的相关规程和制度，总结推广先进地区的经验，拓宽公众参与预算的渠道，切实提高公众参与预算的效用。参与式财政民主的关键在于参与途径的多元、通畅及民众对公共产品选择权的真实影响力，为此可探索构建公共产品和公共服务的定价听证与评议制度，使辖区普通民众有足够的机会和可行的平台对与本地区居民生活息息相关的事项发表诉求和建议，最大限度避免部门本位主义，提高各级、各项财政政策决策的科学性和民主性。此外，民众对财政事务的参与权是以知情权的保障为前提的，对此下文的阳光财政部分还要展开分析，此处仅就信息公开与民主财政的关系予以初步论述。财政信息的公开透明是调动广大纳税人参与财政决策、切实进行财政监督的基本前提。为此，要进一步提升预算编制质量，做到具体、详尽、易懂；对于预算的执行过程尤其是预算调整情况，亦应及时向社会公开；对于公众提出的建议应及时公开回复，对于相关部门监督检查的结果以及预算执行部门整改的情况亦应公开，以最大限度提高财政工作的透明度和财税法治的民主化水平。

（三）阳光财政

如前文所述，民主财政的实现以财政信息的公开及纳税人知情权的保障为前提，而财政信息的公开恰恰正是阳光财政的基本要求。所谓"阳光财政"，是指按照建设现代财政制度及实现国家治理现代化的基本要求，通过构建科学化、规范化、专业化的政府理财行为规范，实现政府理财活动透明化、民主化、法治化的一种制度。阳光财政有狭义和广义之分。就前者而言，一般指政府财政预算中的收支科目具体明确、公开透明，方便接受公众的监督。就后者而言，阳光财政不仅仅指涉财政预算透明化，包括财政立法、财政决策、财政监督等财政工作的全过程都要在阳光下运行，接受纳税人的监督。

阳光财政背后的法理基础可从三个方面理解：一则，它是由现代财政的本质和政府的角色所决定的。根据现代财政法理念，财政经费为全体纳税人所共有的公共财产，纳税人与政府之间存在一种实质性的委托代理关系，前者是委托人，委托后者管理公共财政经费。政府有义务履行纳税人所赋予的责任，同时当然也有义务将责任的履行情况告知公众。政治学家Cleveland指出："没有预算的政府是看不见的政府，看不见的政府是不负责任的政府。"❶ 作为政务公开以及建设阳光政府的重要环节，阳光财政便是这种告知义务在财税领域的重要表现形式和必要手段。二则，阳光财政还是实现公民知情权这一宪法权利的重要途径。知情权是指知悉、获取信息的自由与权利，作为政治民主化的一种必然要求和结果，首先是公法领域内的概念，指公民有知悉国家和社会公共事务的权利。作为公民行使其他民主权利的基本前提，知情权被现代民主国家普遍列为宪法基本权利。1946 年联合国大会通过的第 59（1）号决议，将知情权列为基本人权之一。在现代财政制度框架下，纳税人对政府汲取财政收入的正当性，财政支出的目标方向，财政资金在绩效等方面都享有当然的知情权。事实上，从公共性的属性而言，公共信息与公共物品性质相似，皆是在公共资源使用过程中产生的，公共信息的隐瞒与保密，自然地构成对公民知情权的侵犯，因此增加财政信息披露是解决这一问题的关键，何况信息公开也是实现上述民主财政的前提，财政信息的公开程度直接决定了民主理财的程度。三则，阳光财政的建设，还有利于政府治理水平与治理效率的提高。根据俞可平教授的观点，高水平的政府治理可称为"善治"，而"善治"标准包括六个要素，排名第二的就是透明性。❷ 作为国家治理的基础和支柱，透明财政是财政领域高水平治理的基本条件。如前文所述，阳光财政实际上就是财政领域的政务公开，这是建设现代公共财政的基本要求，更是市场经济国家的普遍做法。进一步而言，财政透明不仅是一种形式上的举措，它更深层的目的在于通过阳光政务的开展，更好地促进行政效率、落实行政责任，使政府治理过程更好地体现多方的利益与平衡，从而提高行政效果。

（四）法治财政

所谓法治财政，指与建设法治国家、法治社会以及国家治理现代化相契合的依法理财的财政，顾名思义，就是政府各项财政权力都有明确的宪

---

❶　CLEVELAND，F. Evolution of the Budget Idea in the Untied States. *Annals of the American Academy of Political and Social Science*，1915（62）：15 – 35.

❷　俞可平：《治理与善治》，社会科学文献出版社 2000 年版，第 3 – 11 页。

法、法律依据，而且财政权力全过程都要在法律的框架下、按照法定程序运行的财政。

进入新时代以来，党中央高度重视法治工作，党的十八届四中全会专门就依法治国重要事项作出重大决定，并明确法治是国家治理现代化的基本方式。党的十九大报告亦明确提出，全面依法治国是国家治理的一场深刻变革。财政在国家治理中的特殊地位决定，要实现国家治理法治化，完善财政法律制度、构建财税法治体系是其决定性的支撑力量。现代法治的关键在于依法治权，让公权力在法治的轨道上运转。作为公共资源分配之权，财政权居于政府诸项公共权力的核心领域，能否将政府财政权力尤其是征收税费、举借债务等权力放入制度的笼子，成为治理现代化语境下能否建成法治政府的关键环节。法治财政建设是一项系统工程，涉及立法、执法、司法、守法等诸多方面，也与党委的组织领导、执法人员法治意识的提升、全社会法治文化的培育不无关系，对此本书之后各章节将会展开全方位的论述。概而言之，法治财政建设的核心工程，在于通过人大立法对政府的财政征收、支出、管理行为构成硬性约束，厘清政府与市场、社会、纳税人之间乃至各级政府之间的经济联系和财政关系。从构成要素上看，法治财政体系包括完善的财政法律法规及规范体系、高效的财税法治实施和运行体系、严密的财税法治监督和检查体系、有力的财税法治保障和促进体系四部分。此外，需要特别提及的是，与前述民主财政、阳光财政的价值取向相一致，法治财政的一个重要指向，就是纳税人能够通过法定程序对政府的财政行为进行监督、约束，政府各项财政收入要在依法授权的情况下获取，财政支出要在人大预算审批的情况下推进，民主财政、阳光财政、法治财政三位一体，围绕公共财政的伦理导向和国家治理现代化的工具导向，从多个角度呈现出现代财政制度的基本面向。

第二章 党的十八大以来我国财税法治建设的主要成就及不足

进入新时代以来，我国高度重视财税法治建设，取得斐然成就。本章拟从预算制度、央地财政关系、会计制度、税收制度、国有资产管理、政府理财、地方财政等多方面对党的十八大以来我国财税法治建设的成果予以详细述评。在肯定成绩的同时，还要敢于正视不足，如此方可保持清醒，砥砺前行。对标党中央构建现代财税法治体系、建设现代财政制度的各项要求，本章还要从法律体系、法治政府、为民理财意识、财政模式、人大监督、地方财政等诸层面深入剖析我国财税法治领域存在的诸项不足，从而为本书后文围绕我国财税法治建设的重点领域和关键环节提出完善建议奠定基础。

一、党的十八大以来我国财税法治建设的主要成就

党的十八大以来，党中央作出全面依法治国的重大战略决策，并在党的十八届四中全会决定中明确提出全面依法治国的总目标是建设中国特色社会主义法治体系，建设社会主义法治国家。由于现代财政是国家治理的基础和重要支柱，依法理财又是全面依法治国不可或缺的重要内容，因而必须充分发挥财税法治建设在全面推进依法治国中的重要作用。在全面依法治国的战略布局之下，新时代财税法治建设围绕建设中国特色社会主义财税法治体系、全面推进依法理财、推进国家治理现代化的目标，取得一系列重大成果。

（一）全面完善预算法律制度

预算是财政工作的业务核心，现代预算制度是现代财政制度的基础。2014 年 8 月，全国人大修订了预算法，为深化财税体制改革全局奠定了法律基础。与旧法相比，新《预算法》在预算管理制度、预算信息公开、预算控制方式、地方政府性债务管理、转移支付制度、预算支出约束等方面进行了全面修订，在全口径预算体系的构建、闭环式地方债务的管理、财政转移支付制度的完善、预算公开法治化的实现等方面取得重大进步。新《预算法》的出台是我国财政法律体系建设领域具有里程碑意义的一件大事，标志着我国向建立全面规范、公开透明的现代预算制度迈出了坚实的一步。2020 年 8 月，国务院公布了修订后的《预算法实施条例》。新条例认真贯彻落实党中央、国务院关于财政预算改革发展的决策部署，总结了《预算法》施行以来我国在深化财政预算改革方面取得的重要成果与经验探索，在信息公开、预算编制、部门预算、债务管理、主体职责、转移支付、绩效管理等方面进一步明确、细化了《预算法》的相关规定，为推动《预算法》的切实贯彻实施，实现全面规范、公开透明、科学有效、约束有力的财政治理，奠定了较为坚实的制度基础。

（二）实质性推进央地财政关系法治化进程

我国财税体制改革深层次的利益关系和矛盾集中体现在中央与地方的财政关系上，政府间财政关系改革是激发地方政府积极性的关键性制度安排，事关国家治理全局。党的十八届三中全会将预算管理制度改革、税收制度改革和央地财政关系改革明确为新时代财税领域改革的三大重点任务。而自党的十九大开始，在党的重要文献表述中，央地财政关系改革开始被提升到财税改革的首要位置予以强调。对此，党的十九届四中全会的表述是："优化政府间事权和财权划分，建立权责清晰、财力协调、区域均衡的中央和地方财政关系，形成稳定的各级政府事权、支出责任和财力相适应的制度。"有鉴于此，加快推进政府间财政关系改革，尽快建立起事权与财权相匹配、财力与支出责任相协调、激励与约束相结合的政府间财政责权配置格局成为党的十八大以来财税改革及财税法治建设的重中之重。2016 年 8 月，国务院颁发了《关于推进中央与地方财政事权和支出责任划分改革的指导意见》（国发〔2016〕49 号），客观分析了我国央地财政事权和支出责任划分现状及诸项不足，明确了体现基本公共服务受益范围、兼顾政府职能和行政效率、实现权责利相统一、激励地方政府主动作为、支出责任与财政事权相适应等诸项改革原则，提出了分领域逐步推进改革的具体时间表。本次改革在"推进中央与地方财政事权划分""完善中央与地方支出责任划分""加快省以下财政事权和支出责任划分"三个领域全面推进。自 2018 年 1 月起，国务院办公厅陆续发布了基本公共服务、医疗卫生、科技、教育、交通运输、生态环境、公共文化、自然环境、应急救援等领域的中央与地方财政事权和支出责任划分改革方案。截至 2020 年年底，我国已基本完成上述主要领域的改革，形成中央与地方财政事权和支出责任划分的清晰框架。与此同时，各省（自治区、直辖市）也积极开展了省级以下财政体制的改革，初步形成了省级以下财政事权和支出责任划分的清晰框架。

（三）健全完善财务会计基础管理法律制度

财务会计法律制度是财税法治建设的重要一环，它对于规范政府收支行为、科学配置财政资源、有效监管财源税源、及时防范化解政府财务风险有着不可或缺的重要意义。党的十八大以来，我国在财务会计基础管理法律制度方面多有建树。主要包括：

1. 修改完善《企业会计准则》

党的十八大以来，顺应市场经济的新发展、新需要，为进一步提升会计计量水平和完善计量方法，财政部于 2014 年大幅修订和增补了《企业会计准则》，同时配套推出了 6 项企业会计准则解释、5 个年报通知和若干会计处理规定，当年新颁布了 3 项准则，修改了 5 项准则。为更好地适应国际会计准则发展新趋势，2017 年又修订了 3 项会计准则，充分彰显了我国《企业会计准则》逐渐向国际化准则趋同的目标定位。

2. 建立健全《政府会计准则》

近年来，我国加快了政府会计领域的改革及法治化建设进度。2014 年 12 月国务院批准《权责发生制政府综合财务报告制度改革方案》，改革任务关涉会计核算体系、财务报告体系、政府财务报告审计和公开机制、财务报告分析应用体系等，明确了我国在 2020 年之前建立具有中国特色的政府会计准则体系和权责发生制政府综合报告制度。本次改革的具体内容包括建立政府会计准则体系和政府财务报告制度框架体系，编报政府部门财务报告，编报政府综合财务报告。政府会计规则与政府财务报告的编报规则关系密切，权责发生制政府综合财务报告制度是基于政府会计规则的重大改革，而建立完善的政府会计核算体系是其基础和前提。2015 年 10 月 23 日财政部令第 78 号公布《政府会计准则——基本准则》，自 2017 年 1 月 1 日起施行。该准则规定了政府会计由预算会计和财务会计组成，其中预算会计实行收付实现制，财务会计实行权责发生制。2016 年，根据《政府会计准则——基本准则》，财政主管部门印发了 4 项具体准则。❶ 2017 年，又公布了另外两项具体准则。❷

3. 专项修改《注册会计师法》

为贯彻党中央、国务院关于推进简政放权、深化行政审批制度改革的决策部署，取消不必要或者不再适用的行政审批事项，合理下放相关行政审批事项，进一步激发市场活力，第十二届全国人民代表大会常务委员会第十次会议于 2014 年 8 月 31 日对《注册会计师法》进行了修改，删除了中外合作会计事务所相关规定，取消了对外国会计师事务所在国内设立常驻代表机构的审批，将会计师事务所的设立审批权下放到省级财政部门，这一举措有利于完善注册会计师行业管理体制，也有助于进一步提高这一

---

❶ 为了适应权责发生制政府综合财务报告制度改革的需要，规范政府存货、投资、固定资产和无形资产的会计核算，提高会计信息质量，根据《政府会计准则——基本准则》，财政部制定了《政府会计准则第 1 号——存货》《政府会计准则第 2 号——投资》《政府会计准则第 3 号——固定资产》《政府会计准则第 4 号——无形资产》，自 2017 年 1 月 1 日起施行。

❷ 2017 年 4 月 17 日公布《政府会计准则第 5 号——公共基础设施》，2017 年 7 月 28 日公布《政府会计准则第 6 号——政府储备物资》，均自 2018 年 1 月 1 日起施行。

行业的法治化、规范化、市场化水平。

4. 修改完善《会计法》

2017 年 11 月 4 日，第十二届全国人民代表大会常务委员会第三十次会议通过对《会计法》修改的决定，并自 2017 年 11 月 5 日起施行。本次立法修改完善了会计人员的专业能力要求、会计人员违法违规行为的责任追究等内容，从而进一步完善了我国的会计法律制度，对于提高会计人员的专业素质、业务能力和职业道德，促进会计现代化及全社会依法理财水平的提升，皆有着不可忽略的重要意义。

（四）全面落实税收法定原则，现代税收体系日渐形成

按照党的十八届三中全会深化税收制度改革、全面落实税收法定原则的要求，近年来我国税收法治建设从具体税种立法和税收征管体制改革两个方向共同发力，成绩斐然。一方面，自 2016 年 12 月起，先后制定了 8 部新的税种法，并对多部税法进行了修订或修正（见表 2 - 1）。其中，《环境保护税法》是党的十八大以来我国制定的第一部税法，更是在我国确立了一个全新的税种。《环境保护税法》通过法律形式对企业的污染行为进行约束，促使企业的环境污染成本化，倒逼企业减排改革，促进企业技术转型升级，转变经济发展方式，成功地体现了现代税收制度的生态保护功能。此外，环境保护税法又是我国第一部明确写入部门信息共享和多部门工作配合机制的单行税法，在我国税收立法史上具有标志性意义。另一方面，几部关键性税种法立法进程进一步加快。始于 2012 年的"营改增"工作在党的十八大之后全面提速，并于 2016 年 5 月实现在全国范围内全行业推行，营业税就此正式退出历史舞台。2017 年 11 月 19 日，根据第 691号国务院令，《营业税暂行条例》被废止，《增值税暂行条例》进行全新修改。2019 年 11 月 27 日，财政部、国家税务总局公布《增值税法（征求意见稿）》，这标志着我国第一大税种的立法工作进入冲刺阶段。与此同时，土地增值税和消费税的立法工作也取得重大成果，财政部、国家税务总局先后于 2019 年 7 月 16 日和 12 月 3 日公布了这两部税法的征求意见稿。税

收征管体制改革方面，2015 年 10 月中央全面深化改革领导小组通过《深化国税、地税征管体制改革方案》，提出 6 大类 31 项具体举措，大力推进与国家治理体系和治理能力现代化相匹配的现代税收征管体制建设。2018 年 3 月 13 日十三届全国人大一次会议通过的国务院机构改革方案，改革国税地税征管体制，将省级和省级以下国地税机构合并，具体承担辖区内各项税收、非税收收入征管等职责。2018 年 6 月 15 日上午，全国各省（自治区、直辖市）级以及计划单列市国税局、地税局合并且统一挂牌，2018 年 7 月 20 日，全国省市县乡四级新税务机构全部完成挂牌。在税收征管立法方面，自党的十八大以来，全国人大分别于 2013 年 6 月和 2015 年 4 月对《税收征收管理法》进行了两次修改，对提高税收征管效率，规范税收优惠政策的实行，更好地保护纳税人合法权益，具有重要的促进作用。此外，2015 年 1 月 5 日，国务院法制办公室公布了《税收征收管理法修订草案（征求意见稿）》，公开征求社会各界意见和建议，新税收征收管理法的出台指日可待。❶

表 2-1　党的十八大以来我国各税种立法情况一览

序号	税种	立法情况
1	环境保护税法	2016 年 12 月 25 日制定，2018 年 10 月 26 日修正
2	烟叶税法	2017 年 12 月 27 日制定
3	船舶吨税法	2017 年 12 月 27 日制定，2018 年 10 月 26 日修正
4	个人所得税法	2018 年 8 月 31 日修正
5	企业所得税法	2017 年 2 月 24 日，2018 年 12 月 29 日，两次修正
6	耕地占用税法	2018 年 12 月 29 日制定
7	车辆购置税法	2018 年 12 月 29 日制定
8	车船税法	2019 年 4 月 23 日修正
9	资源税法	2019 年 8 月 26 日制定
10	城市维护建设税法	2020 年 8 月 11 日制定
11	契税法	2020 年 8 月 11 日制定
12	印花税法	2021 年 6 月 10 日制定

---

❶ 2021 年 6 月 20 日，《税收征收管理法修订草案（专家建议稿）》课题组通过视频方式征询实务专家意见。这表明该部法律的出台日期渐近。

（五）改革完善国有资产管理制度，加强人大国有资产监督职能

我国是公有制为主体的社会主义国家，国有企业是中国特色社会主义的重要物质基础。习近平同志指出，我国是中国共产党领导的社会主义国家，公有制经济是长期以来在国家发展历程中形成的，为国家建设、国防安全、改善人民生活作出了突出贡献，是全体人民的宝贵财富，当然要让它发展好，继续为改革开放和现代化建设作出贡献。改革开放以来，我国社会主义公有制的主体地位日益巩固，国有企业改革取得巨大成就，企业发展质量和经营效益大幅提升，资产规模不断扩大，国有经济的活力、控制力、影响力和抗风险能力进一步增强，成为社会主义现代化建设的中坚力量。当前，中国特色社会主义进入了新时代，我们必须继续坚持和完善我国社会主义基本经济制度，坚持以公有制为主体、多种所有制经济共同发展，充分发挥公有制经济的作用和优势。从财税法治的角度而言，如何更好地完善符合国情的、行之有效的国有资产管理制度，进一步突出各级人大国有资产监督方面的职能，成为时下财政体制改革的一个重点领域。党的十八大以来的主要成就表现为以下几个方面。

1. 改革完善国有资产管理体制

如前文所述，我国是社会主义国家，国有企业是推进国家现代化、保障人民共同利益的重要力量，也是我们党和国家事业发展的重要物质基础，而科学的国有资产管理体制是国有企业沿着正确方向改革发展的重要制度保障。长期以来，我国国有资产管理体制中政企不分、政资不分的问题较为突出，国有资产行政监管干预过多且多有越位、缺位甚至错位之处，并由此导致国有资产流失、违纪违法问题在一些领域和某些企业中比较严重。为此，党的十八届三中全会决定明确提出，完善国有资产管理体制，以管资本为主加强国有资产监管，改革国有资本授权经营体制。以前是管人、管事、管资产，提出以管资本为主牵住了国有资产监管的"牛鼻子"，也就是要建立现代企业制度，出资人、董事会、管理层等发挥各自的作用。为具体落实党的十八届三中全会会议精神，2015 年 10 月 25 日，

国务院印发了国发〔2015〕63号文，即《关于改革和完善国有资产管理体制的若干意见》。该意见分为总体要求、推进国有资产监管机构职能转变、改革国有资本授权经营体制、提高国有资本配置和运营效率、协同推进相关配套改革5部分18条，可谓进入新时代以来指导我国国有资产管理体制改革的纲领性文件。遵循"权责明晰、突出重点、放管结合、稳妥有序"的改革思路，该意见提出了"推进国有资产监管机构职能转变""改革国有资本授权经营体制""提高国有资本配置和运营效率"等改革任务。概括而言，该意见既有改革的内容，也有完善的内容。改革的重点是国有资本授权经营体制，进一步明确国有资产所有权与企业经营权的职责边界，确保国有资产所有权有效行使，保障企业享有独立的法人财产权，真正确立企业市场主体地位；完善的重点，是准确把握国有资产监管机构的职责定位，明确国有资产监管重点，推进国有资产监管机构职能转变，改进国有资产监管方式和手段。

2. 建立、健全向全国人大报告制度

国有资产属于国家所有即全民所有，是全体人民共同的宝贵财富，它在推动经济社会发展、保障和改善民生、保护生态环境等方面发挥着重要作用。管好用好国有资产，对于坚持和发展中国特色社会主义，推动经济社会发展、保护自然资源和自然生态，全面建成小康社会、实现"两个一百年"奋斗目标、实现中华民族伟大复兴的中国梦都具有重要意义。完善国有资产管理体制，加强人大国有资产监督职能，是党的十八大和十八届三中全会提出的重要任务，是党加强国有资产监督管理、提升国家治理能力的重要工作。2017年12月30日中共中央印发《关于建立国务院向全国人大常委会报告国有资产管理情况制度的意见》，部署、建立国务院向全国人大常委会报告国有资产管理情况制度。这是贯彻落实党的十八届三中全会"加强人大预算决算审查监督、国有资产监督职能"改革任务，贯彻党的十九大强调的加强国有资产监督管理的一项重要改革举措。意见明确规定，国务院每年向全国人大常委会报告国有资产管理情况，并对报告框架、报告重点、审议程序、审议重点、组织保障等提出了明确要求。建立国务院向全国人大常委会报告国有资产管理情况制度，是党中央加强人大国有资产监督职能的重要决策部署，是党和国家加强国有资产管理和治理的重要基础工作，符合宪法和法律有关规定，符合人民群众期待，对加强国有资产管理公开透明度、提升国有资产管理公信力，对巩固和发展中国特色社会主义基本经济制度、管好人民共同财富、加强人大依法履职等，具有重要意义。为全面落实意见要求，稳步有序推进国有资产管理情况报告和审议监督工作，增强工作的规范性和引导性，全国人大常委会于 2019年 5 月 22 日公布《十三届全国人大常委会贯彻落实〈中共中央关于建立国务院向全国人大常委会报告国有资产管理情况制度的意见〉五年规划（2018—2022）》，明确到 2022 年，基本建立起报告范围全口径、全覆盖，分类、标准明确规范，报告与报表相辅相成的报告体系；基本建立起符合国有资产类别特点、以联网数据库为依托、以评价指标体系为重点、以常委会审议意见处理和整改问责为重要抓手的人大国有资产监督制度；基本建立起横向协作与纵向联动顺畅有序、规范高效的工作机制。此外，该规划还就加强对地方人大工作指导事项作出安排，具体包括分步推动县级以上地方建立报告制度、推进各级人大常委会国有资产管理信息联网、探索人大国有资产监督工作联动机制、引导地方探索创新、加强人大国有资产监督机构和人才队伍建设等。就财税法治建设而言，规划明确提出了坚持全面依法治国，实现国有资产管理与监督的制度化、法治化的目标，并就如下立法事项作出安排：其一，研究修改各级人民代表大会常务委员会监督法，修改全国人民代表大会常务委员会议事规则、地方各级人民代表大会和地方各级人民政府组织法等相关法律，实现政府向同级人大常委会报告国有资产管理情况、加强人大国有资产监督职能的法定化。其二，到2020 年，制定全国人大常委会关于加强国有资产监督的决定，实现国有资产监督工作和程序的进一步规范化、制度化。其三，研究制定行政事业性国有资产管理法。落实十三届全国人大常委会五年立法规划安排，加快行政事业性国有资产管理立法的研究论证工作。其四，组织开展制定综合性国有资产（资本）管理法的可行性研究。总结梳理各类国有资产（资本）管理、监督中遵循的共同原则和面临的共性问题，从必要性和可行性、理论基础和实践基础等方面开展研究论证，争取在 2022 年提出可行性研究报告。上述各项立法规划中，2020 年 12 月 26 日第十三届全国人民代表大会常务委员会第二十四次会议通过了《关于加强国有资产管理情况监督的决定》，而《全国人民代表大会常务委员会议事规则》也已于 2021 年 3 月 11 日根据第十三届全国人民代表大会第四次会议《关于修改〈中华人民共和国全国人民代表大会议事规则〉的决定》予以修正。

（六）政府依法理财水平明显提升

法治国家建设的关键在于法治政府的建设，财税领域实现良法善治的关键在于政府依法理财水平的提升。党的十八大以来，国务院及其财政、税务主管部门，认真贯彻落实中央全面推进依法治国决策部署，大力加强财税法治工作，坚持用法治思维统揽财税体制改革，用法治方式推进财政事业发展，财税法治建设取得显著成效。2016 年 5 月 27 日，财政部印发《法治财政建设实施方案》，从七个方面❶对建设法治财政的主要任务和具体措施作了部署。2020 年 2 月，财政部又印发《财政部关于深入推进财政法治建设的指导意见》，从总体要求、主要任务、组织保障等多个方面为财政部门到 2025 年乃至到 2035 年法治建设工作指明了路线图。

概括而言，党的十八大以来我国财政领域的法治政府建设成效主要体现为如下几个方面：

1. 秉持良法善治理念，积极推动财税立法工作

党的十八大以来，国务院及其财税主管部门认真贯彻党中央各项重大决策部署和全国人大相关立法工作计划要求，以习近平法治思想为指导，坚决拥护党在立法工作中的领导地位，坚持科学立法、民主立法、依法立法，同时又特别注重立法的公开性，多渠道广泛听取各界意见建议，使每一项立法都符合宪法精神，推动出台了一批重要的财税法律、行政法规、

---

❶ 包括：依法全面履行财政职能；完善财政法律制度体系；推进财政重大决策科学化、民主化、法治化；严格规范财政行政执法；强化对财政权力运行的制约和监督；依法有效化解社会矛盾纠纷；全面提高财政干部法治思维和依法行政能力。

规章，并逐步建立起了规范性文件合法性审查和公平竞争审查制度，财政制度体系的科学性、有效性、协调性不断增强。与此同时，近年来财政部还分批次进行了财税相关法规、规章、规范性文件的清理工作，确定废止和失效的财政规章和规范性文件共 2000 余件，并以财政部令的形式向社会公布清理结果，并及时公布了现行有效财政规章目录。此外，财政部门还加强了部门内部控制机制的法治化建设，落实中央巡视组整改要求，督促本机关内部有关司局完成了缺少审批责任追究条款的制度文件修订工作。总之，经过持续清理，在国务院财政部门层面，财政制度文件的科学性、有效性、协调性得以不断增强。

2. 深化财税领域"放管服"改革，优化营商环境，加快推进法治政府建设

所谓"放管服"，即简政放权、放管结合、优化服务三者的合称，该概念由 2015 年 5 月 12 日国务院召开的全国推进简政放权、放管结合职能转变工作电视电话会议上首次提出。其中"放"指中央下放行政权，减少非必要行政权，降低市场主体准入门槛；"管"即创新监管，利用新技术新体制加强监管体制创新，促进公平竞争；"服"即高效服务，降低市场主体市场运行的行政成本，促进市场主体的活力和创新能力，营造便利环境。简言之，作为新时代背景下供给侧结构性改革的重要内容，深化"放管服"改革就是要为就业创业降门槛，为各类市场主体减负担，为鼓励更多有效投资拓展空间，为公平营商创条件，为群众办事生活增便利。从政府层面而言，"放管服"改革，对内要求其改革传统的行政管理体制，提升政府治理体系的现代化水平，对外要求其提升行政便利化水平，使之更加适应社会主义市场经济发展要求。与此同时，法治是高质量发展与优化营商环境最根本和最稳定的保障，将优化营商环境建设全面纳入法治化轨道，是党的十八大以来我国建设法治政府一直坚持的方向，2019 年 10 月 22 日颁布的《优化营商环境条例》即具有标志性意义。就财税法治领域而言，近年来财政部门深化"放管服"改革、优化营商环境、提升法治政府建设水平的工作重点在于：其一，遵照国务院的统一部署，大力推进财政审批制度改革。近年来，财政部本级行政审批事项被大幅精简，中介服务类的行政许可被全部取消，"证照分离"改革得以顺利落实，广大纳税人对财政部门公共服务的认可度、满意度明显提升。其二，适时推动相关立法，为深化"放管服"改革拓展制度空间。根据党中央改革于法有据、立法先行的指导精神，财政部门积极推动对政府采购法、注册会计师法、会计法等法律的修改，为深化"放管服"改革拓展了制度空间，也确保了改革在法治的轨道上推进。例如，通过推动《政府采购法》的修改，取消了政府采购代理机构资格认定这一行政许可事项，并相应完善了政府采购代理机构的法律责任；推动修改了《注册会计师法》，将注册会计师许可审批下放到省级财政部门，有效落实"放管服"改革要求；推动修改《会计法》，取消了会计从业资格行政许可事项，财政领域"放管服"进一步深化。其三，大力实施减税降费，持续清理规范行政事业性收费，实施收费清单管理。"十三五"时期，党中央、国务院精准实施经济逆周期调节，有序推出一系列减税降费政策。2016—2018 年，全面推开营改增试点、简并和降低增值税税率、提高个税减除费用标准等。2019 年实施更大规模减税降费政策，2020 年又出台 7 批 28 项税费优惠政策支持新冠肺炎疫情防控和经济社会发展。随着党中央、国务院一系列减税降费政策落实落地，2016—2019 年，我国宏观税负（即一般公共预算收入中税收收入占 GDP 比重）分别为 17.47%、17.35%、17.01% 和 16.02%，2020 年进一步降至 15.2%，比"十二五"末 2015 年的 18.13% 降低近 3 个百分点。2021 年的政府工作报告晒出 2020 年减税降费成绩单，全年为市场主体减负超过 2.6 万亿元，其中减免社保费 1.7 万亿元。税务总局统计数据亦显示，"十三五"时期，五年新增减税降费规模合计超过 7.6 万亿元。此外，近年来财政部门持续清理规范行政事业性收费，并规范制度建设，2014 年 10 月 29 日财政部发布 2014 年第 80 号公告，明确"对按照法律、行政法规和国家有关政策规定设立的行政事业性收费和政府性基金实行目录清单管理"。2017 年 9 月 6 日，财政部发布财税〔2017〕69 号文，明确财政部负责在门户网站搭建公示平台，集中公示中央和各省（自治区、直辖市）政府性基金和行政事业性收费目录清单。财政部对全国政府性基金目录清单、全国性及中央部门和单位行政事业性收费目录清单、全国性及中央部门和单位涉企行政事业性收费目录清单的完整性、准确性和时效性承担主体责任。各省（自治区、直辖市）财政厅（局）对各省（自治区、直辖市）设立的行政事业性收费目录清单和涉企行政事业性收费目录清单的完整性、准确性和时效性承担主体责任。为确保该工作落到实处，该文件还要求各省（自治区、直辖市）财政厅（局）应按规定建立健全乱收费投诉处理机制，接受公民、法人或者其他组织对政府性基金和行政事业性收费管理违规行为的举报和投诉。其四，落实公平竞争审查制度，优化营商环境。所谓公平竞争审查制度，是指约束政府的行为，以确保今后政府出台的各种产业、投资政策，都要以不破坏统一市场和公平竞争为前提。公平竞争审查是党中央、国务院部署的优化营商环境、推动经济高质量发展的重要举措，也是维护市场公平竞争的一项重大制度性安排。2016 年 6 月 14 日，国务院发布《关于在市场体系建设中建立公平竞争审查制度的意见》（国发〔2016〕34 号），要求建立公平竞争审查制度，以规范政府有关行为，防止出台排除、限制竞争的政策措施，逐步清理废除妨碍全国统一市场和公平竞争的规定和做法。在各方面的共同努力下，不到三年时间，公平竞争审查制度已经在全国基本建立。各级财税部门对标 34 号文件，积极落实国务院及各级政府的统一部署，加快清理妨碍统一市场和公平竞争的各种规定和做法，依法平等对待各类市场主体，着力打造政府公正监管、企业诚信自律、社会公众监督的市场化法治化国际化营商环境。其间，财政部于 2017 年 10 月 23 日与国家发改委、商务部、国家工商总局、国务院法制办联合公布《公平竞争审查制度实施细则（暂行)》，为该项工作的深入开展提供了初步的法制保障。其五，全面实行"双随机、一公开"监管。所谓"双随机、一公开"，就是指在监管过程中随机抽取检查对象，随机选派执法检查人员，抽查情况及查处结果及时向社会公开。2015 年 8 月 5 日，国务院办公厅发布了《关于推广随机抽查规范事中事后监管的通知》（国办发〔2015〕58 号），要求在政府管理方式和规范市场执法中，全面推行"双随机一公开"的监管模式。根据国务院通知精神，财政部统一部署，出台系列规范性文件，❶ 在全国财政工作中精准落实了"双随机一公开"的监管模式。在这一监管模式之下，财政部将财政检查事项全部纳入随机抽查事项清单，建立健全检查对象名录库和执法检查人员名录库，在网上公开随机抽查过程、检查结果和处理处罚情况，切实做到监管到位、执法必严，使守法守信者畅行天下、违法失信者寸步难行。

3. 铸牢财政基础，扎实做好防范化解重大风险工作

如前文所述，进入新时代以来，我国进入了发展关键期、改革攻坚期，同时也进入了矛盾凸显期。尽管国民经济发展态势总体稳定，政治社会总体和谐有序，但各种风险挑战也不断显现。有些风险处于明面，相对易于解决；而有些风险属于隐性风险，必须着力应对。我们既面临来自内部的风险，还必须高度重视国际风云变幻带来的外部风险。这里面有大量的一般风险，也有可能蛰伏着重大风险，而且这些风险挑战呈现出交织性、复杂性、综合性等特点。面对中华民族伟大复兴的战略全局和世界百年未有之大变局，以习近平同志为核心的新一代党中央领导集体对时代局势有着高度清醒的认识，并就防范化解重大风险作出一系列重要论述。习近平同志指出，面对波谲云诡的国际形势、复杂敏感的周边环境、艰巨繁重的改革发展稳定任务，我们必须始终保持高度警惕，既要高度警惕"黑天鹅"事件，也要防范"灰犀牛"事件；既要有防范风险的先手，也要有应对和化解风险挑战的高招；既要打好防范和抵御风险的有准备之战，也要打好化险为夷、转危为机的战略主动战。财政部门是新时代防范化解重大风险工作的重要领域。为贯彻落实习近平总书记重要讲话精神以及党中央、国务院的系列决策部署，财政部门对风险防范化解工作高度重视，主动出击，积极作为，持续保持防范化解重大风险高压态势。主要工作成就包括：第一，把风险防范工作与财税体制改革紧密结合，将防范风险工作贯穿财税改革全过程。时时牢固树立风险防范意识，对于改革过程中出台

---

❶ 如2016年10月10日财政部发布《关于政府采购监督检查实施"双随机一公开"工作细则的公告》（中华人民共和国财政部公告2016年第123号），对政府采购领域的"双随机一公开"工作作出明确要求。

的每一份规范性文件都进行严格的合法性审查，力保每项改革措施的科学性、规范性、稳妥性，从源头上规避财政风险尤其是重大风险的出现。化解财政领域重大风险，重点在地方。地方政府债务问题，一直是近年来社会关注的热点，也是防范化解财政风险的重要一环。近年来党中央出台了一系列文件，将政府债务问题明确为"三大攻坚战"之首，通过实行债务置换等一系列措施，有效防范化解了地方政府债务风险。第二，充分利用法律救济途径化解财政危机。财政执法领域的不规范行为往往会成为引发群众与政府矛盾的诱因，高效、公平的权益救济机制可以有效地化解社会矛盾，切实保障广大群众各项合法权益，最大限度规避重大风险的出现。为此近年来财政部门深入推进行政复议及行政诉讼应诉工作规范化，加大自我纠错和监督反馈力度，"办结一案、规范一片"，更好地化解了财政工作方面的矛盾，提升财政依法行政治理水平和公信力。第三，切实防范涉外法律风险。涉外税收是国家财政收入的重要来源，涉外税收工作也是国家涉外工作的重要组成部分，其在优化我国营商环境、维护国家税收权益、规避我国企业对外投资风险、提升全球治理水平等方面起着至关重要的作用。近年来，我国稳步推进涉外税收法律协定的谈签和修订，为完善全球税收治理体系、防范国家或地区间税收利益冲突、维护我国财政利益作出了应有的努力。目前，我国的税收协定网络已经延伸到全球 100 多个国家和地区，基本实现了对我国企业对外投资主要目的国的全覆盖。

（七）地方财税法治建设成就显著

地方法治是指在依法治国建设社会主义法治国家的总体框架下，各省（自治区、直辖市）落实依法治国方略、执行国家法律并在宪法、法律规定的权限内创制和实施地方性法规和规章的法治建设活动和达到的法治状态。地方法治建设是全面推进依法治国的题中应有之义，也是国家法治建设的基础和重要环节，财税法治建设亦然。党的十八大以来，各省（自治区、直辖市）认真贯彻落实中央全面依法治国决策部署，大力推进财税法治工作，坚持用法治思维统揽财税体制改革，用法治方式推进财税事业发展，财税法治建设取得显著成效。现以山东为例，介绍该省党的十八大以

来财税法治建设取得的重要成就。❶

1. 财政立法工作持续推进，地方财政法律制度体系不断完善

近年来，围绕建立现代化地方财政治理体系及法治山东的建设目标，山东省财政厅制定《山东省财政厅财政立法工作规则》，明确相关处室立法事务职责，规范了立法程序，有效促进了地方财政立法质量的提高；主持了《山东省政府采购管理办法》等法规、规章的修订工作，对《山东省乡镇工作条例》等上百部法规、规章从立法层面尤其是财政保障角度积极提出解决问题的制度设计方案。会同省司法厅对山东省政府规章中关涉财税内容的条款的起草工作主动作出规范。在配合税收法定方面，积极配合中央政府及其财政部门做好个人所得税法、车辆购置税法等多部税法的立法征求意见。按照《立法法》和相关税法的授权条款，完成了水资源税法、环境保护税法和耕地占用税法、资源税法、契税法等一系列地方税收立法，地方税体系不断健全。此外，党的十八大以来，按照上级部署和改革需要，山东省财政厅对各类政策文件开展了多轮清理，及时清除法规制度中不符合新旧动能转换、优化营商环境、"放管服"改革、公平竞争和生态文明建设等政策要求的内容。通过健全财政法规制度体系，完善"立、改、废"全周期管理，形成了"先有制度、后分资金、投入重回报、效果有评价"的工作机制，财政管理更加有法可依、有章可循，依法理财、依法行政的基础更加牢固。

2. 规范政府财政管理行为，依法理财水平大幅提升

积极落实财政法定职责，以省政府文件制发《关于深化省级预算管理改革的意见》，实施以"两放权、两统筹、两转变、两规范"为主要内容的预算管理改革，将预算编制、执行、监督、公开等各环节全面纳入法治化、规范化轨道。依照预算法规定，制定出台《关于全面推进预算绩效管理的实施意见》和《省级部门单位预算绩效管理办法》《省对下转移支付资金预算绩效管理办法》2个配套制度，形成"1+2"的制度框架体系，

---

❶ 本部分内容主要参考山东省财政厅发布的《山东省法治财政建设现状分析及对策建议》，载《财政情况（政策调研版）》第26期，2019年12月11日。

将绩效理念嵌入预算管理全流程，构建起"全方位、全过程、全覆盖"的预算绩效管理体系。同时，坚持依法防范化解政府债务风险，严格依法整治违规举债融资行为，守住不发生系统性风险的底线。省级还修订了规范性文件管理办法，进一步加强规范性文件全过程管理，完善合法性审核和公平竞争审查流程，对出台的规范性文件做到了"应审尽审"。2019 年按照深化省级预算管理改革新要求，对 39 项资金管理办法集中进行了合法性审核。重新修订印发了《山东省省级国家赔偿费用预算管理办法》。对以省委、省政府名义出台的 17 份政策文件进行了实施后评估。组织开展公平竞争审查自查工作，对已出台文件从政策作用、实施效果、改进空间、涉及市场经济活动等多方面进行全面"体检"、多个维度"过筛"。制定了新的《山东省财政厅法律风险防控管理办法》。通过落实调研论证、征求意见、集体审议、合法性审核、公平竞争审查、政策后评估等一系列法定程序，初步建立了"依法执政、依法行政、依法办事"的体制机制，财政管理日益规范。

3. 切实转变政府职能，财政"放管服"改革进一步优化

充分发挥权责清单制度在转变财政职能中的基础性作用，发布《山东省财政系统权责清单》，实现财政省、市、县三级行政权力事项名称、编码、类型、依据等要素历史上的首次统一，促进了财政部门履职清晰化、条理化、透明化。持续推进"一窗受理 一次办好"改革，办事环节、申报材料和承诺办理时限进一步压缩。对规范性文件管理和行政执法监督进行流程再造。围绕制度创新和流程再造，本着"能放则放、能简则简"的原则，出台《山东省财政厅 2019 年度"放管服"改革事项清单》，继 2018 年推出 31 项放权措施后，再推 33 项实招加码"放管服"改革，并通过全面清理各种备案、登记、确认等，杜绝各种无审批之名行审批之实事项，进一步明晰了财政的公共职能定位。权力做"减法"，服务做"加法"，经过财政权力的重构和机制的优化，财政面向社会主体和服务对象提供的服务更加优化便利，部门和企业来办事"进一个门、跑一次腿"，"一次办好"带来的"舒畅感"越来越强。

4. 高度重视财政风险防控工作，法治保障财政改革的力度显著增进

把防风险贯穿依法理财全过程，从源头筑牢法治堤坝，在全系统建立健全内控制度，加强权力制约和监督，提升财政管理水平和抵御风险能力。充分发挥法制机构和法律顾问审核把关作用，以"应审必审"促进法治监督的"全覆盖"，持续防范化解重大风险。近年来仅山东省财政厅就审核各类执法文书65份，各类合同章程等70余份，行政复议45件，行政诉讼41件，信息公开答复230余件，全面保障了财政工作的合法有效。省财政厅还精选典型案例汇编，通过以案释法、以案施教，为财政部门有效应对涉法工作提供了"教科书"，增强了财政干部应对涉法涉诉事项的能力，全省财政系统行政诉讼案件实现连续多年无败诉，财政工作的权威性和公信力得到明显提升。

二、我国财税法治建设的不足

综上，近年来我国财税法治建设取得了明显的成效，但基于改革的渐进性及法治建设自身的规律性，加之党的十八大之前各界对财政领域法治建设的重要性未能予以足够重视，相对于全面依法治国及国家治理现代化的战略目标，我国财政领域的法治建设尚有以下几个方面的不足，财税法治建设的任务依然紧迫、繁重。

（一）法律体系尚不健全

尽管党的十八大以来我国在财政领域尤其是在税收领域的立法工作成绩斐然、亮点纷呈，但相对于现代财政制度的要求，我国的立法数量依然严重不足。一方面，一些支柱型的财政法律有待制定，如财政基本法（公共财政法）、税收基本法（税法通则）、财政收支划分法、财政转移支付法等。就财政收入、支出两个维度而言，不仅非税收入及政府债务等缺乏相应的法律规范，财政投资、财政拨款及国库管理等领域亦皆长期处于法律缺位状态。另一方面，作为中国特色法律体系的有机组成部分，部分财政

法律还存在与其他领域的法律不配套、不协调、不统一甚至相互冲突的问题。其中一个最典型的表现为，我国诸多法律中都有涉及财税的条款，而这些条款与财税领域专门立法的内容兼容度不够，财税优惠政策过多过滥，也在相当程度上肢解了财政法的统一性并影响了财税法功能的发挥。此外，尽管近年来我国财税领域的立法工作推进进度较快，立法质量也有了较大的改观，但现行部分法律尚有修正提升的空间。以 2018 年 12 月 29 日新修正的《预算法》为例，我们认为该法对于预算调整权的分配略有不当，人大的主导地位明显弱化，典型表现之一为：在预算执行过程中，行政部门可自行决定财政资金在部门之间、在支出的功能分类和经济分类之间转移，无须人大批准，这会大大降低预算的法律性。

总之，健全有中国特色的社会主义财政法律体系依然是一项艰巨而又紧迫的工作，根据中央全面依法治国、建设现代财政制度的要求，通过借鉴部分财税法治发达国家的经验，我国要逐步建立以宪法这一根本法为核心，以财税法律和财税行政法规为骨干，以地方性财税法规、部门财税规章以及其他法律渊源为补充，相互协调一致、完整统一的财政法律制度体系。在这一体系中，既要有诸如财政基本法、税收基本法等对财政活动进行原则性规定的统领性法律，又要有对每一种类的财政活动进行规范的具体单项法律。从内容范围看，应当涵盖中央与地方财权划分、预算、税收、非税收入、政府采购、财务会计、资产管理、财政监督等各个领域。

（二）法治政府建设任重道远，财政执法效果尚有提升空间

财政是以宪法为基础并以得到人民授权且受到纳税人监督为前提，以政府为主体的公共财产的收支活动。财政为庶政之母，财政构成政府一切公务活动的物质基础，它体现并规定着以政府为化身的国家的活动范围和方向。由之，讨论财税法治问题，实质上就是在谈政府法治建设问题，政府治理的法治化水平往往取决于其财政的法治化程度，后者构成了为政府活动法治化的关键领域。新中国成立的前三十年，在计划经济体制下，行政权力主导社会资源的分配，企业受政府直接领导，个人依附于单位，政府是国家管理的唯一主体，法治政府、责任政府没有生存的土壤，法治财

政也就无从谈起，政府有着超脱法律约束的权力。❶ 1978 年召开的党的十一届三中全会揭开了我国改革开放的序幕。但是，一则受我国计划经济体制制度惯性的影响，二则我国自 20 世纪 70 年代末以来四十余年的改革开放，适逢西方新自由主义经济学式微、国家干预主义抬头，受此双重因素的影响，我国自然而然形成了一种政府主导式的市场化、法治化模式。迥异于西方发达市场经济国家选举压力及市场推动型的政府法治化路径，我国的政府法治化路径呈现为政府自上而下主动限权、分权的过程，属于典型的"自我革新、自我革命"。在政府的诸项权力中，财政权又处于核心位置，可称为政府的"命脉"，属于政府自我革命过程中痛点难点部分。从这个角度讲，财税法治化需要国家更大的决心和魄力才能进一步推进。

从财税法治的角度看待我国法治政府建设的成效，一个重要的视角即政府在财政领域的执法水平。实践证明，我国一些财政法律的执行效果依然不尽如人意。继续以预算法为例，与西方发达市场经济国家相对照，我国政府的预算偏离度明显偏高，而且在各地各级具有普遍性。根据财政法定主义原理，经人民代表大会审议批准的预算即具有了法律的性质，政府必须如同执行法律一样严格按照人大通过的预算案。考虑到影响社会经济发展的诸多偶发因素和行政权力运行的有限裁量性，加之受预算本身预测的准确度所限，预算案在落实过程中往往会产生一些偏差。预算偏离度是考核预算执行对立法机构通过和调整预算的遵从度的重要指标，是指预算执行结果偏离立法通过和调整的预算的程度。依此指标，偏离程度与政府对人大遵从度成反比，前者越高则意味着遵从度越低，相应的法治水平也越差。国际上通常以 3%—5% 的预算偏离度作为预算执行好坏的考核指标，而我国不少地方政府和部门的这一指标都远远超过 5%，❷ 体现出预算软约束的特征和财税法治任重道远的现实。

---

❶ 张馨：《法治化：政府行为·财政行为·预算行为》，载《厦门大学学报》2001 年第 4 期。

❷ 有学者对地方政府预算进行研究，发现很多部门预算的偏离度都在两位数，有些甚至达到极度夸张的三位数。参见杨迪：《我国地方政府部门预算偏离度研究——以温州市 A 区为例》，四川师范大学 2020 年硕士学位论文。

（三） 为民理财意识相对欠缺，对纳税人权益重视不够

从根本性质上而言，财政是经纳税人同意由政府代为管理的公共财产，为全体国民共同所有之财产，一国财税法治乃至国家法治的动力源泉在于其纳税人，同理，法治财税建设是为了纳税人，纳税人才是国家长治久安的最终受益者。由前述章节民主财政、法治财政的建设目的可知，对纳税人提供以程序正义为核心内容的权利保障，是新时代财税法治建设的应有要义。由于缺乏现代法治传统，我国无论在立法层面还是法律适用过程中，都缺乏对纳税人主体地位的应有重视。我国《宪法》只在第 56 条规定了"中华人民共和国公民有依照法律纳税的义务"，而对纳税人的权利却只字未提，实乃为我国宪法的一个缺憾。此外，在财税法治实践中，征税机关的"权力本位"现象一直较为突出，纳税人始终处于被控被管的角色。依照西方发达市场经济国家的经验，纳税人维权组织在保障纳税人权益方面起着十分重要的作用。反观我国，纳税人组织的构建问题远远没有正式提上日程。此外，我国也缺乏相对健全的税务矛盾和纠纷预防化解机制，距离党的十八届四中全会所提出的"健全依法维权和化解纠纷机制。强化法律在维护群众权益、化解社会矛盾中的权威地位，引导和支持人们理性表达诉求、依法维护权益，解决好群众最关心最直接最现实的利益问题"❶ 的要求尚有较大的努力空间。由于缺乏税收基本法，作为我国税收领域唯一的程序法《税收征收管理法》在某种意义上承担了税收基本法的角色，成为纳税人权益保障的重要依凭。但遗憾的是，我国现行征收管理法在纳税人权益保护方面明显乏力。该法重点突出了税务机关对于纳税人"管理者"的角色（这点从该法的名称中也能体现出来），但政府作为服务者的角色相对淡化，规定纳税人权利的条文明显偏少。此外，该法还有多处瑕疵备受诟病，诸如纳税人不服具体征税行为必须突破双重复议前置障碍方可获得法律救济，再如过高的税收滞纳金、税收机关过大的裁

---

❶ 《中共中央关于全面推进依法治国若干重大问题的决定》（第 1 版），人民出版社 2014 年版，第 29 页。

量权以及侵犯纳税人权益法律责任之规定的相对缺乏等，皆有待在下一步的立法过程中予以修正。

（四）"行政财政"模式犹在，改革与立法的衔接不畅

如前文所述，改革开放四十余年来，我国逐渐形成一种行政主导下的"摸着石头过河"式渐进性财政体制改革模式，这种反复探索尝试的放权、分权过程，虽然有助于降低改革风险、阻力，但不利于财政关系的稳定，诱发了种种短期投机行为，有违财税法治化的基本要求，因为法治的原则之一即为规则的相对稳定性和可预期性。古希腊哲学家亚里士多德指出："遵守法律的习性须经长期的培养，如果轻易地对这种或那种法律常作这样或那样的废改，民众守法的习性必然削减，而法律的威信也就跟着削弱了。"❶ 这一论断当然也适用于财税法治。在缺乏财政宪法或财政基本法的规范指引、财政体制缺少总体设计和统一规范、政府间财政事权和支出责任划分不明的情况下，财政体制经常性变动，无疑会对财税法治形成掣肘。

党的十八大以来，党中央高度重视全面依法治国的重要性，习近平总书记多次在重要讲话中提及：凡属重大改革，都要于法有据。要求在整个改革过程中，都要高度重视运用法治思维和法治方式，发挥法治的引领和推动作用，加强对相关立法工作的协调，确保在法治轨道上推进改革。由于制度的惯性和路径依赖原理，我国目前尚处于行政财政模式走向法治财政模式的转轨期，法治建设的节奏落后于财政改革的速度，因而造成了财政活动的不规范性及财政制度的不稳定性，多年来一直存在的诸如财政权力碎片化、预算约束力偏弱、地方债务风险居高、财税管理机制不健全、税收法治化水平偏低等问题，无不与财税法治建设进程的落后及法治与改革衔接不畅有着直接关系。法治建设滞后于改革不但反过来严重制约我国财税改革的进展，也给国家治理带来不可预料的风险。而法律制度往往起到固定改革共识、有效防范改革风险的作用。改革要于法有据，重大改革

---

❶ ［古希腊］亚里士多德：《政治学》，吴寿彭译，商务印书馆1965年版，第81页。

要立法先行，中央有关全面深化改革及全面依法治国的战略部署既是对过去改革路线的纠偏，又为新时代财税法治建设指明了方向。此外，新时代的财税改革"法治化"也不同于过去的"法制化"建设，它所追求的是一种更高层次的现代化治国理财模式，旨在达成思维方式、制度环境、政策手段、行为模式等全方位的法治化，它不仅要实现形式意义的"财税法治"，更要渐次步入实质意义的"法治财税"。

（五）人大财政监督功能尚待进一步改进

作为纳税人民意代表机关的人民代表大会在我国财税法治建设中处于主导地位。除上文提及的财税立法外，人大在财税法治建设中的重要作用还体现在它的拥有宪法赋予的财政监督功能。必须承认，前述"行政财政"模式的长期持续以及各级政府弱法治化的理财方式的盛行，皆与人大财政监督的不尽到位有直接的关系。在新时代背景下，进一步优化人大财政监督工作机制，提升对政府财政行为监督的有效性，对于规范政府理财方式，优化公共资源的配置，尤其是对于财政资金征收管理的安全性、规范性，意义重大。为此，党的十八大强调："支持人大及其常委会充分发挥国家权力机关作用，加强对政府全口径预算决算的审查和监督。"2014年8月31日，全国人大常委会对《预算法》进行了修改，第九章"监督"由7条增至9条，进一步明确了人大对于预算、决算的监督职权，完善了监督程序，丰富了监督手段。但是，制度建设和完善非一日之功，人大的财政监督功能的弱势地位短期内还难以根本扭转，人大财政监督权在一定程度上成为形式上、程序上的权力，受到的质疑声不断。由时常见诸报端的报告可知，有些地方政府财政支出随意性较大，甚至不顾本地实际大搞所谓的"形象工程"，导致地方财政负担累累。人们不禁要问：在约束政府财政经费的使用权方面，人大可否有更大的作为？概言之，在当前，充分发挥人大财政监督功能面临的难点和困境包括如下几个方面。

1. 人大代表监督能力有待提升

作为国家权力机关的组成人员，人大代表首先要具有代表性，其次还必须具有相应的参政能力，这是其行使职责的内在要求。与西方议会不同，我国人大代表皆为兼职，且这种兼职的安排长期被视为一种制度优势，因为人大代表来自各个地区、各个阶层、各个民族、各个岗位，具有广泛的代表性。然而随着社会的不断发展，人大代表兼职化的弊端已越来越明显，在相当一部分代表不具备基本的审查预算、监督财政的专业知识的前提下，人民代表大会对财政监督的效果必然大打折扣。监督能力不足的情形在人大常委会层面尤其是各级地方人大常委会层面同样体现得特别明显。较常见的情况是，常委会组成人员多数由党委、政府部门转岗而来，对于自己的新角色尤其是对于诸如财政监督之类专业性较强的工作存在一个了解和熟悉的过程，而当他们对财政监督的程序和方式熟悉起来之后，部分常委会成员又要面临换届或退休，此类情况周而复始，导致财政监督工作缺乏连续性。❶

2. 财政监督机制有待完善

当前我国各级人大在财政监督机制方面还多有不健全之处。具体体现为：其一，监督手段相对单一。对很多地方人大及其常委会而言，所谓财政监督几乎就等同于预算、决算的审议和批准，很少启用法律赋予人大的其他监督手段。诸如特定问题调查、相关责任人罢免、预算撤销等刚性监督手段的缺失使得人大财政监督失去了应有的权威，橡皮图章的形象难以根本改变。其二，监督内容缺乏深度。受专业能力及会议日程安排所限，人大财政监督的重点往往仅着眼于宏观财政数字，且往往局限于对预决算或预算调整报告的静态审查，缺乏对资金使用效率的绩效监督，也缺乏对预算执行诸环节的流程监督，加之部分代表的责任意识不强，导致预算违法行为频频出现，诸如预算拖延批复、预算之外列支、预算科目任意变更、专项资金和补助资金被挪用挤占等突出问题难以从根本上杜绝。其三，缺乏系统性的监督工作机制。财政监督质量的高低不仅取决于人大一方，还有赖于一揽子工作机制的配套，如财政信息对称机制。如果不能全面掌握财政信息，人大财政监督质量的提高便无从谈起。现实中人大对政

---

❶ 萧仁武、杨原：《监督受限"四重门"》，载《公民导刊》2012年第12期。

府的收支情况的知情渠道仅限于各级政府上报的预算草案，且预算草案的完整度、细化度明显不足。不仅如此，目前我国各级财政部门编制的预算依然较为粗糙简单，数据不够全面准确，人大代表"看不明白"的问题很大程度上还依然存在。此外，考虑到人大代表的兼职性特点，现行法律框架下财经委、预算工委在预决算审批监督方面起到了较大的辅助作用。但财经委、预算工委同样面临信息不对称的问题，它们获取的财政信息一般仅仅限于预算执行情况表、财政信息通报和一些审计信息通报等，不利于监督工作的深入展开。再如，借力审计部门的专业优势，人大监督与审计监督深度契合机制也没有建立起来，重大项目单独表决机制也还没有找到落实的空间。总之"由于监督工作机制缺乏科学性、系统性，从而削弱了人大财政监督的实效"❶。

3. 法律上的不完善与实质监督难

人大财政监督效果欠佳与现行法律的不尽完善也有关系：一则，体现为现行法律中的关键法条的缺位。比如，预算法、监督法等法律都没有赋予人大对预算的修正权，人大审查和批准财政预算成为一个简单的一次性表决程序。二则，法律对预算审查监督授权不足。人大对预算审查监督最终限于指出问题，但问题的后续解决力度及效果却可能置于了监督之外，不得而知。再加单独表决机制的缺乏，人大代表无法对其中个别事项表达自己的反对意见，也严重制约了人大实质监督的权力。三则，人大日程安排过于紧凑，人大代表基本上没有足够的时间和精力对预算案进行仔细审议，监督效果有限。

（六）地方财税法治化水平尚需加强

地方财税法治是国家财税法治的重要组成部分，中央全面依法治国的战略方针需要经过地方政府和基层部门来实践落实，地方财税法治化是实现国家财税法治化的题中应有之义和基本前提。各地域情不同，社会经济发展水平也参差不齐，我国不同地区的财税法治化水平也不尽相同，但就

---

❶ 萧仁武、杨原：《监督受限"四重门"》，载《公民导刊》2012 年第 12 期。

总体而言，普遍存在法治意识偏低、制度建设滞后、缺乏持久动力等不足，尚有较大的提升空间。

1. 对财税法治重视程度不够，法治思维和法治方式尚未完全树立

受传统思维影响，部分地方财税部门工作人员特别是基层领导干部法治观念还未真正树立起来，对财税法治建设重要性的认识还不够到位，"法治建设阻碍制度创新""履行法治程序影响效率"等片面认识还在一定范围内存在。部分财税干部依然习惯于经验思维、权力思维，以权限意识、程序意识、证据意识为内核的法律思维不够强。在某些地方财税部门，法治学习往往流于形式，领导干部"学法""议法"尚未制度化，"尊法""守法"尚待形成行为习惯。部分财政工作人员甚至认为，财政核心业务无非就是预算管理或是资金支出审核，只要掌握好国家的政策依据和财务规定即可，只有少数部门涉及立法、复议或诉讼等法律事务，法治建设与大部分科室的业务无关。总之，据笔者对部分基层领域干部的初步调研可知，地方财政工作的法治化水平的确有待进一步提高，部分财政干部的法治思维和法治意识的根本转变可谓任重道远。

2. 财税法治建设人才相对缺乏，工作人员的法律素养尚待提高

随着财税改革的不断深化，对财政工作人员的法治素养要求越来越高。对标法治财政建设的基本要求，称职的财政法制机构人员应当同时在财政管理和法律事务两个领域具备良好的知识能力储备，但据笔者的调研可知，时下地方财政部门法制机构中更多的是具有单一的财政或法律知识背景的工作人员。在县（区）级财政部门，往往没有单独的法制机构，也往往没有固定的法制工作人员，司管法制事务的人员变动较大，素质参差不齐，而且这种情况越是在基层越是明显，阻碍了财税法治建设工作的全面开展。除法制机构外，财税部门其他处室工作人员的法律素养也普遍偏低。尽管各级财政部门普遍加大了法律培训力度，但受年龄结构、业务经验等诸多因素的制约，工作中仍然缺少既精通财政业务知识，又具备较高法律素养的复合型人才。

3. 地方财政制度体系建设不够健全，财政制度规范化水平尚待提升

受近年来财政立法进程全速推进及财政领域改革复杂性的影响，我国地方财政制度建设普遍缺乏长远的思考和谋划，制度建设落后于财政改革和发展的问题仍然存在。一是财政立法进程加快、上位法不断完善某种程度上影响了地方财税法治化的进程。自党的十八届三中全会提出建立现代财政制度、落实税收法定主义以来，我国财政各领域改革进程全面提速，包括预算、税收、非税收入、会计、企业国有资产、财政绩效评价、财政监督等全面铺开，地方财政部门原有的很多制度规范都与新的政策要求相冲突，亟须修订调整。与此同时，一些基层和实践急需的领域诸如财政转移支付、地方政府债务、行政事业资产管理等方面缺少法律，省级现行的财政法规规章难以满足财政深化改革之需。二是财政制度建设点多面广，任务复杂，大量财政管理文件亟待清理规范。近年来，伴随法治政府、法治财政各项工作的持续推进，地方各级财政逐渐完备了各项制度，严格审查并定期清理了大批财政规范性文件。事实上，除制定程序相对严格的规范性文件外，各地各级政府还出台有大量的普通的财政管理文件，如那些仅明确资金用途、部门责任而并不直接涉及公民、法人权利义务的资金管理文件。各地各级政府对于这些文件的清理工作重视程度明显不足，如果放任不管，也有可能造成财政管理上的混乱。三是地方财政制度的财政制度规范化水平尚待提升。一方面由于领导重视不够；另一方面由于工作人员法律素养缺乏，加之近年来财税改革任务繁重，地方财政部门在制定相关管理办法和工作流程时，前期论证不充分，条款操作性不强，导致不少制度出台后即被束之高阁，不但浪费了大量的行政资源，有时甚至会引起一些不必要的麻烦。

4. 法律审核存在脱节现象，财政涉法涉诉风险不容忽视

财政业务涉及面较广，其中既有纯粹业务性、专业性的工作，也有相当一部分业务涉及法律规范遵从或运用。对两类工作进行相对清晰的区分并对第二类业务进行高质量的法律审核，是完善财税部门法治工作机制的一个重要方面。通过笔者的初步调研，基层财政部门存在两个方面的问

题：其一，两类业务界限不清。部分基层财税部门的业务处（科）室，习惯于将一些业务难题推给法制机构或法律顾问，将法制部门的意见书作为下一步处理建议的免责盾牌。事实上，这些所谓的业务难题并非法律难题，甚至根本不关涉法律风险，此类一推了之的做法除了增加法务人员的工作压力，对于问题的解决于事无补。其二，对部分重大涉法业务审核力度不足。部分领域的财政问题涉及多方主体权益，有些甚至是国家、纳税人、供应商之间的重大经济利益，加强合规性审查、规避法律风险是法治财政建设的主要阵地。由于部分涉法财务业务工作内容庞杂，待审核内容繁多，有些地方财政部门基于推进工作进度的需要，会刻意放低工作要求，从快从简设计法律审核程序。这种做法既不符合新时代建设法治财政的要求，也极易埋下隐患，如果处理不当，要么适得其反地滞缓相关改革工作的进度，要么引发较大的法律风险。

日渐增多的复议、诉讼案件成为财税部门不得不面临的另一个潜在风险点。一方面是中央法治政府建设的大力推进；另一方面是广大纳税人法治意识的不断提升，在此背景下，那些观念转变不及时不到位，工作习惯于拖等靠的个别部门及工作人员，极易引发法律风险。笔者在调研中发现，财政部门部分处室领导对财政涉法风险的危险认识不到位，未养成及时依法调查取证、回复信息公开申请的习惯，因人情影响而对行政处罚从轻从略的情况还时有发生，因履职不当、程序不全造成的失职渎职风险依然较大。与前述诸般现象相关，在部分财政部门，因违法行政、行政不作为或执法不当所引发的行政复议、诉讼案件，还时有发生。

最后，还有一类问题尚需单独提及。国家新一轮机构改革对行政执法持证上岗人员有了更加规范的要求，持证对于岗位和编制要求更加严格。基于工作的惰性加之畏难情绪，一部分行政岗位在编人员习惯于对之前参公人员现场执法模式的过度依赖，缺乏考取执法资格的动力，导致合法持证人数缺员，已成为当前影响财政行政执法工作正常开展的突出问题。

（七）法治建设思路创新不足，法治财政建设缺乏强大持久推动力

包括财税法治建设在内的地方法治建设是一个系统性工程。它需要党的领导下的顶层决策，也需要各地结合区情对落实方案的创新完善；它离不开对各项法治改革举措的科学调研与论证，更需要推进、执行过程中的考核、监督与保障；此外，加大法制宣传，培养良好的社会氛围，提升广大干部群众法律意识，也是地方法治财政、地方法治政府建设的重要方面。就上述几个方面，我国地方财税法治建设尚有如下几点不足：其一，财政重大行政决策制度建设力度不够。为深入推进依法行政，加快建设法治政府，如期实现法治政府基本建成的奋斗目标，中共中央、国务院于2015年12月27日印发并实施了《法治政府建设实施纲要（2015—2020年）》。为推进行政决策的科学化、民主化、法治化，该纲要明确要求"完善重大行政决策程序制度，明确决策主体、事项范围、法定程序、法律责任，规范决策流程，强化决策法定程序的刚性约束"。但就总体而言，地方财政部门在完善重大行政决策制度方面的情况不太理想。不少地方根本没有出台重大决策项目名录，更谈不上制定对应的制度。有些地区尽管开展了一些制度建设的工作，但在决策项目选择方面存在不少争议，有的是项目内容模糊，有的直接就不具有实际可操作性。例如，个别地区将年度政府公共预算草案编制列为重大事项，由于预算草案在提交人大审查前属于保密文件，这与重大行政决策网上公开的程序要求直接冲突，根本就不具备可操作性。其二，部分财政政策出台前的调研论证不充分，评估工作不扎实。部分财政政策过于讲求时效性，甚至是为了适应宣传需要或者烘托某项政绩而出台，前期调研浮光掠影，不能深入基层了解社情民意；论证评估阶段偷工减料，请部分所谓专家装点门面。这类政策匆匆出台后，或者因为不接地气，不为群众所接受，而难以落实；或者缺乏必要性，导致财政资金浪费，难以取得实质性效果；或者不具备可行性与合理性，导致资金难以到位，无法满足实际需求，透支政府公信力。其三，法制宣传工作需要进一步加强。近年来，党和国家高度重视法制宣传工作，法制宣

传也成为政府各部门理所当然的职责。但长期以来，各地方财政部门普遍缺乏普法宣传责任机制，难以明确单位内部各机构的宣传责任，难以有效地组织开展好宣传工作。为健全普法宣传教育机制，落实国家机关普法责任，进一步做好国家机关普法工作，2017 年 5 月 17 日中共中央办公厅、国务院办公厅联合印发《关于实行国家机关"谁执法谁普法"普法责任制的意见》。随着该意见的落实，各地方财政部门法制宣传责任机制缺失的状况大为改观，但就总体而言，受人员、经费等方面的限制，有关财经法律法规宣传工作开展的次数依然偏少、范围依旧偏小，广大干部群众积极参与普法工作的积极主动性也普遍不高。其四，法治财政建设动力保障机制不健全。法治建设非一日之功，部分领域尚需攻坚克难，为此必须构建动力保障机制，方可实现这项工程的持续推进。其中一个至关重要的抓手是建立督察与绩效考核机制。总体而言，地方各级财政部门尚未建立起全面、实质、高效的法治财政建设考核与督察体系，法治财政建设考核机制有待完善。已经建立起考核制度的地区，亦未能充分发挥考核结果的增值效用，大都停留在对考核主体的荣誉性鼓励层面，难以起到有效的激励约束作用。除督察与绩效考核机制外，人员配置也是提升财税法治建设水平的重要保障力量。近年来，尤其是新一轮机构改革以来，中央进一步加大了法治政府建设的力度，法治工作在财政部门中的地位和作用得以提升，但法治工作人员难以短期内配置到位，相当部分基层区县财政部门存在人员保障"短板"。法治工作没有专人负责的情况比较普遍，这必然造成考核评价机制虚化，法治工作持续推进乏力，法治工作的持续性和稳定性无法保证。

第三章　新时代财税法治建设的
重要领域及关键环节

　　党的十八大以来，以习近平同志为核心的新一代领导集体，创造性地提出了新时代全面依法治国的工作布局，明确要求坚持依法治国、依法执政、依法行政共同推进，坚持法治国家、法治政府、法治社会一体建设。党的十九大更是把"法治国家、法治政府、法治社会基本建成"确立为到2035年基本实现社会主义现代化的重要目标，开启了新时代全面依法治国新征程。同理，作为全面依法治国重要领域的财税法治建设，同样是一项涵盖多个领域的系统工程。概言之，中国特色社会主义财税法治体系贯穿预算、税收、央地财政关系等多个领域，涵盖立法、执法、司法、守法等诸多环节。

一、新时代财税法治建设的重点领域

　　党的十八届三中全会对深化财税体制改革的总体部署是完善立法、明确事权、改革税制、稳定税负、透明预算、提高效率，建立现代财税制度，发挥中央和地方两个积极性。我们认为，在新形势下，应当以习近平新时代中国特色社会主义思想为指导，在巩固现有财税改革成果，总结经验、分析不足的基础上，在预算法律制度、现代税收制度、央地财政关系法治化这三个领域全面推进我国的财税法治建设。

（一）努力建成规范、科学的现代预算法律制度

预算制度是财政制度最为基础的领域，现代预算制度可称为构建现代财政制度的基石，因为"预算不仅仅是配置政府资源的技术工具，也是塑造公共生活、国家制度以及两者之间关系的文化建构"❶。从财政法的视角而言，筹集收入并以适当的方式支付于公共服务的各个领域构成国家政权活动的主要方面，甚至可以这样夸张地表述：从财政税法的视角来看，国家政权的每个部门尤其是所有政府部门都是受纳税人委托并按照预算的要求去消费财政资金。如何筹钱和支钱体现了一个国家和政府的基本品格属性。公正、科学、透明、规范地进行财政收支是现代民主法治政府的题中应有之义。同理，新时代国家治理现代化的实现，又必然有赖于政府理财方式的现代化，改革预算制度，从根本上达到重塑国家治理制度的目的。在某种意义上，抓住了预算改革，也就抓住了国家治理转型的关键。事实上，相对于其他领域，预算法律制度改革是进入新时代以来我国财税体制改革中起步最早、力度最大、效果最为显著的部门。通过近几年的改革努力，尤其是经过 2014 年和 2018 年两次对《预算法》的修正，由治民之法转向治官之法、治权之法的现代预算管理的基本理念已经得以确立，以四本预算构建的全口径政府预算体系也已基本建立，跨年度预算平衡机制走向试点，地方政府债务管理体系及风险预警制度得以建立，预算监督得到强化。❷ 总之，新《预算法》对财政改革成果进行了固化，使财政支出管理基本适应了经济新常态提出的要求，它使财政支出真正步入了依法理财的科学轨道。尤其值得注意的是，《预算法》修正之后，2020 年 8 月 3 日国务院公布了新修订的《预算法实施条例》，我国预算法治建设有了新一步的进展。尽管当前预算法改革成效较为显著，但相对于党的十九大报告中提出的"建立全面规范透明、标准科学、约束有力的预算制度，全面实

---

❶ KHAN J. *Budgeting Democracy: State Building and Citizenship in America, 1890—1928*, New York: Cornell University Press. 1970.

❷ 高培勇、汪德华：《本轮财税体制改革进程评估：2013.11—2016.10》，载《财贸经济》2016 年第 11、12 期。

施绩效管理"要求，尚需在如下几个方面进行提升。

1. 优化整合四本预算，发挥全口径预算体系的协同治理效应

我国现行《预算法》由既相互独立又紧密衔接的四本预算构成了全口径预算体系，如何进一步做好四本预算之间的有机衔接，发挥全口径预算体系的协同治理效应，具有极大的探索空间。目前学界已有不少学者对此提出自己的研究见解。如于树一曾提出三本预算方案：即将政府性基金预算逐渐融入一般公共预算，变四本预算为三本预算。❶ 高培勇则提出"四本合两本、两本加综合"改革思路：逐步将上缴国有资本收益、各项政府性基金纳入一般公共预算，最终取消国有资本经营预算和基金预算；保留社会保险基金预算，合理界定社会保障管理部门和财税管理部门职能；单独编制全口径综合预算，扣除一般公共预算和社会保险基金预算中的重复项，整体、全面地反映政府收支信息。❷ 总而言之，进一步统筹四本预算、发挥政府预算的整体性功能和协同治理效应，应当是深化预算管理制度改革一个极为重要的着力点。

2. 推进全口径预算管理的标准化、信息化建设

如前文所述，经过两次修改尤其是经过 2014 年修正，我国《预算法》在全口径预算管理体系化、现代化方面有了突出的进步，但对标国家治理现代化要求，我国预算在科学化、专业化方面依然有较大的提升空间，其中至为关键的是标准化、信息化建设。应当承认，与发达预算国家相比，我国预算的标准化水平还处于低位阶和初步阶段，预算法中很多关键性的概念术语乃至某些指标的计算口径都不尽明确甚至直接缺失，这必然导致政府的预算信息在可比性、规范性、准确性上大打折扣。有效提升我国政府预算管理标准化水平的一种可行路径是：充分借鉴联合国的功能分类系统（COFOG）和国际货币基金组织的政府财务统计系统（GFS），结合我

---

❶ 于树一：《经济新常态下发挥"四本预算"整体功能的探讨》，载《财贸经济》2016 年第 10 期。

❷ 高培勇、汪德华：《本轮财税体制改革进程评估：2013.11—2016.10》，载《财贸经济》2016 年第 11、12 期。

国实际需要和预算法治进程，完善、细化我国的政府预算分类系统，并通过进一步修改《预算法》或《预算法实施条例》对核心概念术语进行界定，在此基础上由财政部出台文件进一步明确相关预算指标计算口径、预算报表的操作方法等。预算管理的标准化与信息化关系密切，前者提升的同时也为后者的实现奠定了基础。随着大数据技术的不断更新及数字政府建设进程的推进，近年来我国政府预算管理信息化水平也有大幅提升，中央预算管理一体化系统功能不断得以拓展，地方预算、地方政府债务管理系统日益完善。然而，一方面，受前述预算标准化建设进度的约束，另一方面，受预算权力配置的不尽科学及数字化政府建设整体进程的影响，加之预算管理信息的专业性要求较高，当前我国政府预算管理的信息化总体水平还不够高，这一点在地方政府层面尤其明显。地方政府不同信息系统之间的兼容性、共享性较差，这些问题需要在下一步的改革当中予以解决，争取早日实现中央和地方财政系统信息贯通，部门间预算信息互联共享。

3. 破解深层矛盾，进一步推进政府预算公开

财政预算公开，对于保障纳税人对财政预算的知情权、参与权和监督权，促进预算管理法治化、民主化、科学化，具有重要的意义。我国现行《预算法》在推进政府预算公开方面迈出了一大步，不但在目的条款中明确提出"建立健全全面规范、公开透明的预算制度"，且在第14条对公开的范围、主体、时限等提出了具体的要求，对转移支付、政府债务、机关运行经费等社会高度关注的事项要求公开作出说明，并在第92条明确规定了违反预算公开的法律责任，但推进政府预算公开仅靠一部《预算法》是远远不够的。进入新时代以来，随着国家治理现代化目标的提出及各项改革措施的顺利推进，服务政府、责任政府、法治政府的理念得到各界广泛认可。政府理论的研究成果表明，服务政府、责任政府、法治政府的构建离不开透明政府和回应政府，透明是实现法治的前提，回应是责任的基础。事实上，在联合国对于"善治"界定的框架中，参与、法治、透明、回应、责任都是基础性要件，而所有这一切，都要以有效的信息为前提。

总之，欲推行透明政府、回应政府和公信政府，信息公开至关重要，而预算公开必须置于政府信息公开的整体工作布局中予以展开，方能让纳税人就更详细、具体的财政信息获得知情权，方可将改革推向纵深。非常遗憾的是，我国至今没有出台"政府信息公开法"。作为政府信息公开的母法，尽管《政府信息公开条例》已经对政府信息公开的范围、方式、程序、监督保障等作出了规定，且该条例于 2019 年 4 月 3 日还作了最新修订，但总体而言其内容依然失于过于笼统，尤其是立法层级较低。建议推动"政府信息公开法"的制定，并在该法中明确预算公开的保密边界，两法协力统筹，必将更好地推动我国预算改革工作的进展。

4. 进一步强化政府预算的绩效管理

2014 年《预算法》第一次修正时确立了预算的绩效原则，标志着我国政府预算绩效管理的制度框架已基本建立。党的十九大报告中更是明确提出要"全面实施绩效管理"。为了不断优化财政资源配置，加快全面建立预算绩效管理体系，2018 年《中共中央、国务院关于全面实施预算绩效管理的意见》发布，对于推进预算管理制度改革、促进国家治理现代化具有重大意义。近年来，尽管我国政府预算绩效管理改革不断深化，但与发达国家相比还不够成熟，主要表现为：全面绩效管理的理念尚未牢固树立、绩效管理的广度和深度明显不足、绩效激励约束作用不强、绩效管理指标体系不完善、绩效结果运用不佳、公务人员绩效考核方式单调等。下一步，应当以习近平新时代中国特色社会主义思想为指导，要在贯彻落实上述意见的过程中，依据"总体设计、统筹兼顾；全面推进、突出重点；科学规范、公开透明；权责对等、约束有力"等原则，构建全方位预算绩效管理格局，建立包括评估机制、目标管理、运行监控、评价应用在内的全过程预算绩效管理链条，构建全覆盖预算绩效管理体系和管理制度，硬化预算绩效管理约束，完善保障措施，力争用 3—5 年时间基本建成全方位、全过程、全覆盖的预算绩效管理体系，实现预算和绩效管理一体化，改变预算资金分配的固化格局，提高预算管理水平和政策实施效果，为经济社会发展提供有力保障。

本书认为，为了进一步优化政府预算绩效管理的效果，还可以从以下三个方面拓展工作格局：其一，健全预算绩效管理相关的配套制度。诸如，建立全面规范的中期财政计划制度，为预算绩效的评判提供更科学的标准。再如，完善权责发生制的会计制度，以方便获取绩效管理所必需的绩效信息等。其二，采用因地制宜的绩效考核标准。尽管同样级别的政府所承担的职能相同，但是全国不同地方的自然禀赋、经济和社会等方面有很大的差异，各地政府在发展策略方面也存在差异，不宜采用完全一致的绩效考核体系，否则一些基础薄弱的地方政府长期无法获得良好绩效评价结果，其工作动力必然大受影响，不利于各地因地制宜地发展。其三，加强对预算绩效的监督。预算公开不仅是预决算数据的公开，还要进一步完善预算绩效信息公开机制，满足纳税人知情权的同时充分发挥社会监督的作用。发挥审计监督的"利器"作用，协调好预算绩效管理工作机制和绩效审计工作机制，实现两套工作流程更好的配合，强化对审计结果的整改落实，通过持续性的审计监督推动预算管理制度的进一步健全和完善。

最后，需要特别强调的是，2021年4月13日，国务院发布《关于进一步深化预算管理制度改革的意见》（国发〔2021〕5号），部署了新形势下进一步深化预算管理制度改革的具体措施。国务院意见指出，预算体现国家的战略和政策，反映政府的活动范围和方向，是推进国家治理体系和治理能力现代化的重要支撑，是宏观调控的重要手段。在新的形势下，要以习近平新时代中国特色社会主义思想为指导，深入贯彻党的十九大和十九届二中、三中、四中、五中全会精神，全面贯彻党的基本理论、基本路线、基本方略，坚持稳中求进工作总基调，立足新发展阶段、贯彻新发展理念、构建新发展格局，以推动高质量发展为主题，以深化供给侧结构性改革为主线，以改革创新为根本动力，以满足人民日益增长的美好生活需要为根本目的，更加有效地保障和改善民生，进一步完善预算管理制度，更好发挥财政在国家治理中的基础和重要支柱作用，为全面建设社会主义现代化国家提供坚实保障。与此同时，该意见还提出，新形势下进一步深化预算管理制度改革，必须坚持党的全面领导、预算法定、目标引领、底线思维等重要原则。根据该意见，我国下一步预算制度建设方面的主要改革举措包括：其一，加大预算收入统筹力度，增强财政保障能力。规范政府收入预算管理，加强政府性资源统筹管理，强化部门和单位收入统筹管理，盘活各类存量资源。其二，规范预算支出管理，推进财政支出标准化。加强重大决策部署财力保障，合理安排支出预算规模，大力优化财政支出结构，完善财政资金直达机制，推进支出标准体系建设。其三，严格预算编制管理，增强财政预算完整性。改进政府预算编制，加强跨年度预算平衡，加强部门和单位预算管理，完善政府财务报告体系。其四，强化预算执行和绩效管理，增强预算约束力。强化预算对执行的控制，推动预算绩效管理提质增效，优化国库集中收付管理，拓展政府采购政策功能。其五，加强风险防控，增强财政可持续性。健全地方政府依法适度举债机制，防范化解地方政府隐性债务风险，防范化解财政运行风险隐患。其六，增强财政透明度，提高预算管理信息化水平。改进预决算公开，发挥多种监督方式的协同效应，实现中央和地方财政系统信息贯通，推进部门间预算信息互联共享。

（二）努力构建社会公平、市场统一的现代税收法律制度

党的十八届三中全会通过的《中共中央关于全面深化改革若干重大问题的决定》明确提出，要"深化税收制度改革，完善地方税体系，逐步提高直接税比重。推进增值税改革，适当简化税率。调整消费税征收范围、环节、税率，把高耗能、高污染产品及部分高档消费品纳入征收范围。逐步建立综合与分类相结合的个人所得税制。加快房地产税立法并适时推进改革，加快资源税改革，推动环境保护费改税"。2014 年 6 月中共中央政治局审议通过的《深化财税体制改革总体方案》中明确提出，要"深化税收制度改革，优化税制结构、完善税收功能、稳定宏观税负、推进依法治税，建立有利于科学发展、社会公平、市场统一的税收制度体系，充分发挥税收筹集财政收入、调节分配、促进结构优化的职能作用"。党的十九大报告进一步提出，要"深化税收制度改革，健全地方税体系"。由此可知，围绕建立现代税收制度的目标，上述决定和总体方案明确了"六税一法"的改革任务，当前营改增、资源税、个人所得税的改革任务已经基本

完成，《税收征收管理法》也已出台修订方案，《环境保护税法》完成立
法，增值税、消费税立法已经快速推进，房地产税还处于改革方案制定阶
段。2021年3月，全国人大通过《"十四五"规划和2035年远景目标纲
要》明确："优化税制结构，健全直接税体系，适当提高直接税比重。完
善个人所得税制度，推进扩大综合征收范围，优化税率结构。聚焦支持稳
定制造业、巩固产业链供应链，进一步优化增值税制度。调整优化消费税
征收范围和税率，推进征收环节后移并稳步下划地方。规范完善税收优
惠。推进房地产税立法，健全地方税体系，逐步扩大地方税政管理权。深
化税收征管制度改革，建设智慧税务，推动税收征管现代化。"本书认为，
按照党中央的统一部署，我国下一步深化税收制度改革，还需要着力做好
以下几个方面的工作。

1. 加快落实税收法定的进程

税收法定原则为宪法之依法治国原则在税收领域的体现，为税法中的最
为重要的一个原则，它起源于英国，现已为当今各国所普遍接受。简单而
言，税收法定是指征税主体必须依据且仅仅依据法律的规定征税，纳税主体
必须依据且仅仅依据法律的规定纳税。其具体内容可包括三个部分：税种法
定、税收要素法定、程序法定。就我国而言，党的十八届三中全会明确提出
了落实税收法定的要求，下一阶段税收法治工作的重点就是继续贯彻十八届
三中全会精神以及党中央审议通过的《贯彻落实税收法定原则的实施意见》
的精神，按照"一税一法"的目标定位，严格遵循《立法法》规定的程序，
一步步将已有税收法规转化为税收法律。特别是今明两年间，要加快主要税
种的"升级改造"，尽快制定"增值税法""消费税法"等。落实税收法定
的另一项工作重点为进一步规范税率等关键要素，严格按照《立法法》的相
关要求，坚决清理各地、各领域越权出台的税收优惠政策，杜绝征收"过头
税"和"乱收费"的短视行为，大力纠正各种消减税收要素法定化的行为。
落实税收法定的另一重要环节是税收程序法定，要将税务机关征管行为真正
纳入法治的轨道，最大限度压缩其执法裁量权。

2. 进一步推进消费税法律制度改革

我国消费税是1994年税制改革在流转税制中新设置的一个税种，也是

新的流转税制中的一个重要税种，是在对货物普遍征收增值税的基础上，选择少数消费品再征收一道消费税。消费税具有税源集中、征收环节较为单一、征收方法灵活等特征，有调节产品结构、引导消费方向、保护生态环境、保证国家财政收入等多方面功能。2019 年，我国国内消费税收入为12,562 亿元，占全国一般公共预算收入比重 6.6%，税源主要集中在卷烟、成品油、乘用车和酒这四类消费品。自 1994 年开征以来，随着我国经济的持续发展、国家发展理念的更新以及国民消费结构的深刻变化，我国消费税法律制度经过多轮调整，但总体而言依然存在税目偏少、税率结构不合理、征收环节单一等不足之处。根据中央顶层设计的思路，消费税改革的基本目标是通过调整消费税的征收范围、环节和税率，将高能耗、高污染及部分高档消费品纳入征收范围。2019 年 12 月，财政部、国家税务总局公布了《消费税法（征求意见稿）》。与学术界的期冀相比，该意见稿保持了现行税制框架总体不变，体现了一种相对保守、稳妥的立法思路。总之，相较建设现代税收制度的目标要求以及各界的厚望与诉求，我国的消费税制度尚有较大的改进空间。本书认为，下一步应当进一步明确消费税的功能定位，协调好其与环境保护税、资源税等税种的税际关系；在科学论证的基础上，进一步丰富消费税税目，尤其是将更多的资源性产品及高耗能、高污染产品纳入，并择机扩大对高档消费品和高档服务业的征收范围；适应时代的变化以及综合多方面的考量，对特定税目的税率作出一定的调整；探索建立消费税征收范围和税率的动态化调整机制，使消费税更加具有灵活性和时代适应性；根据中央统一安排，从国家财政体制改革和完善地方税体系的要求出发，基本公平受益与征管效率的考量，将部分税目的征税环节后移，将消费税逐渐由中央税改革为共享税。❶

3. 加快推进房地产税法的立法进程

我国现行税收制度对房产与土地分别设置税种，对土地征收土地使用税，对房屋征收房产税，房产税计税依据中包含土地价值，土地价值中又包含土地税收，存在重复计税现象。因此，应合并房产税和土地使用税，

---

❶ 对于完善地方税体系与消费税法律制度改革的关系，本书第八章有专门的论述。

推出统一的"房地产税",取代房产税和城镇土地使用税,时机成熟后再取代土地增值税和契税。房地产具有非流动性、不可藏匿性特征,使得房地产税在未来应天然成为基层政府的重要税种。

房地产税改革的重点在于征税范围、课税对象、适用税率、计税依据和税收优惠等方面。第一,征税范围应包括农村。随着经济发展,中国城镇化进程不断推进,部分地区城乡边界已越来越模糊,部分区域城乡差别也越来越小,应遵循城乡税制一体化理念,将农村房屋纳入房地产税征税范围。第二,课税对象应包括存量房屋。当经济发展和城市化水平达到一定阶段后,人均拥有住宅面积不断增加并趋向饱和。只有包括存量房屋在内的房产才能体现个人或家庭的财富价值,只有包含存量房屋的征税对象,在持有环节征税才能体现公平公正的税收伦理特性。因此,房地产税的征税范围不仅应包括存量房屋,存量房屋还应成为房地产税的主要课税对象。第三,计税依据应为房地产评估价值。以评估价值作为计税依据的好处在于:切实提高税收收入与房地产市场价值的相关性;进一步提高土地和房屋的利用效率。第四,税率应考虑到地区差异采用幅度比例税率。自 2011 年 1 月 28 日起,重庆和上海试点征收针对居民存量住房为对象的房产税,在给予一定的家庭人均面积起征点后,重庆适用 0.5%—1.2% 税率,上海适用 0.4%—0.6% 税率。未来房地产税在税率形式上,总结试点经验,宜采用幅度比例税率形式;在税率水平上,对个人住房以 0.4%—0.8% 为宜,工商业房产以 0.5%—1% 为宜。具体税率由地方在中央确定的范围内自行决定。区间范围的确定应兼顾地方政府的财政收入规模和房屋所有人保有房产的税收成本。第五,税收优惠设计应综合考虑房屋面积和价值。房地产税优惠的设计依据,有房屋套数、房屋面积和房屋价值三种选择,按照房屋价值设计税收优惠相对公平和有效,但考虑到目前中国房地产评估人才较为缺乏的现实,房地产税优惠方案应是结合房屋面积和房屋价值进行的设计。

需要注意的是,恢复对居民个人房屋的征税,将直接触动居民尤其是城镇居民个人的利益,公众从个人利益角度出发对缴纳房地产税的意愿预期较弱,纳税人遵从度预期较低,改革推行的阻力与难度预期较大,为此，房产税的推行尤其要注意立法先行。

4. 择机开征遗产和赠与税

遗产税是对遗产继承人、受遗赠人或受益人征收的一种直接税，属于财产税的范畴。新中国成立之初，中央高度重视我国的税收制度建设，曾提出设立遗产税的意向。❶ 1994 年的新税制改革将遗产税列为国家可能开征的税种之一，而后，遗产税的开征又被写入《国民经济和社会发展"九五"计划和 2010 年远景目标纲要》。2000 年前后，有不止一位政府官员在公开场合谈及，要通过开征遗产税等一系列税收政策增强税收杠杆功能。2013 年 2 月，国务院同意并转发了国家发展改革委、财政部、人力资源社会保障部联合制定的《关于深化收入分配制度改革的若干意见》，其中第四部分"加快健全再分配调节机制"明确提出"研究在适当时期开征遗产税问题"。2015 年 3 月 1 日，《不动产登记暂行条例》开始实施，标志着摸清楼市"家底"的不动产统一登记制度正式建立。依此条例，集体土地所有权，房屋等建筑物、构筑物所有权，森林、林木所有权，耕地、林地、草地等土地承包经营权，以及建设用地、宅基地和海域的使用权等都将纳入登记范围。从某种意义上说，规范化的不动产登记制度为遗产税的开征创造了良好的外围条件。尽管学界对在我国开征遗产税的必要性争议颇多，且近期开征遗产税的确面临较多的障碍。❷ 但本书认为，遗产和赠与税是我国现代税收制度的必不可少的重要组成部分，它的功能不可以被其他税种替代，由之，遗产和赠与税的立法再次进入议事日程，未来可期。本书认为，作为一种财产税、直接税，遗产税对于调节收入分配、优化我国税制结构具有重要的促进作用。但是，正如很多学者所担心的，在当前

---

❶　政务院于 1950 年通过的《全国税政实施要则》规定要开征的 14 个税种，其中就包括遗产税。但限于当时的条件，后来此税种并没有正式开征，始终"沉"在水底。

❷　如国家行政学院经济学部教授冯俏彬接受《经济观察报》记者采访时即认为："现在谈遗产税没有任何必要，现在中国在从间接税为主向直接税为主转变的过程中，连房地产税和个税的推动都如此困难，遗产税的开征难度比房地产税更复杂。财政部的回复明确指出，征收遗产和赠与税在调节贫富差距的同时，会对资本流入和国内资本流出产生一定的影响。开征遗产税主要取决于遗产税要解决什么问题，何时开征遗产税取决于经济的发展阶段，特定的阶段解决特定的问题。在目前相当长的时间阶段，遗产税不太可能开征。"（《经济观察报》2017 年 11 月 23 日）

阶段，税务部门征管能力有限，财产价值评估体系不健全，加之纳税人税法遵从意识偏低，遗产税的征管成本会特别高，且还有可能引起诸如资本外逃等一些不可预料的后果。因此，我国遗产税立法问题尚待更进一步的深入研究，方可在实践中推行。西方部分发达国家有成熟的遗产税征收经验，可为我国提供借鉴。考虑到我国现实国情尤其是纳税人的接受度，总遗产税制当为可行的税制模式。至于税率，为保证税负的纵向公平，累进税率当为最佳选择。在税基方面，以净额市场价值为理想选择。

5. 构建税收征管新常态，实现税收征管现代化

近年来，随着《税收征收管理法》多次修改、完善以及多轮税收征管改革，加上各级税务机关的积极探索、实践，我国税收征管体系有了质的提高和明显的进步。但与发达市场经济国家相比，尤其是按照建设现代税收制度、实现全面依法理财的目标要求，我国税收征管的法治化、专业化、现代化的水平还总体偏低，存在纳税人纳税意识弱、遵从度低，征收管理成本总体偏高、效率低等突出问题，需要从转变税收征管模式和税收治理思路，提升税收机关法律适用水平、利用现代互联网技术加强征管技术保障等几个方面着力完善与提升。

（1）完善治理模式，构建和谐征纳关系。在国家治理现代化的新时代背景下，以实现税收领域的良法善治为目标，政府需要实现角色定位的根本性转变，由单纯管理者、命令者的角色转变为既是执法者，更是纳税人遵从税法的服务者、协作者，从而实现管理型征纳关系向治理型征纳关系的转变。治理的概念由党的十八届三中全会通过的《中共中央关于全面深化改革若干重大问题的决定》明确提出。由"管理"转向"治理"，尽管只是一字之变，含义却大不相同。所谓治理，就是政府、社会组织、社区、企事业单位以及个人等诸行为者，通过平等的合作型伙伴关系，依法对公共事务、社会事务进行规范和管理，最终实现公共利益最大化的过程。相比管理，治理是一种优化、良性、多元化、多角度的管理，是一种提升，内涵更全面。在"发展黄金期"和"矛盾凸显期"交织的当下，唯有全面深化改革，大力推进国家治理体系和治理能力现代化，以善政推动善治，方能为中国迈向现代

化国家打下坚实基础。就税收征管领域而言，治理思维的引入可以帮助我国打破传统的征税机关和广大纳税人之间利益对立的"非合作博弈"格局，促进二者的合作与信任，塑造新型的税收征纳工作模式。简而言之，传统的管理型征纳关系在运行上由税务机关单方主导，纳税人处于被动服从的地位，而治理型征纳关系则以纳税人积极主动进行纳税申报为基础。

同理，征管模式的转型往往又意味着纳税人角色认知的根本性转变。与管控型征纳关系相伴的是"消极型纳税人"，它意味着纳税人是一种被索取的"受害人"角色，纳税遵从度低，欲保证税收征管的质量，需要税收工作人员投入大量的工作量，耗费大量的行政成本。"积极性纳税人"与之截然相反，它意味着纳税人是被税务机关服务的对象，纳税人的主体资格和人格尊严被充分彰显，他们有极高的纳税遵从度和现代化的纳税意识。面对"积极纳税人"，税收征管机关的角色仅仅是协助者、服务者，税款征纳的工作重点落在一个"纳"字上，国家征税成本充分私有化，征管效率也会大幅提升。但需要特别说明的是，在现阶段，以培育"积极纳税人"为主攻方向的治理型征纳模式的建立有赖于综合治税体系的完善，否则国家税收利益保障力度会受到影响。完善综合治税体系的关键在于信息不对称问题的解决，它需要政府多部门乃至全社会的共同参与。为此，一则，在严格落实保密措施的前提下，建立包括自然人在内的广大纳税人信息库，以使征管部门全面系统地掌握纳税人相关涉税信息。二则，充分借助纳税人涉税信息，完善涉税信用制度，借助社会信用体系推动纳税人纳税自觉性。三则，可以借鉴日本蓝色纳税申报模式，❶ 把纳税申报上的优惠与会计制度是否健全关联起来，鼓励广大纳税人提高健全财务制度的

---

❶　蓝色申报制度是第二次世界大战之后，日本为了提高税法遵从度而进行的纳税申报制度改革。具体指纳税义务人经税务机关许可后，依据税收法规的相关规定，采用蓝色申报表缴纳税款的一项制度，采用蓝色申报表的纳税义务人可以享受到比普通纳税人更多的税收优待。纳税义务人要想取得蓝色申报资格，必须获取纳税所在地税务机关许可。税务机关主要考察申请者是否满足以下条件：按照大藏省的有关规定进行账簿文书设置，记录其收支活动和全部交易行为，并对账簿妥善保存；设立的账簿文书如实反映其真实的交易情况，没有假账或其他不真实的记录；距离上一次被取消或停止使用蓝色申请表资格之日已满1年。蓝色申报制度对于鼓励和引导纳税人建立健全会计账簿、依法申报纳税发挥了积极的作用。

自觉性，把更多的企业纳入税务机关的有效管理。

（2）落实税收法定，减少税制扭曲。税收征管的目标不仅是要组织收入，提高收入规模，还要落实好税收法定主义，体现税法立法目的和原则，使税收征管不至于歪曲乃至偏离税法目的，并充分实现税法功能。

税收征管部门及工作人员在落实税收法定的过程中，应注意以下几个问题：一是要注意税收法律法规制定的本意。税务部门在税收征管中制定的实施性法律文件，应当严格遵从税法目的，不得肆意进行变通解释或者扩大解释。广大税务工作者要切实提高依法征税的现代法治意识，绝对杜绝仅仅为了管理的方便就采用或者默许税负倒置、税负转嫁等违反法律、侵犯纳税人权利的现象。二是税务执法部门和执法人员，要善于将执法工作中遇到的困惑或发现的现行税法的不足及时反馈给上级部门，尤其是要反馈到相关法律文件的出台机关，做到适时修改。税法是一种专业性极强的法律门类，且一向属于我国法治建设的薄弱领域。财税法治建设是一个系统工程，它需要立法、执法、司法、守法各环节的合力推动。法律的真谛在于实践，它不仅专指执法者、司法者业务水平的养成，也适用于整个财税法治建设之良法善治总体格局的构建。此外，税收立法质量的提升有赖于税法操作日积月累实践的反馈，税收征管和税收立法合拍，相互促进，必能大幅提升我国税收征管的法治化水平和专业化水平。

（3）充分借助现代互联网技术和大数据，提高征管能力。近年来，大数据、云计算技术的发展日新月异，并对人们经济社会生活的方方面面产生深刻的影响。充分利用"互联网＋"技术带来的高效便利的征管手段，必将释放出强大的征管能力，推动税务部门征管质效的大幅提升。积极适应大数据时代的到来，各级税务部门牢牢树立起涉税大数据资源化的时代新理念❶，把涉税数据作为税收征管的关键性要素，综合利用金税工程等

---

❶ 从大数据发展趋势来看，数据资源化正在逐步扩展至国民经济的各个领域。数据要素将像以往的人口要素、土地要素一样，日益发挥出促进国民经济增长的重要支柱作用。大数据走向资源化是大势所趋，在数据资源化的过程中，必须建立高效的数据交换机制，实现数据的互联互通、信息共享、业务协同，以成为整合信息资源，深度利用分散数据的有效途径。2015年9月，国务院印发《促进大数据发展行动纲要》，明确要"加快政府数据开放共享，推动资源整合"。

现代化手段，不断提高信息获取能力、加强分析能力、增强应对能力，将大数据作为决策、管理的基础，工作创新的突破口，提升税收治理能力的重要抓手，努力达成以数据控税、以数据管税、以数据强税，实现"法网恢恢、疏而不漏"的税收征管目标，为国家治理奠定坚实的物质基础。

简而言之，借助现代互联网技术和大数据提高征管能力的工作内容主要体现为：其一，利用联网技术和大数据提升纳税服务水平。新时代背景下，随着市场经济的发展，纳税人经营模式和商业形态不断推陈出新，纳税人类型更加多元，这必然对政府的纳税服务提出更高的要求。"互联网＋"大数据以其超空间、跨业态、全流程的优势，在大大降低纳税人奉行成本的同时，为政府提供更加优质、精准、高效的纳税服务提供了技术平台。纳税服务现代化的一个重要表现为服务的类型化甚至个性化，而"互联网＋"大数据技术则为这种现代化服务模式提供了保障，可以帮助税务机关充分关注到不同纳税人的特殊需求。❶ 其二，通过"互联网＋"大数据强化税源控管。利用"互联网＋"大数据挖掘技术，通过对纳税人申报信息及第三方协助义务人提供信息的分析，加之与诸如发改委、市场监督、银行、海关、住建、自然资源、统计等部门的涉税信息共享，税务机关可以较准确地了解、控管税源，最大限度维护国家的税收利益。其三，运用互联网技术应对新生业态的税收征管难题。大数据时代，网络经济、数字经济蓬勃兴起，这些新生业态对税收征管带来前所未有的挑战。税务部门必须紧跟时代的脚步，遵循新生业态的发展规律，切实转变征管模式，由"管事制"转向"管数制"，以网络方便之道回应网络经济之身，实施"数据管税"，从而实现对网络销售平台、互联网金融等新兴经济业态税收征管。其四，用"互联网＋"大数据防控税收风险。大数据分析与云计算以及政府信息互联互通，可以帮助税务部门从各种数据库中获取海量的有价值的涉税数据，通过系统性的分析研判，为推动税收风险管理提供有利条件。

---

❶　对于利用大数据促进纳税服务现代化的问题，本书第六章还将进行深入详细的论述。

（三）科学划分中央和地方财权与事权，建立规范化的央地财政关系

政府间财政关系是指在财政体制上划分中央政府和地方政府以及地方各级政府之间财政事权与支出责任的一项根本制度，它具体规定了各级政府筹集资金、支配使用资金的权力、范围和责任。国内外历史经验尤其是我国改革开放的历程业已证明，政府间财政关系改革是激发地方政府积极性的关键制度安排，事关国家治理全局。为此，党的十八届三中全会的决定将预算管理制度改革、税收制度改革和央地财政关系改革明确为新时代财税领域改革的三大重点任务。而自党的十九大开始，在党的重要文献表述中，央地财政关系改革开始被列为财税改革的首要位置予以强调。对此，党的十九届四中全会的表述是："优化政府间事权和财权划分，建立权责清晰、财力协调、区域均衡的中央和地方财政关系，形成稳定的各级政府事权、支出责任和财力相适应的制度。"有鉴于此，加快推进政府间财政关系改革，尽快建立起事权与财权相匹配、财力与支出责任相协调、激励约束相结合的政府间财政责权配置格局成为当前财税改革的重中之重。

必须承认的是，与建立现代预算法律制度和现代税收制度相比，在我们这个具有中央集权传统的国家，在各级政府之间理顺财政责权配置关系是项极具难度的复杂工程。本项改革所关涉的政府间职责和权限的重新配置，不仅是财政的改革，事实上也属于行政体制乃至政治体制改革的重要内容。由此，央地财政关系法治的推进，不宜也不可能在短期内毕其功于一役，而是需要与相关改革协同、配套推进。就本书主题而言，我国央地财政关系法治化建设的主要工作内容包括如下几个方面。

1. 赋予地方政府适度的财权和财力

按照财政事权与支出责任相匹配的原则，下一阶段中央可考虑赋予地方政府更多财权。税收收入是政府财政收入的最重要构成，故本项工作的重点便落在央地税权的划分方面，具体包括理顺中央地方税收收入划分及

赋予地方适度的税种选择权和税收政策制定权等。考虑到在我国《宪法》尤其是《立法法》框架下地方税收立法权的空间极为有限，故而税收受益权的划分便成为当前央地税权配置问题的关键环节。

由于缺少"中央与地方财政关系法"或"中央与地方财政收支划分法"等相关法律，长期以来，我国中央与地方财政收入划分缺乏直接的法律依据，完全依赖国务院甚至财政部的行政规制。从目前的改革进程和全国人大立法工作计划来看，央地财政关系方面的专门法在短期内难以到位，为此我们需要在保持中央政府和地方政府收入总体稳定的条件下，根据税收体制改革的实施情况以及主要税种的属性，更为科学地调整央地税收收益权的配置。2019 年 10 月，国务院印发《实施更大规模减税降费后调整中央与地方收入划分改革推进方案》，出台了关于调整中央与地方收入划分改革的三大举措，即保持增值税"五五分享"比例稳定、调整增值税留抵退税分担机制以及后移消费税征收环节并稳步下划地方。这三大举措对进一步理顺央地财政分配关系，有力落实减税降费政策，具有重要意义。其中，后移消费税的征税环节成为当前消费税改革的"重头戏"。将部分消费税品目逐步后移至批发或零售环节征收，有利于拓展地方收入来源，引导地方更多地关注和改善营商环境、消费环境，促进内需增长，也有利于健全地方税体系。由于增值税留抵会出现挤占企业资金问题，实施留抵退税的初衷是少占用企业资金，鼓励企业扩大再生产。本次调整完善增值税留抵退税分担机制❶，既能够减少企业现金流占用，也有助于缓解部分地方政府留抵退税压力，故本项改革措施既有助于推动企业扩大支出，亦有利于缓解地方财政压力。而保持增值税"五五分享"比例稳定，稳定了社会预期，将为地方财政收入提供有力支撑。但正如部分学者所指出的，"五五分享"的方案只能作为财政体制改革过渡时期的权宜之计，如果这种财力分享模式长期持续的话必然会"刺激地方政府为增加税收而引发新一轮的办企业、拉投资、上项目、重复建设"，甚至会"直接危及

---

❶ 为落实国务院改革方案，2019 年 12 月，财政部、国家税务总局、中国人民银行联合下发《关于调整完善增值税留抵退税地方分担机制及预算管理有关事项的通知》（财预〔2019〕205 号）。

供给侧结构性改革的成败"。● 吸收学界大多数学者的观点，本书所认同的央地间收入划分的思路为：进一步完善增值税制度，尽快实现人大立法，并逐渐实现向中央专享税的转变。与此同时，加快地方税体系的建设进度，扩大资源税的征税范围，优化消费税税目及征税环节，推进环境保护税的进一步改革，适时出台房地产税，以保证地方政府的收入来源。此外，还可以通过提高地方政府对于个人所得税与企业所得税的分享比例，如五五分成，以切实满足地方政府的财力保障。

2. 合理划分各级政府间事权和支出责任

财政是国家治理的基础和重要支柱，而政府间财政关系尤其是中央与地方政府间事权和支出责任划分可谓是国家治理体系的核心要素。事权和支出责任划分得是否规范与合理，直接决定了各级政府能否长久有效地履行其职责和满足社会公共需求。

进入新时代以来，中央高度重视中央与地方间事权与支出责任的改革，一则由于它是理顺政府间财政关系的逻辑起点，二则在于长期以来困扰我国政府间财政关系的突出问题恰恰就是事权关系没有理顺，中央政府与地方政府之间职责同构现象明显，事权交叉重复之处过多。这一困境之所以长期存在并构成现阶段财税体制改革的重点难点领域，是由我国特殊的国情尤其是近些年来国家治理模式持续不断创新的时代背景决定的。这一阶段的主要特点之一为，由政府主导式的发展模式向充分发挥市场资源配置功能的模式转变，重新定位政府功能并完全厘清其与市场的边界尚需时日。这一阶段的主要特点之二为，适应完善市场经济体制、优化营商环境的需要，中央多轮次、大规模地推动简政放权改革，由此导致各级政府的事权范围时常处于变动状态，加之政府间事权的划分又必然涉及《宪法》和《地方各级人民代表大会和地方各级人民政府组织法》等重要法律的修改。西方发达市场经济国家在层级政府间财政分权领域有着相对成熟的经验，但同样也存在着结合国情和时代发展需要进行再调整、再改革的

● 于长革：《国家治理现代化需要加快理顺政府间财政关系》，载《财政科学》2020 年第7 期。

过程。传统观点认为，我国在国家结构形式上是单一制，法国、日本等单一制国家央地间事权划分的经验可供我们借鉴。结合中央改革指导精神及现阶段国情，本书对我国层级政府间事权划分主要建议为：一方面，鉴于我国简政放权、优化营商环境的改革尚在推进过程中，不仅仅是层级政府间事权划分无法在短期内定型，政府事权与市场的边界亦尚待时日方可完全确定，在此背景下，最优改革路径是遵照2016年8月发布的《国务院关于推进中央与地方财政事权和支出责任划分改革的指导意见》，先着力解决中央与地方财政事权划分不清晰、不合理、不规范等问题，通过一段时期内对财政事权划分改革的实践与摸索，及时总结经验，以行政法规的形式巩固成果，从而为下一步央地之间的全方位的事权划分改革奠定基础。另一方面，与单一制国家结构形式相契合，遵循我国中央决策、地方执行的政权运行原则，坚持中央政府在事权划分中的主导地位。与联邦制不同，单一制国家地方政府的事权是由中央政府授予的，中央政府与地方政府属于隶属关系，中央政府不仅在事权划分方面具有决定权，在共同事权中也主要履行决策职能。例如，我国宪法就明确规定：中央和地方的国家机构职权的划分，遵循在中央的统一领导下，充分发挥地方的主动性、积极性的原则；授权国务院规定中央和省、自治区、直辖市国家行政机关的具体职权划分。此外，作为一个由共产党执政的社会主义国家，中央决策、地方执行是我国国家治理结构的基本模式。为此，我国央地财政关系改革的基本原则必然是适度加强中央的财政事权。与此同时，针对过去中央政府与地方政府事权重复交叉的弊端，还要尽量减少和归并中央地方共同事权，然后，根据外溢性原则确定地方政府事权。

综上所述，我国目前中央与地方事权划分依然处于试点探索阶段，受此影响，支出责任划分的改革也很难在短期内取得完全符合立法条件的成果。依据前述中央决策、地方执行的国家治理模式，当前改革的最优路径是依据《国务院关于推进中央与地方财政事权和支出责任划分改革的指导意见》中有关中央政府与地方政府事权划分的基本原则，以及中央政府与地方政府、省以下各级政府事权与财力不匹配矛盾较为突出的现实情况，确定政府间支出责任划分内容。本书认为，要适当强化中央的事权和支出责任，将国防、外交、国家安全、司法有关国家主权完整以及关系全国统一市场规则和管理的事项归为中央事权，由中央承担支出责任。进一步明确中央、地方的共同事权与支出责任，将包括基本养老保险、基本公共卫生及医疗、义务教育服务等在内的体现国民平等待遇的基本公共服务以及跨省域重大基础设施项目建设、生态与环境保护、公共文化等受益范围较广、信息相对复杂的事权，由中央和地方按比例或中央给予适当补助方式承担支出责任，将区域性公共服务界定为地方事权，由地方承担支出责任。最大限度减少委托事务，积极推动事权的科学高效配置。当然，考虑到支出的效率性，中央可运用转移支付机制将部分事权的支出责任委托地方承担。此外，在中央与地方财政关系明确的前提下，还可以进一步明确省级以下政府间支出责任划分。本书认为，与上述央地支出责任划分的方案相类，有关保持区域内经济社会稳定、促进经济协调发展、推进区域内基本公共服务均等化等方面的支出责任应当由省级政府承担，而居民生活、社会治安、城乡建设、公共设施管理等方面的支出责任更适合由县乡两级基层政府来承担，其他公共事务的支出责任，由市级政府来承担。

3. 完善转移支付制度，努力实现区域间财政能力基本均衡

如前文所述，单一制国家结构形式及中央决策、地方执行的国家治理模式决定了我国中央政府在财权配置中的主导地位。与此同时，在中央适度集中财权的前提下，弥补纵向财政缺口的有效手段就是建立健全财政均等化转移支付制度。事实上，在世界范围内，通过转移支付平衡政府间提供基本公共服务的能力和实现国家重要政策目标，也是多数国家补充地方政府财力的一般方式。

进入新时代以来，中央高度重视层级政府间财力平衡机制建设，并已经就转移支付制度出台了系列改革措施，但就总体而言，受国家财政体制改革整体推行进度及制度改革周期等多重因素的影响，我国转移支付制度尚有较大的提升空间。目前面临的较为典型的问题是转移支付结构不尽合理，专项转移支付比例依然偏高，其中由中央各部门提出的较高的地方配套资金要求，一定程度上干扰了地方预算自主权，加剧了地方财政收支的矛盾，更难

调动地方的积极性。为此，下一阶段，我国要进一步减少专项转移支付，优化转移支付结构，尤其要在充分积累改革经验的基础上加快完善财政转移支付的立法工作。具体建议为：将 2015 年 2 月 2 日发布的《国务院关于改革和完善中央对地方转移支付制度的意见》（国发〔2014〕71 号）中有关转移支付制度的基本原则和主要内容，包括转移支付结构、转移支付的种类、转移支付资金的分配和使用、转移支付的预算管理、省以下转移支付等，上升到法律层面予以定型和稳定。同时，可以德国经验为借鉴，在完善纵向转移支付制度的同时，积极探索建立地区间（包括省际和市县间）横向转移支付制度，健全和强化横向平衡机制，并纳入法律规范。

4. 建立健全政府间财政关系协调与争议解决机制

作为独立的利益主体，各级政府间在财政关系方面会因为责权履行、转移支付等事项发生争议，需要通过建立协调机制予以化解。协调与争议解决机构在政府间财政关系中扮演着相当重要的角色。在国外的实践中，立法机关、政府部门、各类委员会、司法机关都是重要的协调与争议解决机构。就我国而言，由于长期缺乏规范政府间财政关系的法律，同时也没有建立起相应的争议协调机制，从而导致分税制财政体制在近 30 年的运行中出现了一系列矛盾和问题，大大影响了分税制的制度优势，甚至一度传出取消分税制的声音。适合我国国情的改革思路为：由全国人大制定《财政基本法》或专门出台《政府间财政关系法》，切实将改革重新配置的中央、省、市县三级政府各自的财政事权与支出责任范围和运作机制等严格通过立法明确下来。考虑到我国的政体形式，协调机构宜设在人大，建议在全国人大常委会下设"政府间财政关系协调委员会"，专职负责受理相关协调事务。

二、新时代财税法治建设的主要工作环节

财税法治建设是一个涵盖多领域的系统工程，它具有全局性、整体性、长期性等特征，贯穿立法、执法、司法、守法各个环节。其中，法治政府又是财税法治建设的关键领域，各级领导干部和政府工作人员能否充

分认识到财税法治在国家治理中的重要作用，能否确立依宪施政、依法理财的现代法治理念，直接决定财税法治体系建设的速度和成效。与此同时，法治社会建设又是财税法治建设的基础和依托，财税法治理论的创新、全民法治思维方式和行为习惯的养成，都构成新时代财税法治建设目标达成的基础性条件。

（一）树立正确的财税法治的理念

近年来，我国财税法治建设取得长足的进步，无论是个人所得税的七次修改，还是营改增的全面完成，环境保护税法的出台，抑或房地产税改革的试点及预算法的修改完善等，可谓亮点纷呈。但是，相对于建设与国家治理现代化相配套的具有中国特色的现代财政、法治财政的总目标而言，中国财税法治改革仍需在探索的征途上快马加鞭、奋勇前进，财税法治建设可谓任重而道远。观念决定思路，理念拓宽视野。要稳步推进财税法治建设，首先需要对财税法治的定位有全新的认知，告别那种将财政仅仅视为经济问题、将财税法仅仅视为宏观调控法的错误认识。

进入新时代，在全面深化改革总布局中，党的十八届三中全会将财政明确为"国家治理的基础和重要支柱"，这不仅是对财政地位的重要判断，也是对财政职能的全新定位。一直以来，人们都习惯于将财政视为一种经济现象，普遍将财政解读为以国家为主体的分配活动或分配关系。❶ 在新的历史条件下，财政在国家治理领域被赋予了新的重大使命，这就要求我们从国家治理的高度出发，全新定位财政：它不仅是政府的收支平台，而且是多元主体参与国家治理的基本平台；❷ 它不仅是政府的一类行政职能，

---

❶ 高培勇：《论国家治理现代化框架下的财政基础理论建设》，载《中国社会科学》2014年第12期。

❷ 在多元治理语境之下，国家治理的主体不仅包括政府，还包括社会组织和居民个人。在所有国家治理进程中，唯有财政活动能够涵盖所有社会组织和居民个人，牵动国家、社会组织和居民生活的方方面面，作用于国家生活领域的每一个环节。财政活动能够成功将政府、社会组织和居民个人力量整合在一起，实现多元主体合作共治：一则，无论是社会组织还是居民个人，都是作为直接纳税人或间接纳税人为财政收入提供来源，参与并见证了财政收入筹措的全过程。二则，人民税收取之于民，用之于民，财政收入又会通过转移支付和政府提供公共服务"回流"于社会组织和居民个人，全体国民都会被置于公共财政支出的覆盖范围之内。

而且是新时代国家治理体系的支柱，它覆盖政府的所有职能；❶ 它不仅是政府调控经济的工具，而且关涉政治、经济、文化、社会、生态等诸方面的根本性制度安排。总之，财政在事关国家治理的每个层面、各个领域发挥着支撑作用，它处于整个国家和社会的枢纽地位，理财即是治国，财政制度为治国安邦的基础支撑。

由法学视角观之，财税法治理念的转变重点体现为对财税法属性的全新定位。长期以来我们一直视财税法为宏观调控法，属于经济法当然的组成部分。进入新时代以来，随着各界对财政问题认知的加深，尤其是随着中央对财政功能的重新定位，上述视财税法为经济法的传统观念要发生根本性变化。那么，由法学的视角来看，我们具体要树立哪些有关财税的新理念呢？第一为公共财产法理念，此为以刘剑文教授为代表的我国财税法学者近年来的最新研究成果。在刘剑文教授看来，财产法分为私人财产法和公共财产法，前者如民法，它划分私人财产权之间的界限，后者为财税法，它划分私人和国家财产权的一种界限。从静态的角度来讲，税收、政府性基金、国有企业及其利润都是财产，只是它们不像私人财产那样具有排他性、独占性，而是一种公共财产。从动态的角度来看，征税、收费、分享资产的收益，属于公共财产的取得，而财政资金的预算、国库集中支付、国有资产的经营、政府会计属于公共财产的管理，财政投资、拨款、贷款或采购属于公共财产的处分。我们的财产同时需要私人财产法和公共财产法的保护，私人财产法只能保护我们的税后财产，也即只有尽了纳税义务之后我们的财产才是合法财产。同理，如果没有规范的财税法来规范政府的征税权，政府掠夺之手便会肆意侵犯个人财产，我们的个人财产权就毫无保证可言。所以，如何来通过法律划分私人财税权与国家财产权之间的界限，非常重要，而这恰好就是财税法的功能担当。财税法涵盖公共资金的取得、管理和分配的全过程，从这个意义上讲，它既是公共财产权

---

❶ 高培勇：《论国家治理现代化框架下的财政基础理论建设》，载《中国社会科学》2014 年第 12 期。

规范运行之法，也是公民财产权有效保护之法。● 我们要树立的第二个理念是理财治国观。财税法治关乎社会财富在国家与纳税人之间、不同层级政府及政府各部门之间、纳税人之间的分配，它调整政府从纳税人手中汲取财政资金、管理财政资金并按照公共服务的计划目标由不同职能部门消费财政资金的全过程。国家运作的任何一个环节都需要财政的支持，而政府权力运行的方向，亦往往就是财政资金流动的方向，治国与理财相为表里，合二为一。从这个意义上讲，理财就是治国，管理好国家的钱袋子、用好国家的钱袋子、保护好纳税人的钱袋子，这无疑是治理国家的重要内容，甚至是核心内容，此之谓"理财治国观"。❷ 按理财治国观的思路，财税法治化对于国家治理法治化起着至关重要的作用，通过财政活动的控制可以很好地规范、引导国家的治理方向。客观来讲，我国政府目前尚未很好地将财政收支纳入法治的轨道，在这一背景下，强调理财治国更具有深刻的现实意义。第三个理念为税收法定理念。税收法定原则为宪法之人民主权、依法治国、人权保障等诸原则在税法领域的集中体现，为税法的首要原则乃至帝王原则。一国法律体系中往往有两个领域尤其强调法律保留原则，一为税法中的税收法定原则，二为刑法中的罪刑法定原则。前者旨在防范公权力对公民财产权的侵犯，后者则在捍卫公民的人身权。税收法定原则在西方有一种通俗的说法叫"无代表则无税"，也就是必须由纳税人选举的代表来组成权力机构，并由权力机构亲自制定税法。没有纳税人代表制定的税法，政府是不允许征税的，此即为人民同意原则。正是因为税收法定原则的重要性及特殊性，进入新时代以来，党中央高度重视税收法定问题，党的十八届三中全会高屋建瓴地提出落实税收法定原则。值得

● 刘剑文、王桦宇：《公共财产权的概念及其法治逻辑》，载《中国社会科学》2014 年第 8 期。

❷ 刘剑文教授对"理财治国观"进行过系统的研究。刘教授认为，"理财治国观"是一种在法治视野下通过"理财"更好地实现"治国"目标的理念，即民主理财、科学理财、法治理财的集大成者，其理论内核是对国家治理语境下财税法本质的高度概括和提炼。从过程的角度来讲，强调理财过程中的合理、合法、合宪；从目的的角度来讲，强调理财目的是为民、为公、为国；从本质的角度来讲，则是强调理财的法治性、现代性、公开性和公共性。这种治国理念的提出，体现了国家治理模式的创新，为化解我国新时期的社会矛盾和社会问题提供了具有启示性的思路。参见刘剑文：《理财治国观——财税法的历史担当》，法律出版社 2016 年版。

特别重视的是，由于税收法定主义的特殊性，党的十八届三中全会的决定将"落实税收法定原则"写入的是第八章"加强社会主义民主制度"，而非第五章的"深化财税体制改革"。

（二）财税法治建设要贯穿立法、执法、司法、守法全过程

近些年来，尤其是全面依法治国重大战略确立以来，我国法治建设成效显著，但财税领域的法治建设依然任重道远。中国特色社会主义法律体系业已初步建成，但财税法律体系还远远没有完善，需要从立法、执法、司法、守法诸环节、多维度加以构建。唯有如此，才能强有力地推进我国财税法律体系全面形成，并充分发挥财税法在优化资源配置、维护市场统一、促进社会公平、实现国家长治久安等诸多方面的重要作用。

1. 财税立法环节

依法治国是党领导人民治理国家的基本方略，法治是新时代治国理政的基本方式，是推进国家治理体系和治理能力现代化的必由之路。法治建设是一项系统工程，而立法工作则构成其龙头环节。党的十八届四中全会通过的《中共中央关于全面推进依法治国若干重大问题的决定》指出：法律是治国之重器，良法是善治之前提。建设中国特色社会主义法治体系，必须坚持立法先行，发挥立法的引领和推动作用，抓住提高立法质量这个关键。要恪守以民为本、立法为民理念，贯彻社会主义核心价值观，使每一项立法都符合宪法精神、反映人民意志、得到人民拥护。要把公正、公平、公开原则贯穿立法全过程，完善立法体制机制，坚持立改废释并举，增强法律法规的及时性、系统性、针对性、有效性。遵照党的十八届四中全会精神，财税领域的立法工作同样要恪守以民为本、立法为民理念，回应时代的需求，按照依宪治国及建设现代财政、法治财政的要求，加快推进相关法律的制定或修改。为此，第一，要完善宪法中的财税条款。党的十八大以来，以习近平同志为核心的党中央高度重视宪法在治国理政中的重要地位和作用，把实施宪法摆在全面依法治国的突出位置，采取一系列有力措施加强宪法实施和监督工作，为保证宪法实施提供了强有力的政治

和制度保障。如前文所述，财税在国家治理中的重要性已经在党的多个重要文件中得到体现，依法治国的理念也早已在宪法中予以明确。今后加强财税法治建设的重要措施之一，就是要争取财税法治建设的基本理念、原则和重大制度设计在宪法中予以明确，诸如财政法定原则、税收法定原则以及中央与地方财政关系等，从而为财税立法和财税改革打牢宪法基础。第二，要大力充实财税领域的基本法律规范，并逐步提高、优化法律规范质量。在政府间关系上，重点是加快研究制定《政府间财政关系法》或《财政收支划分法》，科学界定政府间财政关系，进一步提高财政运行效率，降低财政运行成本。❶ 在税法领域，要统筹我们税收领域的法律规范，尽快制定税收基本法或税法总则。此外，根据党的十八届三中全会落实税收法定、构建现代财政的要求，尽快推动消费税、增值税、房地产税、关税等税种的立法工作，尽早实现一税一法。

财税法律体系的完善仅仅是财税法治化建设的一个侧面，切实提高法律质量、实现良法善治才是建设现代财政、实现国家治理现代化的根本要求。要根据前述建设公共财政、民主财政、阳光财政的基本要求，在财税立法的过程中充分了解民意，调动社会各界尤其是专家学者参与立法的积极性，真正实现民主立法、开放立法、科学立法。把握好每一次立法或法律修订、修正的机会，使我们的财税立法立得稳，行得顺，效应好，有权威，真正发挥财税良法引领时代进步的作用，回应时代需要和国民期待。

此外，还要处理好财税立法与财税改革的关系。在新时代背景下，法治建设与全面深化改革相伴而行，分别体现为中国特色社会主义现代化事业的两个基本面向。前者强调维护现行法律的权威和经济社会秩序的稳定，后者则旨在突破传统体制机制的约束。如何处理好改革开放和立法的关系，确保重大改革于法有据、确保经济社会发展既生机勃勃又平稳有序，是当代中国一个重大的政治课题。对此，习近平总书记多次强调，凡属重大改革都要于法有据。在整个改革过程中，要高度重视运用法治思维

---

❶ 马骁、周克清：《现代财政制度建设的逻辑起点和实现路径》，载《财政科学》2014 年第1 期。

和法治方式，发挥法治的引领和推动作用，加强对相关立法工作的协调，确保在法治轨道上推进改革。遵照习近平法治思想的要求，在财政领域要实现立法与改革相衔接，做到重大改革于法有据，主动适应改革和经济社会发展的需要。这就要求，一方面，财税立法应先于启动相关的财税改革。另一个方面，财税立法又不能是纸上谈兵、盲目外植，在习近平新时代中国特色社会主义思想指引下，要紧跟我国全面深化改革尤其是财税改革的步调，及时吸纳最新有效的改革成果，并及时淘汰阻碍改革的相关规定，保证立法符合时代精神，具有生命力。

2. 财税执法环节

法治国家建设的关键在于法治政府的建设，良法实现善治，政府及其工作人员的执法能力、执法态度、执法水平至为关键，财税法治建设亦然。法的生命力在于实施，法律的权威也在于实施，政府执法是由形式财税法定达至实质财税法定的中心环节。与政府在其他诸多领域的执法一样，财税执法同样要坚持权责法定、执法严明、公开公正、廉洁高效等原则。一方面，财税行政部门要坚守法治的底线，依照法律职责必须为、法无授权不可为的原则，在财税法律设定的职能、权限、程序、责任的基础上严格执行法律。在保证公共服务质量的同时，最大限度避免对市场或社会场域中主体权利的侵扰。不仅如此，执法人员的形象及个人素质也至关重要。执法人员形象代表行政机关的形象，高素质执法人员不仅应具备一流的业务技能，还应具备较好的思想政治素质、职业道德品质。因此如何提高执法队伍的整体素质，造就一支政治坚定、业务精通、作风优良、纪律严明、公正廉洁的执法队伍，是推进依法行政，维护国家法律尊严、执法为民的根本保证。就财税领域而言，提升财政机关工作的政治文明素质，实现文明执法、公正执法亦为财税法治建设的题中应有之义。另一方面，要强化对财税行政权力的规范、制约和监督。强化对包括财税行政权力在内的政府行政权力的规范、制约和监督，保障其依法正确行使，是我们党治国理政必须解决好的大问题。我们要从党和国家事业发展全局和战略的高度，深刻认识强化对行政权力制约和监督的重要性，依法规范行政权力运行，使行政权力永远体现人民意志，永远接受人民监督，永远为人民服务。此外，强化对行政权力的制约和监督也是推进国家治理体系和治理能力现代化的必然要求。实现国家治理体系和治理能力现代化的一个重要表现就是国家和社会各项事务治理制度化、规范化、程序化。对于各级政府部门而言，就是要切实增强按制度办事、依法办事意识，善于运用制度和法律管理社会事务。这就要求我们坚持推进依法治国，精心织就行政权力依法运行的"天罗地网"，构建有效的行政权力制约和监督体系，加强反腐败体制、机制创新和制度保障，使行政权力于法有据、依法行使、受法制约，真正做到"法定职权必须为""法无授权不可为"，确保行政权力不越位、不错位、不缺位。就财税领域而言，不管是较为宏观的财政行政权，还是相对微观的税务行政权，均需要通过建立常态化的监督问责机制将其关进由多种监督机制构成的笼子之中。财政行政权的核心在于预算的编制与执行，为此要在保证预算、决算公开的前提下，切实强化人大预算审批权、审计机关独立审计权、公众参与权及媒体公众监督权，让多项制度共同发力，从而织就一张细密的财税行政权力运行监控网络。

财政税收执法尤其是税收征管行为具有较强的专业性，这就要求财税部门工作人员切实提高法律素养和业务能力，高水平适用法律，以保障纳税人权利。一个值得关注的现象是，实务中税收执法质量往往与税收立法质量密切相关。受部门分工及立法体制所限，在现实中，税法制定者往往不尽了解基层征管实务操作，导致税法施用效果不佳。为最大限度弥补这一不足，一方面，税务部门在征管等执法环节要尽力贴近税法规范本意，准确运用法律解释方法，以便更好地实现税法目的及税制本身所设定的治理目标。另一方面，立法部门要积极拓宽立法工作思路，做到与时俱进，及时应对社会经济发展的新情况及税收征管业务的新需要，及时修改完善相关法律内容。总之，税收征管和税收立法合拍，才能产生巨大的合力，更好地实现税收治理和国家治理的目标。

3. 财税司法环节和守法环节

除了立法、执法，财税司法和守法也是我国财税法治建设不可忽视的两个重要环节。

习近平同志曾多次指出："人民对美好生活的向往，就是我们的奋斗目标。"满足人民对美好生活的追求，成为我国各项事业最根本的出发点，法治工作亦然。新时代法治工作要积极适应社会主要矛盾新变化，不断提高法治建设水平，更好地满足人民群众对法治公共品新要求新期待，切实让法治成为保护人民各项权益的利器，让法治的福利源源不断地惠及全体人民。除前述立法、执法环节外，司法环节要坚持人民司法为人民，依靠人民推进司法公正，通过公正司法维护人民权益，把保障人民群众参与司法作为保证司法公正，提高司法公信力的一项重要任务。拓宽人民群众有序参与司法的渠道，从而在立法、执法、司法全过程的各方面坚持以人民为中心的根本立场，努力让人民群众在每一项法律制度、每一个执法决定、每一宗司法案件中都感受到公平正义。党的十八大以来，我国司法工作成就卓然，司法公信力不断提高，人民群众安全感持续增强，人民群众对司法公正的认可度明显提高，司法为民、便民效果更加明显。但相对于其他领域，我国财税司法保障效果稍显不足，这主要体现为涉税行政诉讼案件数量明显偏低。❶ 分析原因，一方面固然与我国广大纳税人整体的财税法治观念相对落后及通过诉讼维权的动力不足有关。另一方面，也与我国财税法律修改工作的相对滞后不无关系。例如，现行《税收征收管理法》第88条第1款规定："纳税人、扣缴义务人、纳税担保人同税务机关在纳税上发生争议时，必须先依照税务机关的纳税决定缴纳或者解缴税款及滞纳金或者提供相应的担保，然后可以依法申请行政复议；对行政复议决定不服的，可以依法向人民法院起诉。"这一双重复议前置的规定，导致大批无力承担税负的企业丧失了救济的机会，从而大大限制了税收案件

---

❶　对中国裁判文书网、威科先行案例库、北大法宝案例库进行检索可知，2006年以前我国的税务行政诉讼裁判文书数量为零，且2007年、2009年、2010年也无涉税裁判文书可查。直到2014年之前，每年都是零星几例。进入新时代以来，随着落实税收法定以及全面依法治国战略的推进，涉税案例开始逐渐增加，2014年和2015年分别为42、84例，2016年增加到485例，2017年870例。2018年达到最高峰，达1066例，2019年则回落为1022例。尽管三大案例库未必穷尽了所有的案例，但基本反映我国涉税诉讼的发展规律。以2019年为例，1022例诉讼仅占当年行政诉讼案例的0.2%左右，与发达国家对比，有较大的差距。

数量，极度不利于纳税人的权利保护，也违背了良法善治的现代法治标准。结合前述中央对新时代司法工作的各项要求，本书认为下一阶段我国财税司法建设的主要突破点为：一则，根据党的十九大报告"以良法促进发展、保障善治"的要求，科学立法，及时对税收征收管理法等进行修正，拓宽纳税人司法救济渠道。二则，积极推进制度创新，逐渐建立完善纳税人诉讼制度。纳税人诉讼作为一种控制公共资金支出的重要手段，是以纳税人的身份对行政机关违法用税行为向法院提起的诉讼。开放纳税人诉讼一方面能更好地以私权制衡公权，另一方面能切实保障纳税人的权利。三则，加强涉税审判力量的建设。涉税行政案件专业性强，税收法律政策繁多，且与相关法律衔接不到位，实践中不乏税务机关与司法机关理解不一致或不同法院裁判标准不一致等现象。因此，妥善处理涉税行政争议，对行政审判人员提出了较高要求，需掌握税务、法律、会计、审计等多重知识。建议在部分法院试点设立税务审判法庭，形成组织化、体系化的专门审判机构，负责涉税行政案件的审理。再经过若干年的努力，争取如同知识产权法院、金融法院一样，在我国设立一批税务法院。❶

除加强上述司法环节建设外，在纳税人一方，即守法环节，我国的财税法治工作同样有较大的提升空间。守法环节的一项基础工作是加强普法宣传和教育，这有利于提高广大纳税人的财税法素养。只有切实提升纳税人素质才能从根本上改变整个社会的法治生态，为在财税领域实现真正的良法善治奠定坚实的基础。新时代普法教育的目标不仅是让广大纳税人成为财税法的自觉的遵守者，还要让他们成为财税法治的坚定捍卫者，为此，下一阶段财税法普法宣传的重点，一是要培养广大纳税人依法纳税的意识，二是要培养广大人民群众的权利意识和公共财产保护意识。

---

❶ 事实上，涉税审判的专业化建设已经纳入了中央的顶层制度设计之中。2015 年 10 月，中央全面深化改革领导小组第 17 次会议审议通过的《深化国税、地税征管体制改革方案》第 6 部分第 30 项"健全税收司法保障机制"中明确要求，"加强涉税案件审判队伍专业化建设，由相对固定的审判人员、合议庭审理涉税案件"。因此，中央提出的税务审判改革要求，为税务审判专业化提供了制度支持。

（三）夯实财税法治建设的深层保障

财税法治化是一个生态系统，它既需要财税各领域法律制度框架的完善，也需要包括立法者、执法者、司法者、守法者等法治主体在诸环节适格的角色担当，还需要法治理论的研究、专业人员的推动、法律信仰的养成以及法治文化的培育等，这些可视为我国财税法治建设的深层次保障。

1. 大力推进财税法治理论创新及学科建设

思想理论是社会变革的先导，社会变革是对思想理论的实践，中国改革开放以来取得的伟大成绩，既来自中国人民的伟大实践，更缘于中国共产党一次次重大的理论创新。同理，我国财税法治的实践及有中国特色的社会主义财税法治体系的构建皆有赖于财税法学理论研究的持续深入。财税法理论研究要顺应新时代的发展主题，植根于中国财税法治的实践，尤其是近年来我国全面深化改革、全面依法治国的伟大实践，不断回应人民对美好生活的需求及财税领域实现良法善治的需要，逐步形成具有中国特色的财税法治理论体系。近年来，以中国法学会财税法学研究会会长、北京大学法学院刘剑文教授为首的财税法学人创新性地提出了中国财税法学的三大支柱理论：领域法学理论、公共财产法理论和理财治国理论。其中领域法学理论总结了财税法学的特色，公共财产法理论明确了财税法学的性质，而理财治国理论则为财税法在国家治理现代化中的作用进行了准确定位。这三大支柱理论相互支撑，它们与财税法一体化、纳税人权利保护、财税契约理论、财税平衡理论等共同构成中国现代化财税的理论体系。

与此同时，高素质、高水平财税法治人才的培养及财税法学理论的传承及创新又离不开高等学校财税法学学科的建设。起步于 20 世纪 80 年代中后期的我国财税法学研究，经过理论创新的"三次历史性飞跃"❶，其学

---

❶ 第一次飞跃确立了"财政税收法"或"财税法"的概念，奠定了财税法的学科框架；第二次飞跃建立了现代财税法学理论体系，宣传了纳税人权利保护、税收债权债务等理论；第三次飞跃提出了"领域法学"的学科定位，并且形成了"理财治国观"和"公共财产法"两大核心理论。参见刘剑文、陈立诚：《财税法总论论纲》，载《当代法学》2015 年第 3 期。

科体系日渐成熟。党的十八届三中全会将财政定位为国家治理的基础和重要支柱，从而启发了人们对财税法学科地位的全新认识。财税法规范国家与纳税人以及国家机关之间财政权力（利）的划分，调整政府的理财行为，被视为治国安邦之法；财税法保护纳税人的私人财产不受非法侵犯，同时又规范政府的公共支出行为，被视为纳税人权利保护之法。我们要抛弃长期以来将财税法视为经济法分支的传统观点，❶ 站在国家治理现代化及领域法学的角度重新定位财税法学，这必将为我国培养更多的高水平财税法专门人才及丰富提升财税法理论产生积极的影响。

2. 充分发挥专业人士对财税法治建设的引导和推动作用

全面依法治国需要德才兼备的法治工作队伍的引导和推动，财税法治的实现需要大规模财税法治人员的培养和岗位配备。2018 年我国法律资格职业考试改革后，在原来法官、检察官、律师、公证员的基础上，又有五类人员被纳入法律职业资格准入范围，分别为：初次担任法律顾问和仲裁员（法律类）、行政机关中初次从事行政处罚决定审核、行政复议、行政裁决的公务员。此举必然对提升包括财税部门各领域的法治水平大有帮助。考虑到财税法的专业性，我们认为此项工作还有较大的提升空间。就人才建设而言，可以考虑逐步扩大财税法专业尤其是税法硕士的招生规模，并在税务征管部门招录公务员时，为财税法专业的学生留出更多的工作岗位。考虑到公务员队伍建设的过程性，在财税法力量不足的情况下，可以在相关机构人员配备上建立健全财税法专家顾问制度，吸收财税法专家和财税专业律师加入，例如，有必要探索设立全国人大常委会预算委员会的专家顾问、税务机关的总法律顾问等。值得特别注意的是，近年来各级人大、政府尤其是全国人大、国务院及其财税部门面临着大量的财税法律及其他法律文件的立法任务，其他法律门类尤其是保障类、促进类法律、法规，往往也会涉及大量的财税法的内容，所以很有必要在健全专门

---

❶ 财税法相对于经济法的独立日渐得到各界的承认和重视。2018 年 2 月教育部公布的《普通高等学校法学本科专业教学质量国家标准》中，法学核心课采取 "10 + x" 分类设置的模式，财税法与经济法并列为二类核心课。

委员会、工作委员会、立法专家顾问队伍时适当加大财税法专家的比重。

3. 积极培育和谐、合作的财税法治文化氛围

全面依法治国是中国特色社会主义的本质要求和重要保障，是国家治理的一场深刻革命。全面依法治国不仅需要完善法律制度，而且需要建设法治文化，让法治信仰、法治意识、法治观念、法治思维在全社会牢固树立起来。党的十九大报告明确要求："加大全民普法力度，建设社会主义法治文化，树立宪法法律至上、法律面前人人平等的法治理念。"法治文化建设的关键是让广大人民群众树立起法治观念、法治信仰。为此，必须加强法治宣传教育。法治文化建设的重点是以有效传播使法治文化深入人心。财税法治文化建设所要达成的主要目标是在全社会尤其是财税领域普遍形成法治思维方式和法治行为方式。财税法治思维和法治行为方式的隐含逻辑是，财税活动的所有参与者都要遵守法律、捍卫法律，并逐渐培养起法治社会所崇尚的理性、协商、合作、民主、责任等理念。在财税法治理论不发达的时代，我们以"权力说"解读税收法律关系，税收征管是一种管理权力，国家机关与纳税人是一种管理、被管理的关系，税款的征收被视为一种强制的、无偿的、固定的财产侵权行为，从而在立法者、执法者和纳税人之间形成一种对抗、单极的财税文化。近年来，随着财税法治理论的深化和提升，财税债权债务关系说、公共财产法学说、纳税人权利学说等开始为社会各界所了解和熟悉，那种把国家和纳税人对立起来的看法尤其是有关"苛政猛于虎"的偏激认识开始改变。在全面依法治国的新时代，我们要构建的是一种与中国特色社会主义政治文明、法治文明、社会文明相契合的全新的财税法治文化。在这种全新的法治文化指导下，各方利益主体以协商代替强管，以合作代替对抗，在法律秩序框架下理性交流，寻求相对最佳、共识最大的解决方案。法治文化是现代民主法治的灵魂。这种内生性法治文化融贯于预算管理、税收征管、财政支付、财政监督等整个财政过程，汇聚成财税体制改革、财税法治建设和社会发展的源源不断的内在动力。当然，必须承认的是，作为新时代中国特色财产法治体系建设的软环境部分，财税法治文化的塑造难度比财税法律制度的建设

难度还要大，建设周期也更长，它需要相当一段时期的财税法治实践、财税法宣传教育，方能真正使法治思维和法治行为方式牢固树立在决策者、执法者及广大纳税人心中。同时，我们又要坚信，相对于法治实务领域，财税法治文化的培育对财税法治建设的影响也更根本、更深远，可被视为我国财税法治建设最为深层的保障因素。

第四章　新时代财税法治建设的路径与措施

　　财税法治是全面依法治国战略在财政领域中的具体体现。党的十九届四中全会提出，完善中国特色社会主义法治体系，必须坚持法治国家、法治政府、法治社会一体建设。财税法治既是建设法治政府的有机组成部分，更是建设中国特色社会主义法治体系的重要保障。党的十八大以来，各级政府深入推进财税法治建设，取得明显成效，财政法律体系不断完善，政府依法理财行为不断规范，财政部门工作人员依法行政的意识、能力和水平不断提高。但是，与新时代人民日益增长的美好生活需要相比，与党的十九大以来党中央、国务院深入推进全面依法治国的新要求、新任务相比，我国财税法治尤其是地方财税法治建设水平尚有一定差距。新时代的财税法治建设要以习近平新时代中国特色社会主义思想为指导，全面贯彻落实党的十九大和十九届二中、三中、四中全会精神，以推进国家治理体系和治理能力现代化为目标，进一步完善财税法律体系，提升政府依法理财水平，加强纳税人权利保障，提升地方法治建设水平，并在加强党的领导和人大监督的前提下，夯实新时代财税法治的社会基础。

一、科学立法、民主立法、依法立法，完善财税法律体系

　　法律是治国之重器，良法是善治之前提。建设中国特色社会主义法治体系，必须坚持立法先行，充分发挥立法的引领和推动作用。要按照党的十九大"推进科学立法、民主立法、依法立法，以良法促进发展、保障善

治"的要求，加快重点法律项目立法进度，全面提升财税领域立法质量，同时还要协调好立法与改革的关系，逐步建立以宪法为核心，以法律和行政法规为骨干，以地方性法规、行政规章以及其他法律渊源为补充，相互协调一致、完整统一的财政法律制度体系。

（一）加强重点领域立法

经过改革开放以来40多年的法治建设，我国已经逐步形成了以宪法为核心的中国特色社会主义法律体系。与此同时，我国财政改革不断推进，尤其是进入新时代以来，财政被定位为国家治理的基础和重要支柱，财税法治在全面依法治国重大方略的地位日渐凸显，全面推进依法治国，必须加快财政法律体系建设。截至目前，财政领域那些内容简单、阻力较小的法律大都顺利出台，尚有一批内容复杂、争议较多的法律等待我们去攻坚克难，诸如基本法领域的公共财政法、中央与地方财政关系法、税法通则、财政监督法、纳税人权益保障法等，财政收入领域的房地产税法、增值税法、消费税法、遗产及赠与税法、国债法、彩票法等，财政支出领域的财政投资法、财政拨款法、财政贷款法、财政转移支付法、财政补贴法等，以及国有资产收支管理、社会保障资金收支管理等方面的法律。与此同时，已经出台的相关法律，如《预算法》《会计法》《税收征收管理法》《审计法》等尚有较大的修改提升空间。

党的十八届三中全会对深化财税体制改革的总体部署是完善立法、明确事权、改革税制、稳定税负、透明预算、提高效率，建立现代财政制度，发挥中央和地方两个积极性。在此基础上，政治局审议通过的《深化财税体制改革总体方案》明确了新一轮财税改革的三大任务：改进预算管理制度、深化税收制度改革、调整中央和地方政府财政关系。根据党的十八届四中全会"重大改革于法有据"的要求，当前我国财政立法工作亦应主要围绕这三个领域展开。一则，进一步修改完善预算法，发挥全口径预算体系的协同治理效应，推进全口径预算的标准化、信息化，细化政府预算的绩效管理规定，破解制约政府预算公开的深层次矛盾，努力建成全面规范、标准科学、约束有力的现代预算制度。二则，按照党中央、全国人大严格落实税收法定原则的路线图和时间表，推动增值税、消费税、房地产税等税种的改革及立法进度，修订《税收征收管理法》以优化税收征管模式，努力促进科学发展、社会公平、市场统一的现代税收制度。❶ 三则，结合基本公共服务、医疗卫生、科技、教育、交通运输、生态环境、公共文化、自然资源、应急救援等领域中央与地方共同财政事权和支出责任划分改革方案的实施情况，适时推动《中央与地方财政收支划分法》或《中央与地方财政关系法》的制定及其他相关法律的修订工作，赋予地方政府适度的财权和财力，更加合理地划分各级政府间事权和支出责任，并在完善转移支付制度、建立健全政府间财政关系协调与争议解决机制的基础上，实现央地财政关系的规范化、法治化。

（二）提升立法水平

立法工作是全面依法治国的前提和基础，而立法质量却是关涉良法善治目标可否实现的关键性因素。当前，我国财政改革已进入攻坚期和深水区，而财税法律法规牵扯面广，涉及部门、利益主体多，可谓"牵一发而动全身"，因此，新时代立法工作要切实抓住提高立法质量这个关键，深入推进科学立法、民主立法、依法立法。在新时代背景下，要切实把党的领导贯彻到立法工作的全过程和各方面，自觉增强"四个意识"、坚定"四个自信"、做到"两个维护"，确保党中央重大决策部署在立法工作中得到有效贯彻落实。坚持依法治国和以德治国相结合，将社会主义核心价值观融入立法工作。各立法主导部门要积极作为，善于把握科学立法规律，不断拓展渠道、丰富手段、创新方法，进一步完善立项、起草、论证、协调、审议机制。各级人大要在财税立法工作中切实发挥主导作用，在选题立项、起草调研和审议通过中发挥统筹安排、严格把关、协调推动等作用。在确保质量的前提下，加快立法工作步伐。全面推进民主立法，

<hr>

❶　根据《全国人大常委会 2021 年度立法工作计划》（2020 年 11 月 27 日第十三届全国人民代表大会常务委员会第 78 次委员长会议原则通过，2021 年 4 月 16 日第十三届全国人民代表大会常务委员会第 91 次委员长会议修改），印花税法、审计法（修改）、关税法等税收法律被列为初次审议的法律案，而彩票法则被列为预备审议项目。

一方面要持续扩大各级人大代表对立法工作的参与，认真研究代表们提出的意见建议，尤其要发挥相关领域或具有相关专业背景的代表在立法中的作用；另一方面要拓展社会各界有序参与财政立法的途径和方式，采取多种方式广泛听取意见。完善法律草案公开征求意见反馈机制，健全公众意见采取情况反馈机制，广泛凝聚社会共识力求使每一项立法都符合宪法精神、反映人民意志、得到人民拥护。全面推进科学立法，加强和改进立法调研工作，提高立法实效。要科学评估拟制定的法律对各类企业、行业可能产生的影响及其程度、范围，对企业切身利益或者权利义务有重大影响的，要充分听取代表性企业和行业协会、商会以及律师协会的意见，以增强立法的针对性、适用性、可操作性。自觉遵循立法技术规范，讲好法言法语。确保立法与改革协同推进。坚持在法治下推进改革和在改革中完善法治相统一，更好地发挥立法推动和保障改革创新的作用。

研究财政立法问题不得不关注政府行政规范性文件❶的制定问题。尽管规范性文件的制定不属于行政立法的范畴，但作为财税法律、法规落实的末梢环节，对财税法治的生态质量有着直接的影响。一则，由于行政领域的广泛性以及行政事务的复杂性、易变性，而法律、法规在条文制定上往往比较宽泛和原则，这需要各级政府部门出台规范性文件以完善具体执行措施，以有效实现行政管理的目的和保障公民合法权益，从而在财税等各行政领域出现大量的规范性文件具有必然性与合理性。二则，正由于规范性文件的制定不属于立法行为，长期以来这一领域的程序控制相对失范，红头文件滥发行为严重，成为法治政府建设的一块短板。为此，国务院办公厅于2018年5月16日发布《关于加强行政规范性文件制定和监督管理工作的通知》（国办发〔2018〕37号），对各级政府乱发文、出台"奇葩"文件以及其他侵犯公民、法人和其他组织的合法权益、损害政府公信力的行为提出明确的监督管理意见。按照国务院的统一要求，各级政

---

❶ 行政规范性文件是除国务院的行政法规、决定、命令以及部门规章和地方政府规章外，由行政机关或者经法律、法规授权的具有管理公共事务职能的组织（以下统称行政机关）依照法定权限、程序制定并公开发布，涉及公民、法人和其他组织权利义务，具有普遍约束力，在一定期限内反复适用的公文。

府及其财税部门应当做到：其一，严禁越权发文，压缩文件数量。各部门严格按照法定权限履行职责，不得以内设机构名义制发行政规范性文件，更不得制发增加法律、法规规定之外的行政权力事项或者减少法定职责，侵犯纳税人权益。不得重复发文，尽量归并内容相近的文件，确保政策措施表述的严谨性。其二，严格规范规范性文件的制发程序。重要的行政规范性文件要严格执行评估论证、公开征求意见、合法性审核、公平竞争性审查、集体审议决定、向社会公开发布等程序。要加强制发程序管理，健全工作机制，完善工作流程，确保制发工作规范有序。实行行政规范性文件目录和文本动态化、信息化管理，及时清理，依法撤销和纠正违宪违法的行政规范性文件。其三，加强监督检查，严格责任追究。各级人民政府对本级财税部门、上级政府对下级部门、各级财税部门对本部门制发的行政规范性文件要加强监督检查，发现存在侵犯公民、法人和其他组织合法权益，损害政府形象和公信力的，要加大查处力度，对负有责任的领导干部和直接责任人员，依纪依法追究责任。健全行政规范性文件备案监督制度，实行对行政规范性文件统一登记、统一编号、统一印刷制度，及时按规定进行备案。做到有件必备、有备必审、有错必纠。完善行政规范性文件制发管理制度，充分发挥政府督查机制作用，将行政规范性文件制定和监督管理工作纳入法治政府建设督察的内容，并作为依法行政考核内容列入法治政府建设考评指标体系。

（三）理顺财政改革与财政立法的关系

改革开放40多年来，对于财税改革与财政立法的关系，我国并未形成一个固定的模式。有些领域，如对于所得税法，采取了立法先行，以立法推动改革的方式。而另一些领域，如2012年启动的营业税改征增值税则采取了先改革，而且是分步骤、分区域、分行业多次试点，最后逐步向立法靠拢的方式。❶

---

❶ 2016年5月1日，营业税改征增值税实现全行业的覆盖，营业税退出历史舞台。2019年11月27日，财政部、国家税务总局公布《增值税法（征求意见稿）》，向社会公开征求意见。中国政法大学教授施正文接受第一财经记者采访时分析，为落实税收法定原则，本届全国人大有望在2023年换届前完成增值税立法，最晚在"十四五"末期会完成。

又如房地产税的改革，也是采取了在上海、重庆局部试点的方式。但在 1993 年推动那场涉及全局性的分税制改革时，却又采取了政策（以国务院文件的形式）的方式在全国统一进行。❶ 但仔细分析依然可以发现其间的规律：财税领域的"脱法"改革一般发生在特殊时期，或者是针对制度原理相对复杂（如增值税）、牵扯利益主体较多从而难度较大（如房地产税）的一些改革项目，皆可归为特殊历史时期的权宜之计。进入新时代以来，随着我国各领域法治化水平的日渐提升尤其是党中央全面依法治国重大战略部署的出台，"脱法"改革的路径遭到越来越多的诟病，重大改革于法有据的呼声越来越高，并得到中央高层的肯定。总之，无论是历史经验的验证抑或全面依法治国理论的要求，财税立法优先财税改革先行的路径更具有理论正当性，亦更符合新时代国家的发展战略要求。一方面，立法优先是依法治国重大发展战略的客观需要。习近平同志曾撰文指出："坚持全面依法治国，是中国特色社会主义国家制度和国家治理体系的显著优势。中国特色社会主义实践向前推进一步，法治建设就要跟进一步。"❷ 据此，任何改革都应当在合乎法律（上位法）的框架下进行，这既利于凝聚各方利益主体的共识，提高改革的成功率，又可以避免改革方向的迷失。另一方面，立法对改革具有引领、规范、保障作用。尽管过去那种试点先于立法的改革模式具有历史合理性，但在新的历史时期，面对多元、复杂的利益格式，面对改革决策与法治决策的紧张关系时，就需要走出"改革就是要突破现有法律""没有违法，就没有改革"的认识误区，将法治权威置于改革之前，寓改革于立法之中，运用法治思维和法治方式推进改革。法律对改革的规范作用主要体现为正当程序对改革的规范作用。正当法律程序不仅能够限制改革决策的恣意，也能充分调动起参与者的积极性，促使参与者作出理性的选择。此外，经过立法程序而作出的决定具有

---

❶ 1994 年的分税制改革是以国务院《关于实行分税制财政管理体制的决定》（国发〔1993〕85 号）这一规范性文件启动的，而新时代背景下央地财政关系改革的新探索同样是以国务院下发的《关于推进中央与地方财政事权和支出责任划分改革的指导意见》（国发〔2016〕49 号）这一规范性文件为基础展开的。
❷ 习近平：《推进全面依法治国，发挥法治在国家治理体系和治理能力现代化中的积极作用》，载《求是》2020 年第 22 期。

既定力，能迫使决策机关保持立法的一贯性。所谓保障作用是指法律可以固化改革的成果。改革求"变"，法律法规求"定"，意味着改革成果一旦确定下来，全体社会成员都要一体遵守。党的十八届三中全会决定提出"到2020年，在重要领域和关键环节上取得决定性成果，完成本决定提出的改革任务，形成系统完备、科学规范、运行有效的制度体系，使得各方面制度更加成熟更加定型"，讲的就是这个道理。法律法规在巩固改革成果方面起着关键的作用。制度设计、政策规定等经由法定程序上升为法律法规以后，对于依法治国、依法执政和依法行政能够起到助推作用。当然，将改革成果固化的过程，也是法律不断调整和不断完善的过程。

总之，财政改革涉及各领域重大利益关系调整，全面深化改革，必须坚持立法优先，这也是党的十八届四中全会明确提出"重大改革于法有据"明确要求的重要原因。全面深化财税体制改革，需要通过立法做好顶层设计、引领改革进程、推动社会发展。与此同时，财政立法工作也必须紧紧围绕财政改革发展而进行。习近平总书记亦多次强调改革和法治犹如鸟之两翼、车之双轮，必须协调推进。为此，要加强财税重点领域立法，落实税收法定原则，为实现经济稳定增长、深入推进供给侧结构性改革、打好三大攻坚战、促进区域协调发展和改善民生等方面提供法治保障。

二、提高依法理财能力，建设高水平法治政府

法治国家建设的关键在于法治政府的建设，欲由良法实现善治，政府及其工作人员的执法能力、执法态度、执法水平至为关键，财税法治建设亦然。为此，新时代财税法治建设要切实提升财税部门工作人员法治水平，更加严格规范政府财政执法行为，进一步完善重大决策法制审核制度，加强考核和问责，此外，还要进一步推进财税领域的放管服改革，助力经济社会发展。

（一）加强法治教育培训，切实提高财税部门法治水平

财税法治建设水平的提高，关键在人，离不开广大财税领域公务人员

尤其领导干部法治思维的增强和依法办事能力的提高。习近平总书记强调，各级领导干部在推进依法治国方面肩负着重要责任，全面依法治国必须抓住领导干部这个"关键少数"。一则，作为党纪国法的执行者，广大财税部门领导干部要坚持宪法法律至上，切实增强法律意识，树立法律神圣的尊严和威信。要带头弘扬社会主义法治精神，坚决维护宪法法律权威，树立社会主义法治理念，提高运用法治思维和法治方式深化改革、推动发展、化解矛盾的能力。二则，各级财税部门领导干部深刻领会依法治国的基本内涵，认真学习宪法以及预算、税收、政府采购、审计等方面的法律法规，强化财税法治思维，提升法律素养，做到依法决策、依法行政、依法理财。三则，各级财税部门领导干部要时刻严格约束自身言行，带头厉行法治，牢固树立敬畏法律、遵守法律的意识，真正做到"法定职权必须为、法无授权不可为"，把维护人民权益、增进人民福祉落实到法治建设的各个方面。四则，各级财税部门领导干部要坚持用法治理念思考和解决问题，养成遇事找法、办事依法、解决问题靠法的行为习惯，在处理、化解涉及群众重大切身利益的矛盾问题上，要坚守法律底线，依法维护群众权益。五则，各级财税部门要建立完善领导干部尤其是领导班子定期学法制度，把习近平法治思想经典著述、宪法、财税领域重要法律、行政法等列为干部教育必修课程。开展领导干部任职前法律知识考查和依法行政、依法理财能力测试，将考查和测试结果作为财税领导干部任职的重要参考。

除前述作为"关键少数"的领导干部外，广大财税工作者的法治水平及法治工作机构及法治队伍建设也是提高政府依法理财能力的关键环节。其一，应当健全财税行政执法人员岗位培训制度，加大对公务员初任培训、任职培训中法律知识的培训力度，将《预算法》《会计法》《政府采购法》等财经法律和法规知识列为培训的核心课程，不断提高财政执法人员的法律素养，形成良好的办事依法、遇事找法、解决问题用法、化解矛盾靠法的良好法治环境。其二，加强法治工作机构和法治队伍建设。在省级以上财税部门已经建立专门法制工作机构的基础上，有条件的市、县财税部门亦应设立对应的工作机构，不具备条件的地区至少设专职的法治工作人员，确保法制审核工作由机构承担或由专人负责。把政治思想过硬、财税业务能力强且具有法律专业背景或者运用法治思维和法治方式推进工作能力强的人员调整充实到财税法治工作岗位。此外，还要创造条件，完善工作机制，不断提高从事法治工作人员的能力素质。完善轮岗机制，实现财政业务岗工作人员与财税法治岗人员的定期交流，培养一批既懂财政业务又懂财税法治的高素质人才。其三，充分利用社会资源，提升依法理财水平。考虑到公务员队伍建设的过程性，应当充分发挥财税法专家顾问制度、法律顾问及公职律师制度的优势，借力提升财税部门的依法理财水平。党的十八届四中全会决定指出："积极推进政府法律顾问制度，建立政府法制机构人员为主体、吸收专家和律师参加的法律顾问队伍，保证法律顾问在制定重大行政决策、推进依法行政中发挥积极作用。"要解决法律顾问"聘而不用""顾而不问"的问题，建立法律顾问的选拔聘用、联络协调、工作管理、绩效考评、奖励追责制度。要解决"只压任务、不给条件"问题，保障法律顾问参与决策过程相关工作，列席审议决策的相关会议，有充分的时间精力对决策涉及的法律问题进行深入研究论证。各财税部门法制机构加挂法律顾问办公室牌子，设专职岗位负责本单位法律顾问、公职律师的对接和管理工作。高度重视法律顾问、公职律师对于部门重大决策、重大行政行为提出的法律建议，充分发挥其在法律法规规章草案和规范性文件的起草、论证过程中的建设性观点。完善工作机制，让法律顾问、公职律师更深度地参与合作项目洽谈、重要法律文书起草、重大政府合同签订，并为处置涉法涉诉案件、信访事件尤其是重大突发事件献言建策，最大限度规避法律风险。

（二）更加严格规范政府财政执法行为，建设高水平法治政府

法律的生命力在于实施，法律的权威也在于实施，政府财政执法行为的规范性是决定财税法治成败的关键。为此，一则，要健全财政执法管理制度。优化执法程序，全面推广"双随机一公开"❶的监管模式，进一步

---

❶ 在监管过程中随机抽取检查对象，随机选派执法人员，抽查人员及查处结果及时向社会公开。

规范各部门执法裁量权，更加严格地落实行政执法责任制和责任追究制度。严格落实公平竞争审查制度，防止不作为、乱作为和不履行法定程序、履行程序不当等情形发生，最大限度地减少财政对市场活动的直接干预，最大限度地保证政策出台的合法性，确保财政行政行为在法治轨道上运行。二则，在财税部门全面推行执法公示制度。建章立制，明确公示内容的采集、传递、审核程序，规范信息公示内容的标准、格式，并依照"谁执法谁公示"的要求，明确执法公示责任主体。三则，在财税部门全面推行执法全过程记录制度。优化技术保障，明确操作细节，规范文字及音像记录，确保从执行启动、调查取证、审核决定、送达执行、案卷归档等执法全流程都有可供回溯管理的记录。

事实上，中央对政府执法制度建设一向高度重视。《中共中央关于全面推进依法治国若干重大问题的决定》和《法治政府建设实施纲要（2015—2020年）》等文献对全面推行行政执法公示制度、执法全过程记录制度、重大执法决定法制审核制度（统称"三项制度"）作出了具体部署、提出了明确要求。为切实落实上述文献精神，指导各地区、各部门全面推行"三项制度"，经党中央、国务院同意，2018年12月5日国务院办公室发布《关于全面推行行政执法公示制度、执法全过程记录制度、重大执法决定法制审核制度的指导意见》（国办发〔2018〕118号文），对落实"三项制度"的指导思想、基本原则、工作目标进行了部署。对于全面推行执法公示制度，指导意见从强化事前公开、规范事中公示、加强事后公开三方面明确了工作细节。对于全面推行执法全过程记录制度，指导意见明确了文字记录、音像记录的规范，同时对严格记录归档及切实发挥记录作用提出明确要求。对于全面推行重大执法决定法制审核制度，该意见对于审核机构人员的组成及职责、审核范围及内容作出了明确规定，并对明确审核责任提出了要求。除此之外，指导意见还对加大推行"三项制度"落实进度的组织保障工作以及加强信息化平台建设、推进信息共享以及强化智能应用等工作作出了详细的安排。

（三）进一步优化重大决策形成机制，有效防范财税重大风险

党的十八大报告提出，要"坚持科学决策、民主决策、依法决策，健全决策机制和程序"。我们认为，健全依法决策机制和方式是深入推进依法行政、加快建设法治政府的迫切需要，落实科学民主依法决策，关键在于健全依法决策机制。结合本书主题，财税工作牵扯着多方主体的重大经济利益，唯有建立科学合理的决策制度，广纳民意、汇聚民智，科学公平地权衡利弊、统筹各方，方可保证各项财政决策尤其是重大决策真正实现人民权益的最大化及决策程序的法治化。总之，决策是行政权力运行的起点，规范决策行为是规范行政权力的关键所在，财税部门能否做到依法决策，直接决定着其依法行政、依法理财水平的高低。为此，其一，要切实提高各级财税部门领导干部的依法决策意识和能力。如前文所述，法治政府建设，关键在领导干部。同理，一级政府、一个部门能否做到依法决策，关键亦在少数领导干部。只有切实提高领导干部依法决策的意识和能力，使其能自觉并善于运用法治思维和法治方式谋划改革发展稳定各项工作，才能更好地发挥法治在国家治理和社会管理中的重要作用，保证依法治国基本方略全面落实。各级财税部门领导干部要坚决摒弃过去在合法性审查程序上"贴标签"的形式主义做法，而是要在确定议题、研拟方案、协商协调、听取意见、论证评估、审议决定、贯彻执行、调整纠错等各个环节都要坚持依法办事，以切实提高决策质量，保证决策公信力和执行力。在这一过程中，各级财税部门领导还要善于积极发挥法制机构和法律顾问在重大决策中的作用。法制机构是财税部门科学决策、依法行政的参谋智囊，它们既了解财税部门业务特点，又谙熟法律法规的内容，顺理成章地应当担当起行政决策合规性审查把关者的角色。为切实提高各级财税部门的决策质量，法制机构要严格程序，排除领导干预，唯法不唯上，为承办部门提出明确具体的意见建议。此外，对于那些涉及复杂法律问题的重大决策，还要善于引入外脑，由法制机构牵头组织相关领域的专家学者、专业律师等提供更加专业的法律咨询论证服务。其二，要明确财政重大决策范围和程序，对决策主体、决策流程、法定程序、法律责任予以规

范，强化决策法定程序的刚性约束。对涉及财政管理体制改革的重大措施、经济社会发展和人民群众切身利益的重大财政政策、财政宏观调控政策等重大决策事项，应当通过规范的决策程序作出。其三，严格落实重大决策的公众参与、科学论证、风险评估、合法性审查和集体讨论等程序。党的十八届四中全会提出"把公众参与、专家论证、风险评估、合法性审查、集体讨论决定确定为重大行政决策法定程序"，这是对健全依法决策机制主要内容提出的明确要求。要通过制定重大行政决策程序法律法规，明确规范五项程序的重点内容和步骤，把重大行政决策纳入法治化轨道。其四，还要强化重大决策执行效果的评估和监督。财政部门应当跟踪决策执行情况和实施效果，根据实际需要进行财政重大决策后评估。从政策作用、实施效果、改进空间等维度进行全面"体检"，对政策执行中的偏差、问题认真分析原因，对执行中各方反映强烈、不解决实际问题的"空头文件""无效文件"，提出废止或失效意见，完善政策文件"立、改、废"全生命周期管理。建立财政重大决策终身责任追究制度及责任倒查机制。党的十八届四中全会决定指出："建立重大决策终身责任追究制度及责任倒查机制，决策严重失误或者依法应该及时作出决策但久拖不决造成重大损失、恶劣影响的，严格追究行政首长、负有责任的其他领导人员和相关责任人员的法律责任。"责任是法律的生命。责任追究制度不完善、落实不到位，科学民主依法决策制度就是一纸空文。要完善责任追究配套制度，实行决策绩效评估机制，科学判断决策失误；建立决策案卷制度，准确识别责任归属；完善决策过错认定标准和责任追究启动机制，提高责任追究制度的可操作性。要做到重大决策严重失误原因不查清不放过，责任人不处理不放过，整改措施不落实不放过。

在财政风险防范方面，切实落实党中央、国务院系列决策部署，持续保持防范化解重大风险高压态势。界定财政风险有两个视角：其一是指政府不适当的财政行为给公共财政本身、给政府进一步的财政活动以及给社会经济带来的各种潜在危害的可能性；其二则专指财政领域中因各种不确定因素的综合影响而导致财政资金遭受损失和财政运行遭到破坏的可能性。显然，本书此处所称的财政风险的防范是站在第一种角度来谈的，是特指通过规范财政权力主体的理财而保护财税资金这类公共财产的安全。概括而言，现阶段防范财政风险的主要工作内容为：其一，把防风险贯穿财税体制改革全过程。进入新时代以来，中央作出全面深化改革的重大部署，而财税体制改革是这场改革的重头戏之一。体制改革必然带来各项制度、机制的优化重建以及多方财政利益主体分配格局的再整合，其间必然蕴含着众多的矛盾点及风险点。为此，对每项改革措施进行民主决策、科学论证的前提下，从政府层面而言，要从源头上加强各项规范性文件规范内容及制定过程的合法性审查，保证改革措施和具体行政行为依据的合法性、科学性。当前我国财政领域的一个重大的风险点为地方债务❶，故而要特别加强地方政府债务管理，积极防范和化解地方政府债务风险，督促高风险地区多渠道降低债务风险水平。其二，全面推行重大执法决定法制审核制度。根据前述国办发〔2018〕118号文精神，重大执法决定法制审核是确保行政执法机关作出的重大执法决定合法有效的关键环节。行政执法机关作出重大执法决定前，要严格进行法制审核，未经法制审核或者审核未通过的，不得作出决定。为此：各级财税部门要明确具体负责本单位重大执法决定法制审核的工作机构，而且保证正规化、专业化工作人员的配备，原则上工作人员数量不少于本单位执法人员总数的5%；结合本机关行政执法行为的类别、执法层级、所属领域、涉案金额等因素制定重大执法决定法制审核目录清单，凡涉及重大公共利益，可能造成重大社会影响或引发社会风险，直接关系行政相对人或第三人重大权益，经过听证程序作出行政执法决定，以及案件情况疑难复杂、涉及多个法律关系的，都要进行法制审核；从执法主体资格、执法程序、案件事实、证据、法律适用、裁量基准运用、执法文书等多个环节进行审核，提出书面审核意见；

---

❶　在传统GDP式政绩考核机制激励下，地方政府官员习惯于通过大规模投资的方式推动一方经济增长。受制于地方财权与事权不匹配的体制性因素，地方政府只得通过举债来满足投资需求，且规模不断攀升。截至2020年年中，以城投平台带息债务表示的地方隐性债务规模达43.8万亿元，高于显性债务的23.9万亿元；两者合计对应的地方杠杆率超67%、债务率接近250%，远超通行警戒线水平。债务不断累积下，地方隐性债务增长不透明、不平衡、不稳定性等问题加速凸显。数据引自开源证券首席经济学家赵伟2021年4月1日刊发于第一财经网站的文章《地方债迫近警戒线，政府欠银行多少钱？》。

明确行政执法机关主要负责人是推动落实本机关重大执法决定法制审核制度的第一责任人，对其以及其他相关人员的滥用职权、玩忽职守、徇私枉法等行为要依纪依法追究责任。其三，积极应对行政复议、行政诉讼风险。各级财税部门尤其是执法岗位工作人员要结合案例更加深入学习行政复议法和行政诉讼法，增强依法理财意识，尽量从源头上规避可能引发行政复议和行政诉讼的因素。同理，为规避复议和诉讼案件，各级财税部门还要牢牢树立理财为民的理念，积极主动地了解、解决纳税人诉求，及时纠正具体行政行为中的错误，把矛盾化解在行政复议和诉讼程序之前。进入复议或诉讼程序之后，要主动应诉，尤其是部门主要负责人要积极参与复议、诉讼活动，尊重和服从上级部门的裁定和法庭判决，维护法律尊严。进一步明确行政复议、行政诉讼部门主要领导责任制。各部门要建立完善案件研判分析制度。在每月的固定日由部门主要负责人召集复议、诉讼分析例会，对本部门上月发生的复议、诉讼案件进行集中点评，分析问题所在，通报情况，交流做法，同时对疑难复杂案件进行集体会商，确保办案质量。对依法被撤销、变更、确认违法和责令履行的行政复议案件和行政诉讼案件，都要深刻剖析原因，总结经验教训，写出专题分析报告，按照相关要求，报相关部门备案。注重发挥典型复议、诉讼案件的纠错指导作用，及时整理公布，供各处室学习借鉴。完善执法责任制和执法过错责任追究制度，把具体行政行为在行政复议和行政诉讼中被撤销、变更、确认违法活动和责令履行的数量，作为衡量执法水平的量化指标和年终考核的重要依据。其四，防范涉外法律风险。稳步推进涉外税收法律协定的谈签和修订，积极参与完善全球税收治理体系。当今世界正经历新一轮大变革大调整，大国间战略博弈全面加剧，国际体系和国际秩序深度调整，单边主义和保护主义严重冲击国际经济秩序，世界经济面临的风险和不确定性明显上升。基于对当今世界大势的敏锐洞察和深刻分析，以习近平同志为核心的党中央指出：当前中国处于近代以来最好的发展时期，世界处于百年未有之大变局，两者同步交织、相互激荡。这无疑是对当今时代形势作出的一个重大战略判断。在此时代背景下，美国持续作出一系列"霸蛮"动作，肆意破坏国际秩序，影响世界经济合作大局，尤其以国内法名义挑起贸易战，对我国公民、法人实施所谓"长臂管辖"。❶ 面对来自以美国为首的西方多国对中国的遏制、打压行为，我们要善于把压力变为动力，保持应有的信心和定力，综合运用政治、经济、外交、法治等多种手段加以应对。与此同时，国内改革发展稳定任务依然十分艰巨，国际国内各种风险相互交织、叠加、联动，财政领域面临的风险防控形势依然不可小视。面对风险和矛盾，我们要善于运用法治思维和法治方式来妥善应对，将其作为防范化解风险矛盾的治本之策。

（四）健全财政权力的制约和监督，强化纠错问责力度

权力天然具有支配性与强制性，结合实施依法治国基本方略，从法治途径实现对权力的有效制约是现代民主国家的普遍选择，亦为我国新时代全面深化改革、实现国家治理现代化的题中应有之义。该领域的工作重点包括：其一，健全财政权力运行制约和监督体系。明确每项财政权力的具体权限和运行流程，形成环环相扣、节点控制、关联制约的权力运行秩序，让政府的一切理财活动在制度的轨道上行使。党的十八大报告提出，要防控廉政风险，更加科学有效地防治腐败。为此，各级财税部门要结合本地区、本部门惩防体系建设实际情况，以廉政风险查排、分层、控制、化解为主线，以权力制约、风险防控为核心，盯住防、控关键环节，优化制度机制，努力形成广覆盖、零缝隙的防控局面，最大限度防控财税领域的廉政风险。在防控工作中，仔细查排重要岗位和人员，准确锁定潜在风险人员，把预防措施落实到关键节点，着力用制度优化固化工作流程。对制度的廉洁性进行专业性评估，实施廉政风险的联防联控。加强廉政教育，营造良好部门廉政文化氛围，促使广大财税工作者自觉提高防范意识。最后，进一步优化反腐倡廉生态，自觉接受党内监督、人大监督、监

---

❶ 长臂管辖权（long arm jurisdiction）是美国民事诉讼体系中的一个说法，其试图解决的核心问题是如何对非居民行使管辖权。如果被告有意地在法院地做出产生责任的行为，并有权依据法院地法律取得权利或利益时，法院就对由该行为引起的诉讼拥有管辖权。开始时，用于法院对人的管辖权以及本州以外的外州人，主要用于交易行为和侵权行为；后来，不仅适用于美国州际之间的诉讼，也扩大到国际上，包括对外国国民的长臂管辖。我国对美国那种依据强权政治推行的披着国内"合法合规、有章可循"外衣滥用的"长臂管辖"行为一向持反对态度。

察监督、司法监督、行政监督、审计监督、社会监督和舆论监督。其二，加强财政部门内部控制。党的十八届四中全会决定明确提出要对财政资金分配使用、国有资产监管、政府投资、政府采购、公共资源转让、公共工程建设等权力集中的部门和岗位实行分事行权、分岗设权、分级授权，定期轮岗，强化内部流程控制，防止权力滥用。而各级财政部门专司财政管理，与经济社会发展息息相关，与纳税人利益紧密相联。加强财政部门内部控制建设，对建立健全权力运行的制约和监督机制、减少自由裁量权、限制公共权力滥用、有效避免财政政策制定和资金分配过程中的行政风险、法律风险与廉政风险等方面具有重要意义。对此，按照财政部 2015 年 12 月 4 日发布的《关于加强财政内部控制工作的若干意见》，相关工作开展思路为：坚持突出重点、整体推进，构建内容协调、程序严密、配套完备、有效管用的财政内部控制制度体系建设。要科学制订符合本单位实际情况的内部控制办法和操作规程。深入梳理预算编制、预算执行等财政业务重点领域和主要流程，抓住重要环节和控制节点，分析存在的业务风险和廉政风险，厘清责任边界，按照分事行权、分岗设权、分级授权的要求，综合运用不相容岗位（职责）分离控制、授权控制、归口管理、流程控制、信息系统管理控制等方法进行有效防控。此外，还要推进财政内部控制执行体系建设和财政内部控制信息化建设。其三，全面推进财税政务公开。各级财税部门要全面贯彻落实党中央、国务院有关政务公开决策部署和《政府信息公开条例》，以及中办、国办联合发布的《关于全面推进政务公开工作的意见》（中办发〔2016〕8 号）和国务院办公厅《〈关于全面推进政务公开工作的意见〉实施细则》（国办发〔2016〕80 号）的要求，进一步推动财税机关政务公开制度化、规范化、标准化、信息化，保障公众知情权、参与权、表达权和监督权，增强财税部门的公信力、执行力。现阶段的工作重点为：坚持以公开为常态、不公开为例外，着力在公文办理、会议办理等事项中推进"五公开"❶，完善财税部门主动公开基本目录，并对公开内容进行动态扩展和定期审查。各部门要明确回应责任，

---

❶ 决策、执行、管理、服务、结果公开。

按照"谁主管、谁负责"的原则做好回应工作。突出舆情收集重点，建立健全财政舆情收集、会商、研判、回应、评估机制，对收集到的舆情加强研判，进行分级处置。同时，要提升回应效果，对涉及群众切身利益、影响市场预期和突发公共事件等重点事项，要及时发布信息。对涉及特别重大、重大突发事件的财政舆情，要快速反应，妥善应对，并根据工作进展情况，持续发布权威信息。完善参与渠道，扩大公众参与范围。涉及重大公共利益和公众权益的重要财政决策，除依法应当保密或者依照有关规定不予公开的以外，须通过征求意见、听证座谈、咨询协商、列席会议、媒体吹风等方式扩大公众参与形式。为切实保障工作效果，将信息公开、政策解读、回应关切、媒体参与等方面情况纳入单位和个人考核体系。其四，实行清单管理制度。所谓清单管理制度，即政府权力清单制度，指政府及其部门在对其所行使的公共权力进行全面梳理的基础上，依法界定每个部门、每个岗位的职责与权限，然后将职权目录、实施主体、相关法律依据、具体办理流程等以清单方式进行列举和图解，并公之于众，接受群众监督，让权力在阳光下运行，为建设透明政府、有限政府，转变政府职能，推行依法行政，加快市场经济建设的一项改革举措。作为政府重要组成部门的各级财政部门以及税收主管部门，皆要编制完善本部门的权力责任清单，实现权责清单同"三定"❶规定有机衔接，规范和约束履职行为。编制并公布行政事业性收费和政府性基金、证明事项等清单，实行动态管理，让权力在阳光下运行。

此外，完善考核督察及纠错问责机制是健全财政权力制约和监督体系的关键一环，尽管前文已经多次提及，这里有必要再予以特别强调。各级财税部门要认真落实自 2019 年 4 月 15 日开始施行的《法治政府建设与责任落实督察工作规定》，推进财税法治建设责任落实情况的督察工作。将财税法治建设实施作为衡量干部特别是领导干部工作业绩的重要内容，纳

---

❶ "三定"规定是中央机构编制委员会办公室（简称中央编办）为深化行政管理体制改革而对国务院所属各部门的主要职责、内设机构和人员编制等所作规定的简称。后为各级政府通用，指各级编制部门在自己所辖范围内党政机关、群团机关、事业单位等体制内机构，在单位初设或者机构改革过程中有重大变更事项时，颁布实施的纲领性文件。

入年终考核范围。同时，借鉴各级地方政府相关独立考核体系，如绩效考核、内控考核、重大工作考核、重大决策考核等，将其中涉及法治财政建设实质内涵的部分提炼出来，建设科学规范、统一高效的一体化、系统化财税法治督察体系。此外，要认真落实党风廉政建设责任制，坚持有错必纠、有责必问。加大问责力度，坚决纠正行政不作为、乱作为，坚决克服懒政、庸政、怠政，坚决惩处失职、渎职行为。

（五）推进放管服改革，助力经济社会发展

"放管服"改革是加快政府职能转变的重大举措。近年来，我国各级政府大力进行该项改革，放、管、服三管齐下、互为支撑，成效令人瞩目，但仍存在一些短板和薄弱环节，必须驰而不息地深入推进。各级政府要坚持问题导向，持续推动政府职能转变，进一步简政放权，加强监管和服务，加快打造市场化、法治化、国际化的营商环境。对各级财税部门而言，一是要进一步简政放权，深入推进行政审批制度改革。按照国务院统一要求，结合部门实务，精心排查，进一步压缩微观管理事务和具体审批事项，争取最大限度避免对市场资源的直接配置和对市场活动的直接干预，促成公平竞争的市场环境。充分利用财税大数据资源，强化宏观调控与经济监测预测预警，建立上下联动、信息共享、协调监管的机制，形成科学的监管体系。响应党的十九届五中全会"加强数字社会、数字政府建设，提升公共服务、社会治理等数字化智能化水平"的号召，大力推进财政管理标准化、规范化、信息化建设，深化"互联网＋政务服务"，优化财政服务。二是要持续优化营商环境。严格落实中央财税调控措施，确保更大规模的减税降费取得实效，切实帮广大企业降低税负提升市场竞争力。更好地落实国务院《关于在市场体系建设中建立公平竞争审查制度的意见》，完善配套制度，更好地开展公平竞争审查，加快清理妨碍统一市场和公平竞争的各种规定和做法，依法平等对待各类市场主体。在当前阶段，尤其要严格做好新出台文件的审查，进一步完善实施细则，建立定期的评估清理机制，推行第三方评估，定期开展文件的抽查，畅通投诉举报渠道，及时曝光典型案例，将公平竞争审查纳入相关考核体系等。三是要

健全制度化监管规则。进一步落实国务院办公厅《关于推广随机抽查规范事中事后监管的通知》协调推进"双随机、一公开"监管。依托数字政府工程，完善"互联网＋监管"、信用监管、智能监管手段。优化部门间行政协作模式，完善跨部门联合执法、联合惩戒的监管方式。四是要推进"互联网＋政务服务"，进一步减证便民，降低制度性交易成本。近年来，中国经济虽整体呈现企稳向好态势，但下行压力依然较大。为鼓励创业创新，启动经济新引擎，破解公共服务不到位等"堵点"势在必行。鉴于此，为充分借势"互联网＋"提高政府服务水平，促进办事部门相衔接，变"企业四处找"为"部门协同办"，让信息代替人"跑腿"，减少"循环证明"，最大限度方便广大企业和纳税人，激发市场活力和社会创造力，李克强总理在 2016 年政府工作报告中正式提出了"互联网＋政务服务"的概念。2016 年 9 月 4 日，国务院常务会议部署加快推进"互联网＋政务服务"。自此，我国"互联网＋政务服务"得以迅速发展，但仍有巨大提升空间。概言之，从运作机制和技术保障的角度而言，"互联网＋政务服务"平台指面向政府和民众打造的一体化服务引擎，能够帮助政府打造无差别政务服务体系，实现"业务融合、技术融合和数据融合"的融合受理，以及"跨层级、跨地域、跨部门、跨业务和跨系统"的全业务办理目标，助力数字政府建设，帮助各级政府建设一体化在线政务服务，构建广泛的政务服务新生态。就财税部门而言，要遵照国务院的统一部署，充分利用数字政府平台，最大限度实现财税业务网上办理，通过网络进行材料共享和信息验证，实现实体服务大厅与网络平台的充分融合。与此同时，着力推进互联网对传统政务的形塑，加快清理不适应"互联网＋政务服务"的各种规定。

三、完善征管制度和纠纷化解机制，切实提升纳税人权益保障水平

近年来，随着中国特色社会主义建设进入新时代，在财政领域法治化水平大幅提升的背景下，具有中国特色的纳税人权利保护体系亦初步建

立。但总体而言，我国纳税人权利保护制度的提升和完善尚有较大的空间。为此，要从以下几个方面采取对策措施。

（一）及时修改《税收征收管理法》，加强对纳税人权益的保护

《税收征收管理法》是税收领域内唯一的程序法，在《税收基本法》及《纳税人权益保障法》缺位的情况下，它在一定意义上还担当了基本法的角色，规定了一些保护纳税人权利的实体性内容，是当前我国纳税人权利保障的主要法律依据。在国家治理体系与治理能力现代化建设不断推进的当下，《税收征收管理法》的修改需要纳入治理的整体语境中加以考量，尤其是要将纳税人权利保护作为本次修法的重要着力点。为此要重点解决以下主要问题：其一，确定纳税人有与税务机关同等重要的法律地位，增加纳税人应有的权利。应适时去掉该法名称中的"管理"字样，在总则"立法宗旨"部分和有关章节中确立纳税人为自主申报纳税的主体，具有与税务机关同等重要的法律地位，确立优化申报纳税服务的理念。妥善调整篇章结构，明晰规范税收征纳程序、保障纳税人权利的立法宗旨，并通过税收法定和正当程序两项法律原则的支撑，促进立法宗旨的实现。在具体制度的设计上，增加纳税人权利的具体内容，包括：依法纳税权、诚实纳税推定权、纳税申报修正权、参与税收立法权、税收保密权、申报纳税服务权等。其二，建立纳税申报修正制度，预防化解税务矛盾纠纷。纳税申报修正制度，是指纳税人履行完纳税义务后，发现申报内容有误，需要对前次纳税申报进行修正的制度。纳税申报修正制度是纳税申报法律制度的有机组成部分，在维护纳税人权利，强化纳税申报真实性的法律责任，以及保证税款依法足额缴纳方面能够释放强大的制度效应。许多国家都有相对完善的修正纳税申报制度。我国现行《税收征收管理法》中规定了纳税申报制度并日渐完善，但对于纳税人修正申报制度却没有作出规定，导致现行纳税申报法律制度的不完整，使纳税申报真实性的税收执法管理缺少一件利器。实践中采取的自查自纠方式与税收法定原则相悖，不利于纳税人依法自觉纳税，不符合现代税收国家治理的要求。为提高与激励纳税人税法遵从度，降低征纳成本，实现依法治税与更加科学的税收征管，保

障纳税人权利与保障税收收入之间达到平衡，2015 年《税收征收管理法修订草案（征求意见稿）》新增纳税人修正申报制度。如果该制度获得通过，意味着税务机关实施的有关纳税人自查自纠政策具有了法定依据。但有关纳税人修正申报制度的规定仅有两条，对纳税人税法遵从度的提升以及纳税人责任承担的预期指引不明确，将导致征税实践中偏离立法宗旨。为此，本书建议：应当在《税收征收管理法》中规定纳税人在纳税申报期限内可以对先前的纳税申报作出修正。对于主动作出不利于自己的修正，是纳税人法律与道德意识高的表现，应当予以鼓励。对修正后减少应纳税额的，如无恶意逃税故意，亦不可加以处罚。而对于超过纳税期限后，税务机关作出更正前提出的修正申报，只要不是出于逃避纳税义务的，也可以参考日本、韩国的做法，予以较轻的处罚。此外，由于纳税人申报后的原因（如因为法院判决书改变了之前纳税的基础事实），导致纳税人在纳税申报书或纳税申报表中已经确定的课税标准或应纳税额等产生变化而申报了过大的应纳税额时，也可以提出申请更正。总之，上述处理方式，不仅符合国际税制的通行做法，而且有利于预防税务矛盾纠纷，促进现代税收法治建设。最后，进一步完善纳税人申报修改的程序性规定，使纳税人纳税申报修正权能真正落到实处。其三，适当降低加收滞纳金的上限，切实减轻纳税人过重的负担。现行《税收征收管理法》第 32 条规定，纳税人未按照规定期限缴纳税款的，扣缴义务人未按照规定期限解缴税款的，税务机关除责令限期缴纳外，从滞纳税款之日起，按日加收滞纳税款万分之五的滞纳金。由于该条没有规定滞纳金能否超出税款数额，因此引发了一个问题：滞纳金是否会像利息一样，无限制地计算下去，直至纳税人、扣缴义务人将税款缴清。遗憾的是，《税收征收管理法》并未就该问题给出明确的答案。解决方案之一是，参照《行政强制法》关于罚款不得超出本金的表述，对滞纳金加收数额设定上限，增加"滞纳金加收不超过所欠税款的数额"的规定。而在立法实践中，2015 年《税收征收管理法修订草案（征求意见稿）》第 59 条规定："纳税人未按照规定期限缴纳税款的，扣缴义务人未按照规定期限解缴税款的，按日加计税收利息。税收利息的利率由国务院结合人民币贷款基准利率和市场借贷利率的合理水平综合确定。

纳税人补缴税款时，应当连同税收利息一并缴纳。"显然，这一立法思路将之前的税收"滞纳金"与行政法执行罚的滞纳金彻底做了区分。其四，降低对纳税人的处罚标准，减小行政处罚裁量权。为了加强对纳税人权益的保护，切实降低纳税人负担，必须对税务行政处罚自由裁量权加以严格的限制，适当降低违反税法行为的处罚标准。现行《税收征收管理法》多数涉罚条款都规定了"百分之五十以上五倍以下"的罚款幅度，这为税收机关留下太大的裁量空间，不利于掌握处罚的尺度，有违现代税收法治精神，也易引发权力腐败。2015 年《税收征收管理法修订草案（征求意见稿）》将多数涉及罚款的条款改为"百分之五十以上三倍以下"，并视情节从轻、减轻或者免予处罚。但本书认为，这种方案还是相对保守，宜进一步修改为"百分之二十以上二倍以下"，在大幅度降低纳税人负担的同时，也利于税务机关对相同的违法行为作出一致的处罚决定，体现现代税收的公平正义。其五，完善侵犯纳税人权益的责任条款，增强保护纳税人权益的意识。我国现行《税收征收管理法》及 2015 年《税收征收管理法修订草案（征求意见稿）》有关税务机关及税务人员侵犯纳税人权益的违法行为的责任条款主要包括：查封、扣押纳税人个人及其所扶养家属维持生活必需的住房和用品；利用职务之便索取纳税人财物；滥用职权故意刁难纳税人；对控告、检举税收违法违纪行为的纳税人给予打击报复；征收税款或者查处税收违法案件时应回避而未回避；未按税收征收管理法规定为纳税人保密。基于笔者对纳税人税法遵从体验的初步调研，本书认为，《税收征收管理法》（或者通过其他法律法规）还应当进一步明确税务机关及其工作人员下列行为的法律责任：对纳税人进行不必要的重复检查干扰企业正常经营；重复索取纳税申报资料或者索取不必要的申报资料；无正当理由故意刁难纳税人；税务部门安排税务人员及其直系亲属在同一系统和利益相关单位工作等。

（二）依法成立纳税人维权组织

自 20 世纪 80 年代以来，随着全球性税制改革运动的铺开及纳税人维权意识的普遍高涨，纳税人协会之类的纳税人维权组织在多国广泛建立。

纳税人维权组织使得分散、弱小的个体纳税人获得了与政府税务机关抗衡的可能性，为纳税人权益的争取和维护提供了强有力的组织保障。受税收法治化水平长期偏低等多项因素的影响，我国纳税人一向缺乏结社的传统。进入新时代以来，国家高度重视纳税人权益保障，多次出台文件指导鼓励建立纳税人权益保护组织。如2013年国家税务总局印发的《关于加强纳税人权益保护工作的若干意见》就特别提出了"建立纳税人权益保护组织，构建纳税人维权平台"的要求，并对我国纳税人维权组织的建立提出了具体要求。● 翌年，党的十八届四中全会决定提出："构建对维护群众利益具有重大作用的制度体系，建立健全社会矛盾预警机制、利益表达机制、协商沟通机制、救济救助机制、畅通群众利益协调、权益保障法律渠道。"● 由此，探求成立中国特色的纳税人维权组织，对充分保障纳税人权益、实现国家治理现代化具有重要意义。事实上，随着我国市场经济的发展、纳税人维权意识的提升以及各级税务机关对维护纳税人合法权益的重视，近些年我国各地也涌现出了一批蓬勃发展的纳税人维权组织，如纳税人之家、纳税人权益保障中心等，在维护纳税人合法权益方面作出了一定的探索。但总体而言，我国纳税人维权组织建设相对滞后，规模偏小，过于依附税务机关，独立性不够，专业化水平普遍不高，而且日常办事机构不规范，广大纳税人对其缺乏认同度。

借鉴发达国家纳税人维权组织建设的成功经验，结合我国国情，本书认为，充分发挥税务师群体的专业优势和服务平台优势，以其为主体建立纳税人维权组织当为现阶段提升我国纳税人权益保障水平的优选路径之一。一则，注册税务师协会是由依法成立的税务师事务所为团体会员和注册税务师为个人会员自愿结成的具有独立性、专业性、自律性的社会团体，税务机关为其业务主管单位，这便于其及时向后者反馈纳税人维权的

● 该意见要求："注重发挥税务机关的职能作用，主导建立纳税人权益保护组织，实现纳税人权益保护组织管理规范化、活动常态化。快速响应纳税人权益保护组织代表纳税人提出的意见、建议和权益维护诉求，并将维护纳税人权益落到实处。充分发挥行业协会、政府相关部门和纳税人的积极性，增进征纳沟通和社会协作，拓展纳税人权益保护工作的广度和深度。"

● 《中共中央关于全面推进依法治国若干重大问题的决定》，人民出版社2014年版，第29页。

合法诉求。二则，注册税务师协会汇集一大批最具专业性的财税人才，具备与税务部门官员直接对话、协商的专业实力和素养，由其汇总的保障纳税人权益的权威性的建议也更易为税务部门所接受。三则，作为一个成熟的组织，注册税务师协会有稳定的办公条件和专门的工作人员，也有稳定的经费保障，这些都有利于纳税人维权业务的开展。此外，考虑我国纳税人自我组织能力偏低及税收法治化环境尚待进一步提升的现状，充分发挥政府在纳税人维权组织发展中的推动和指导作用也十分必要。可以考虑由税务机关或其他部门牵头协助，由纳税人代表、工商联、各行业协会以及律师协会、会计师协会、注册税务师协会等有关方面共同参与建立的群众性社会团体"纳税人维权协会"。维权协会可积极履行下列职责：利用自己广泛的社会网络开展调研活动，及时获取纳税人需求信息，为税收立法提供依据；广开渠道，充分了解纳税人对税收执法、纳税服务等方面的意见建议并及时向税务部门反映，推动税务部门尽快改进；积极参与税务听证、行政复议和税务诉讼前的调解活动，帮助纳税人化解税务矛盾纠纷；开展税收法律宣传教育，引导纳税人依法诚信纳税，同时增强纳税人的维权意识，并为纳税人维护合法权益提供法律援助。

（三）健全税务矛盾和纠纷预防化解机制，畅通侵权救济渠道

党的十八届四中全会决定指出："健全社会矛盾和纠纷预防化解机制，完善调解、仲裁、行政裁决、行政复议、诉讼等有机衔接、互相协调的多元化纠纷解决机制。"❶ 具体到税收领域而言，应着力由如下几个方面开拓工作新局面：其一，认真做好纳税服务投诉处理工作。认真贯彻党中央、国务院关于深化"放管服"改革、优化营商环境的部署，进一步规范纳税服务投诉管理，提高投诉办理效率，构建和谐的税收征纳关系，维护纳税人合法权益。严格执行2019年8月1日起开始实施的《纳税服务投诉管理办法》（国家税务总局公告2019年第27号），遵循依法公正、规范高效、属地管理、分级负责的原则，各级税务机关应健全内部管理机制，畅通投

---

❶ 《中共中央关于全面推进依法治国若干重大问题的决定》，人民出版社2014年版，第30页。

诉受理渠道，规范统一处理流程，利用信息化手段，建立纳税服务投诉"受理、承办、转办、督办、反馈、分析和持续改进"一整套流程的处理机制。各级税务机关的纳税服务部门是纳税服务投诉的主管部门，负责纳税服务投诉的接收、受理、调查、处理、反馈等事项。需要其他部门配合的，由纳税服务部门进行统筹协调。各级税务机关应当配备专职人员从事纳税服务投诉管理工作，保障纳税服务投诉工作的顺利开展。各级税务机关应当积极依托信息化手段，规范流程、强化监督，不断提高纳税服务投诉处理质效。各级税务机关要定期对投诉事项进行总结、分析和研究，及时发现带有倾向性和普遍性的问题，提出预防和解决的措施，实现从被动接受投诉到主动预防投诉的转变。上级税务机关应当加强对下级税务机关纳税服务投诉工作的指导与监督，督促及时、规范处理。各级税务机关对于办理纳税服务投诉过程中发现的有关税收制度或者行政执法中存在的普遍性问题，应当向有关部门提出合理化建议。其二，建立完善税收争议调解机制。税收争议调解是指在税收征收、管理、稽查等活动中，纳税人与税务机关发生涉税争议时，以纳税人自愿为原则，由税务机关相关部门对争议进行判断、处置、化解。各级税务机关应按照中央关于注重运用调解手段化解行政争议的要求，积极探索建立税收争议调解机制，避免纳税人合法权益受到侵害。可借鉴"枫桥经验"，实现排查全覆盖、纠纷早介入、问题不激化、矛盾不上交，推进信访工作法治化、规范化，强化主办者主体责任，有效预防、及时化解行政争议。对于纳税人已经申请税务行政复议、纳税服务投诉且已受理，或提起行政诉讼且已立案的税收争议，按照相关法律法规执行。其三，认真开展行政复议和应诉。切实提升行政复议工作的实效，简化复议申请手续，畅通复议申请渠道，依法办理复议案件，不断提高行政复议办案质量，着力化解行政争议，纠正违法或不当行政行为。各级税务部门要依法办理行政应诉案件，配合人民法院解决行政争议，促进各级税务机关依法行使职权，依法落实行政机关负责人出庭应诉制度，认真履行法院的生效判决和裁定。严格按照国家赔偿法执行行政赔偿，确保纳税人受到的损失依法获得赔偿。

四、加强地方财税法治建设，为建设法治国家筑牢基础

地方法治是中国法治体系的重要组成部分。推进全面依法治国战略既需要国家的顶层设计，也需要发挥地方的积极性和创造性。同理，地方财税法治建设既可以促进国家财税法治的提升，又利于推进地方民主政治建设，优化营商环境，构建和谐社会，推进科学发展。

（一）地方财税法治建设的基本要求和主要目标

新时代地方财税法治建设应当以建立完善与地方治理体系和治理能力现代化相适应的现代财政制度为方向，双轮并驱，齐力推进地方财税体制改革与地方法治财政建设，高水平配套落实国家财税法律，提高各级财税部门依法理财行为的合法性、规范性，铸牢制度建设层面的防线；严格依法理财，减少财税行政行为的随意性，铸牢执法环节的防线；提高财政权力运行的透明度和加强对政府理财行为的监督，铸牢监督环节的防线。

结合中央重要文献的指导精神及国家财税法治建设的各项目标要求，本书认为，地方财税法治建设的主要目标可定位为：地方财税工作全面纳入法治轨道，地方配套制度建设质量显著提高；各级政府尤其是其财政部门有关财税方面的决策更加科学民主，理财行为更加规范公正，国家各项财税法律制度在地方执行效果显著增强；阳光财政建设成效显著，财政透明度指数优异；各级党委政府对财税法治建设的重视程度和组织领导力进一步提升，各地财税法治环境生态进一步优化，广大财税部门工作人员尤其是领导干部依法理财的自觉性、能力和水平全面提高。

（二）完善地方财政立法机制❶

深入推进科学立法、民主立法、依法立法，切实提高地方财政立法质

---

❶ 对于完善地方立法机制，各地都有着成熟的思考。本部分参考了山东省财政厅办公室印发的《山东省法治财政建设现状分析及对策建议》，载《财政情况（政策调研版）》第 26 期［鲁简 042］。

量和效率。为此，一则健全立法项目论证制度。加强地方财政立法前评估，对立法的可行性等进行科学论证评估，主动向社会公开征集意见。对社会影响大的重要立法事项，引入第三方机构进行客观评估，充分听取各方意见，并将评估情况作为确定立法项目的重要依据，增强立法的前瞻性、针对性、有效性。定期对地方财政法规实施情况进行调研、评估，将评估结果作为法规修改、废止的重要依据，对不适应改革和经济社会发展要求、与上位法相抵触或不一致、不协调的及时提出修改、废止建议，为财政管理提供行政行为规范和准则。二则推进地方财政统筹改革。围绕财政中心工作，加强财政收支、财政管理等重点领域的地方财政立法，加快构建大财政、大预算、大统筹格局。加强省市县三级联动，强化财政制度的系统性、协同性、集成性，建立一套可操作性强、行之有效的地方财政法律制度体系，确保财政制度政策的统一和协调，努力提高财政投入精准度，提高财政资金配置效率和使用效率。三则加强财政立法与财税改革决策相衔接。加强重点领域的财政立法，对适应经济发展要求和人民群众期盼，特别是实践证明已经比较成熟的财税体制改革经验和行之有效的财税体制改革举措进行推广，积极推动地方财政立法，进一步将改革活力纳入法律秩序，把法律和制度优势更好地转化为财政治理效能。

（三）完善财政管理制度体系建设

如本书前文所述，地方财政立法很大程度上指的是中央财政立法的配套性立法及实施性立法。相对于中央的顶层决策，地方财政工作的重心在于让中央的各项改革及立法意图在基层落实到位，故而完善财政管理制度体系是地方财税法治建设的关键性领域。一是对标现代财政管理制度体系标准，清理现行政策文件。全面排查梳理，对之前出台的但与当前财政改革和政策要求相悖的规范性文件，按照即时清理和严格日期定期清理的机制，进行废止和修正。针对因旧文件废止或者新生财税改革任务的出台而出现的管理制度缺位的情形，要及时出台新的管理制度，确保改革顺利推进。二是进一步完善工作程序，全面提高财政规范性文件和制度性文件的制定质量。文件出台之前，尤其是在那些对纳税人切身权益带来影响的重要的文件颁发之前，严格秉持科学立法、民主立法的精神，展开充分的摸底调研，认真论证，广泛征求相对人的意见，文件草案要及时在网上公布，留足时间公开征求意见。完善工作机制，提升各级政府各财税部门立法的专业水平，定期组织相关人员参与文件制定工作培训，邀请人大、上级政府部门或高等院校立法专家传授立法技巧，尽量避免文件出台后引发争议。三是完善财税各部门内部业务处理和法律审核工作的协调机制。在全面倡导依法理财、依法治税的时代背景下，各级财税部门要破除那种僵化的泛法治化思维，即将一切机关业务都硬性嵌入合法性审核的秩序，扰乱了业务运转的节奏。为此要尽量明确业务处理和合法性审核的工作界限，将法律审核程序从那些单纯的业务性工作流程中剥离出来，为法制机构或法律顾问减负，避免行政资源的浪费。与此同时，对确实涉及法律风险的业务，一定要严格工作程序，平衡好满足业务需求和回避法律风险二者之间的关系。

（四）完善地方财政重大行政决策制度建设

所谓地方财政重大行政决策是指地方财政部门依照法定职责，对关系本地财政工作全局、社会涉及面广、专业性强、与人民群众切身利益密切相关的重大事项作出的决策。一般而言，下列事项都可算作地方财政重大行政事项：预出台涉及本地财政管理体制改革的重大措施、制定本地财政发展中长期规划、对重大财政资金项目作出安排、处置重大国有资产、制定财政领域地方性法规和规章的草案以及直接涉及公众切身利益或者社会关注度高的其他重大事项。财政重大行政决策应当贯彻创新、协调、绿色、开放、共享的发展理念，适应经济社会发展和深化财税改革的要求，遵守法定权限，依法建立公众参与、专家论证、风险评估、公平竞争审查、合法性审查、集体讨论决定、决策后评估的程序机制。财政重大行政决策作出前，应当广泛征求社会各方面的意见，除非涉及依法应当保密的内容。决策事项关乎经济社会发展全局和涉及群众切身利益的，应当广泛听取意见，与利害关系人进行充分沟通，并注重听取有关人大代表、政协委员、人民团体、基层组织、社会组织的意见。决策方案中有关问题存在重大意见分歧或者涉及利益关系重大调整，需要进行听证的，应当召开听证会。对专业性、技术性较强的决策事项，可以组织权威专家、专业机构召开咨询论证会，对决策事项的必要性、科学性、可行性等内容进行论证，围绕财政全局性、长期性、综合性、特定性问题，提出科学的论证意见。财政重大行政决策事项可能对社会稳定和公共安全造成不利影响的，应当进行风险评估。开展风险评估，可以通过舆情跟踪、重点走访、会商分析等方式，运用定性分析与定量分析等方法，对决策事项实施的风险进行科学预测、综合研判。开展风险评估，可以委托专业机构、社会组织、决策顾问专家等第三方进行，并充分听取各方面的意见，明确风险点和防范措施，形成风险评估报告。风险评估结果应当作为重大行政决策的重要依据。决策事项与市场主体生产经营活动密切相关的，应当对决策草案进行公平竞争审查。财政重大行政决策事项提交部门领导集体讨论前，应当进行合法性审查；未经合法性审查或者审查不通过的，不能进行决策。合法性审查内容应当包括：决策部门是否具有相应法定决策权；决策内容是否具有法定依据，与有关法律、法规、规章、政策规定是否抵触；决策方案的制订是否符合法定程序要求。通过重大行政决策后，应当按照规定制发公文；属于最终决定的，除依法不公开的外，应当通过政务服务网、财政部门的门户网站等公布，便于公众知晓和查询。对社会公众普遍关心或者专业性、技术性较强的财政重大行政决策，应当说明公众意见、专家论证意见的采纳情况，通过新闻发布会、接受访谈等方式进行宣传解读。重大行政决策事项应当实施决策后评估制度，对实施效果、存在问题等进行总结评估，并根据情况采取调整、完善措施。决策后评估结果应当作为调整重大行政决策的重要依据。财政重大行政决策应当实行责任追究制度，对不按财政重大行政决策程序进行决策或者违反财政重大行政决策程序导致决策严重失误的，实行终身责任追究和责任倒查，依法追究行政决策过错责任。有关人员在决策过程中违反保密规定的，按照保密法律、法规、规章的相关规定追究责任。最后，财政重大行政决策应当接受本级人民代表大会及其常务委员会、上级行政机关、审计机关的监督。

（五）推进财政权力规范透明运行❶

法治财政要求将政府的财政权力运行置于法律的轨道，阳光财政要求政府的理财行政行为应当公开透明，为此，地方各级政府及其财税部门应当以习近平法治思想为指导，依照法治财政、阳光财政、现代财政的目标要求，从维护纳税人根本利益为出发点，以制度创新为手段，以规范财政权力运行、增强地方政府理财行为透明度、提高地方财政行政效率为基本要求，以监督制约为保障，努力达成地方各级财政领域行政权力规范、公开、高效的运行。为此，一是强化权责清单知责明责作用。推进机构、职能、权限、程序、责任法定化，将权责清单打造为财政履职清单。严格按照法律法规动态管理《财政系统权责清单》，确保省市县三级财政行政权力事项名称、编码、类型、依据等要素统一，充分发挥权责清单制度在转变财政职能、深化简政放权方面的基础性作用，将权责清单打造为落实上级决策部署和开展财政工作的重要遵循。以体现"法定职责必须为"和"有权必有责，用权受监督"的要求，构建权责清晰、程序严密、运行公开、监督有效的财政权力运行机制，杜绝财政权力行使和履行责任中的职责缺位、越位现象，促进财政部门履职法定化、清晰化、透明化。二是加强内部控制规范财政监管。加强财政内控制度建设，强化对关键部位和权力集中岗位的内部监督，形成责任闭环。有效防控财政业务及管理中的各类风险，防止权力滥用和权力寻租，规范财政监管，实现法治监督"全覆盖"。三是完善政务公开加强社会监督。按照"公开为原则，不公开为例外"的要求，完善财政类政府信息公开制度，不断扩大主动公开范围，依法做好依申请公开工作，让财政权力在阳光下运行。做好对热点敏感问题的舆论引导，主动妥善回应社会关切。四是落实三项制度完善财政执法。推进执法主体合法化、执法权限法定化、执法责任明确化、执法程序规范化。把依法行政要求贯穿于财政决策、执行、监督的全过程，增大履职动

---

❶ 本部分参考了山东省财政厅办公室印发的《山东省法治财政建设现状分析及对策建议》，载《财政情况（政策调研版）》第 26 期［鲁简 042］。

力，严格履职责任，促进财政执法行为更加规范公正，保障财政部门合法、公正、高效行使职权。

五、加强党的领导和人大监督，夯实财税法治的社会基础

财税法治建设必须以习近平新时代中国特色社会主义思想为指导，切实提高政治站位，加强党的领导。与此同时，财税法治建设又必须以坚持中国特色社会主义政治制度为前提，进一步完善人大对财政尤其是预算的监督功能。此外，财税法治化是一个生态系统，它既需要财税各领域法律制度框架完善，也需要包括立法者、执法者、司法者、守法者等法治主体在诸环节适格的角色担当，还需要社会公众法律信仰的养成以及法治文化的培育等，此可视为我国财税法治建设的深层社会基础。

（一）加强党的领导，为财税法治建设提供强有力的组织保障

党的领导是全面推进依法治国、加快建设社会主义法治国家的根本保证。党的十九届四中全会决定明确提出，"坚持和完善中国特色社会主义制度、推进国家治理体系和治理能力现代化，是全党的一项重大战略任务。必须在党中央统一领导下进行，科学谋划、精心组织，远近结合、整体推进。"作为国家治理现代化、全面深化改革重要一环的财税法治建设，也必然在党的领导下顺利推进。在财税法治建设中，要坚定不移地用习近平新时代中国特色社会主义思想特别是习近平法治思想武装头脑，指导财政立法、执法、司法工作。只有从政治高度来认识和把握财税法治工作，才能找准财税法治建设的方向、明确工作思路、设计主要制度，才能站得更高、看得更远，考虑得更全面、更深入。

在具体工作层面，要通过推动落实党委或党组主要负责人作为财税法治建设第一责任人的要求，把坚持党的领导落实到财税法治全过程各方面，加强各级党委及财政部门党组对新时代财税法治建设的领导。建立健全由党委、党组主要负责同志牵头、各部门分工落实的财税法治建设领导

机构。充分发挥党委、党组在推进财税法治建设中的领导核心作用，定期听取财税法治工作汇报，及时研究解决有关重大问题，加强对财税法治建设的统筹谋划。健全财税法治建设工作机制，完善财税法治建设议事机构定期向党委、党组报告工作制度。

（二）改进和完善人大财政监督机制

立法与监督为人大在国家政治生活中的最为重要的两项职能。人大加强对财政的监督，是宪法、地方组织法、监督法、预算法等赋予人大及其常委会的一项重要的法定职权。近年来，人大尤其是全国人大在立法领域取得了卓然的成就，中国特色社会主义法律体系日渐完善；与此同时，人大薄弱的监督权严重影响了法律落实的效果，特别是在财政监督方面。党的十八大报告明确提出"支持人大及其常委会充分发挥国家权力机关作用，依法行使立法、监督、决定、任免等职权，加强立法工作组织协调，加强对'一府两院'的监督，加强对政府全口径预算决算的审查和监督"，这正映射了新时代人大工作的着力点和总方向。由此，在一如既往地重视财政立法工作的同时，各级人大应当适度将工作重心向财政监督领域转移，通过人大双重职能的"两翼齐飞"，为新时代政治、经济、社会体制全面改革乃至国家治理的现代化提供强大的助推力。

1. 完善人大财政监督的法律法规

党的十八届三中全会决定提出："必须完善立法、明确事权、改革税制、稳定税负、透明预算、提高效率，建立现代财政制度。"完备且良好的法律体系是人大财政监督法律制度的核心。完善法律供给是人大实现有效监督的基础，也是人大作为立法机关发挥特有监督职能的职责。在我国当前的法律体系中，《宪法》和《预算法》仍然是各级人大及其常委会行使财政监督权的主要依靠。作为国家的根本大法，宪法的指导作用更强过实际意义。作为人大行使财政监督权具体依据的《预算法》，虽然在2014年已经进行了修正，但是对人大监督政府财政行为的规定依然不够明确和细化，缺少真正有效的监督机制。此外，我国目前还没有一部专门的财政监督方面的法律，财政监督的法律法规相对来说比较分散、原则，导致财政监督在实际中难以操作，一定程度上影响了财政监督职能作用的发挥。总之，欲进一步提高人大对财政的监督能力，在立法层面上可以从以下两个方面入手：一方面，进一步完善《预算法》。必须进一步规范预算的预初审、预算调整和决算及其审查等程序性规定。要赋予人大预算修正权❶，细化人大预算质询权❷等相关规定。值得特别强调的是，需要在预算法中增加对人大否决预算案后果的规定。在西方国家，政府预算被否决的情况时有发生。虽然我国目前为止没有发生过政府预算被否决的现象，但人大可以通过表决来否决政府预算、决算是毫无疑问的，然而关键是政府预算被否决后该怎么处理，政府应该承担什么样的法律责任，这些都需要在预算法中明确。另一方面，适时出台《财政监督法》。财政监督的法治化必然要求各监督主体都能依法各司其职，共同致力于我国的公共财政建设。面对目前我国财政监督领域法律分散、主体职责不明的情况，制定统一的《财政监督法》，是积极推进我国公共财政建设的有效途径。该部法律应当对各监督主体的职责和权限，各监督主体行使监督职权的具体程序、法律责任等作出明确的规定。

2. 完善人大监督组织

强有力的监督能力是人大财政监督法律制度发挥实效的前提。想要将一个部门的职能最有效地发挥出来，完善的机构设置，灵活的运行机制，充足的人员配备必不可少。显然，在专业化治理的时代，要想强化全国人大的监督功能，就必须健全人大的工作机构、增加人员编制，提高他们的

---

❶　预算修正权，指拥有预算审批权的主体对进入审议程序的预算草案进行修改的权力。有学者认为，预算修正权的缺失，使人大在预算审批环节中难以影响资金分配，无法实现实质性监督，削弱了预算的合法性、合理性和科学性。参见林慕华：《中国"钱袋子"权力的突破：预算修正权》，载《甘肃政法学院学报》2009 年第 2 期。实际上，在审查政府预算的过程中，绝大多数国家的议会都能对政府预算进行修正，只是在具体的修正范围和方式上不尽相同。因此，我国应在《预算法》中将修正权纳入人大的审批权范围，由此加大权力机关的预算职责，对明显不合理的预算开支也多出一条制约途径。

❷　在现有的监督方式中，地方人大运用较高的是会议审议、执法检查、视察和调查等，而法律规定的质询、问题调查、询问等刚性监督手段很少得到使用，甚至于搁置不用。

职业素养和业务能力。对此应从以下几个方面进行完善：其一，加强机构建设，优化部门设置。虽然全国人大已经设有一些专门委员会，全国人大常委会之下的工作机构体系也已初步建立，但是总体而言为人大提供信息支持、决策辅助的专业人员团队尚较为单薄。本书主张，应当扩充预算工委编制，吸纳经济学、财政学、法学等领域的人才，进一步增强履职能力。与此同时，推动各地方人大健全财经委员会，同时单独设置预算工委，增加各级人大预算审查监督机构工作人员编制。此外，为解决人力不足问题，增加人大常委会专职委员的比重也是一种思路。其二，建立立法型的审计机构❶。实践中，具备专业素质的审计机关对人大实现有效监督具有不可替代的作用。当前的审计部门隶属于政府序列，审计与财政同属于政府，这就很难保证财政审计的独立性和公平性。建议学习西方国家的立法主导型审计模式，将审计机关划归人大，以有效弥补人大财政监督过程中专业知识不足的问题。当然，考虑改革的渐进性规律，出于发挥审计实效、壮大人大监督力量的目的，当前也可以通过尝试在人大中设立由专业人员组成的审计委员会，为人大行使财政监督权提供专业支持。其三，切实提高人大工作人员素质，着力提高人大代表财政监督能力。进一步完善培训机制，提升人大工作人员的法律素养和业务水平。提高人才录取门槛，重点选拔与人大财政监督工作专业对口的高学历或有相关工作经验的高素质人才。扩展委员来源渠道，通过吸收具有法学、经济学、审计学、行政学等背景的专家与学者到财经委和预工委从事具体工作的方式，提高委员会的专业化水平。

3. 完善人大财政监督运行机制

在现有大的法律框架内，通过完善运行机制，充分发掘人大财政监督的效能，是当前更加值得尝试的改革路径。

其一，完善人大审议财政事项的议事规则。议事规则指议会组织进行

---

❶ 根据审计机关的隶属关系，各国的审计模式可以分为四种类型，即立法型、司法型、行政型和独立型。我国目前采用行政型体制，即国家的最高审计机关是政府的一个职能部门，这一体制的独立性较低，审计的有效性也有所削弱。参见马骏、赵早早：《公共预算：比较研究》，中央编译出版社 2011 年版，第 595 − 604 页。

各项活动时必须遵守的程序性规范，是立法、审批程序正当化的重要保障。在现有制度框架下，通过完善细化各级人大审议财政事项时的议事规则和程序，对于提高人大财政事项的监督效能必然大有帮助。例如，可以在预算审查中增加辩论程序，让人大代表们就预算中的问题进行充分辩论，并可向政府提出询问和质询，也可就某些争议问题同政府展开辩论。经过充分辩论后进行的投票才能更明智，决定也会更科学。

其二，实现对预算的全程化监督。改变目前人大财政监督仅仅是"通过"或者"否决"财政预决算的状况，将人大对财政监督的触角延伸到整个预算过程。根据《预算法》，行政机关负责预算的编制，但即便如此，在财政预算编制的时候，人大就要及时介入。人大及其常委会可以安排相关专业人员列席政府的财政工作会议和财政部门的工作会议，对财政工作和财政安排全面进行掌握。在预算审批阶段，针对现行法律中人大审议预算案时间偏短的缺陷，在现有制度框架下可以安排财政部门将财政预算编制的通知适当提前一两个月。这样预算草案提交的时间也会提前一两个月，预算工作委员会审议的时间延长了两个月的时间，便有充足的时间考察、考证财政预算的科学性和合理性。预算执行阶段，人大也要全过程跟进。人大及其常委会必须加强事后监察，追踪监督预算执行情况，以及时发现和解决问题。此外，人大还可以有选择地就某一专项问题展开调查研究，提供针对性的建议。

其三，加强对重点支出和重大投资项目预算的监督。"双重"是各级政府的工作重点，也是社会各界关注的热点，同样也是提升人大财政监督能力的关键性领域。地方人大要配合政府，结合区情、财政规模、国民经济及社会发展规划科学界定"重点、重大"的标准，并通过地方立法把人大对政府重大投资项目的监督制度化，建立政府重大投资项目全方位、全过程监督机制和人大监督与相关监督的对接机制。

其四，加强责任追究机制建设。现行《预算法》第92条至第96条就预算执行中的几种违法行为及其处罚作出了规定，但总体而言这些规定原则性较强，可操作性不足，而且承担责任权限仅限于行政责任。为增强预算的严肃性，维护预算监督的权威性，应当构建多元化的预算违法责任追

究体系，明确违宪责任、刑事责任、行政责任和经济责任边界，使整个预算过程中的不同违法行为都能得到相应的责任追究。❶

4. 提高公众对于人大财政监督的参与程度

针对当下公众对于人大财政监督工作缺乏关心、参与程度较低的情况，应从如下两个方面积极拓宽工作局面：一方面，提高人大财政监督行为的透明度。为此，完善法律，加强技术保障，实现人大预决算审批全部过程通过新闻媒介等方式向社会公布。通过让人大代表审议预算的结果及过程在阳光下运行，有助于加强舆论监督和社会监督，对人大产生无形的压力，保证人大代表在选民的视域内认真、负责地履行议事职能。另一方面，扩大参与人大财政监督的公众范围的渠道。创新工作方式，结合本地区域情推广诸如听证会、民主恳谈会等形式，不断形成公众参与的社会氛围，推动公众参与人大财政监督。利用报纸、电话、电视、信箱等传统手段方便老年群体参与；同时充分利用现代信息技术和新媒体形式，吸引更多的年轻人参与到财政监督中来。组织专门人员管理信箱、网络平台和举报、建议电话系统，针对民众提出的财政监督方面的异议问题，要及时公开回复结果，彻底解决人大不审查、无质量回复的现象。

（三）加强财政普法工作，夯实社会基础

全面依法治国是中国特色社会主义的本质要求和重要保障，是国家治理的一场深刻革命。全面依法治国不仅需要完善法律制度，而且需要建设法治文化，让法治信仰、法治意识、法治观念、法治思维在全社会牢固树立起来。党的十九大报告明确要求："加大全民普法力度，建设社会主义法治文化，树立宪法法律至上、法律面前人人平等的法治理念。"法治文化建设的关键是让广大人民群众树立起法治观念、法治信仰。为此，必须加强法治宣传教育。

新时代进一步加强财税法治宣传工作的主要思路为：一是进一步完善

---

❶ 魏陆：《完善我国人大预算监督制度研究——把政府关进公共预算"笼子"里》，经济出版社 2014 年版，第 243 页。

财政普法责任制。根据财政部《关于落实"谁执法谁普法"普法责任制的实施意见》，进一步明确各级财政部门普法任务，健全制度机制，加强督促检查，深入推进财税法治宣传教育工作，提高全社会财政法律意识和对财政法律法规的认知感、遵从度，为财政工作营造良好的法治环境。各级政府尤其是各级财税部门进一步完善本部门普法责任清单，明确内设机构普法责任和责任人员，明确普法任务和工作要求。坚持普治并举、内外并重，创新形式、务求实效，切实完成普法规划确定的各项任务。二是财税法治宣传教育工作要坚持与财政管理实践相结合，坚持系统内普法与社会普法并重，坚持上下联动、密切协作，坚持创新方式、注重实效。三是明确财政普法内容。深入学习宣传习近平新时代中国特色社会主义思想，学习宣传习近平总书记关于全面依法治国的重要论述，学习宣传以习近平同志为核心的党中央关于全面依法治国的重要部署。突出学习宣传宪法，弘扬宪法精神，树立宪法权威。强化学习宣传财税法律制度，以及国有资产管理、财务管理等重大财政制度政策。深入学习宣传党内法规，增强广大党员党章党规党纪意识。同时，还应围绕切实做好财政系统普法、充分利用财税立法过程开展普法、围绕热点难点问题向社会开展普法、建立健全以案释法制度、创新财政普法方式方法等方面切实做好具体落实工作。四是完善财政普法工作保障条件。各级财政部门要把建立和落实财政普法责任制提上重要日程，及时研究解决财政普法工作中的重大问题，加强人员、经费、物质保障，为财政普法工作有效开展创造条件。上级财政部门要加强对下级财政部门普法责任制建立和落实情况的督促检查，完善考核激励机制，强化工作指导，确保财政普法工作取得实效。对责任落实到位、普法工作成效显著的单位和作出突出贡献的个人，给予一定形式的表扬；对责任不落实、普法工作目标未完成的单位，在一定范围内予以通报。加大法制宣传投入力度，对确定好的宣传任务投入必要的人力、财力，做好组织工作，提高宣传效果。五是丰富普法宣传形式，尽可能多地采取群众喜闻乐见的形式，积极利用现代化的网络宣传媒介，调动广大干部群众参与财政法律法规宣传工作的积极性。

第五章　民生财政与当代中国
财税法治化的路径选择

当前，中国改革进入攻坚期与深水区，中国特色社会主义建设亦迈入关键期和实现重大突破的历史阶段。一方面，经过改革开放40余年的快速发展，尤其是党的十八大以来的高质量发展，我国全面建成小康社会的阶段性发展目标业已基本实现；另一方面，诸如贫富差距过大、社会利益分化严重等深层矛盾亦日益凸显，人们对美好生活的需求与发展不充分、不平衡之间的矛盾依然十分突出。面对全面建成小康社会决胜阶段复杂的国内外形势及当前经济社会发展新趋势新机遇和新矛盾新挑战，中共十八大及时作出了全面深化改革的重大战略部署，而党的十八届三中全会通过的《中共中央关于全面深化改革若干重大问题的决定》则明确了全面深化改革的指导思想、总目标及各项重大举措。决定将推进国家治理体系和治理能力现代化确定为改革的总目标，并将促进社会公平正义、增进人民福祉视为一切改革举措的出发点和落脚点。在实现国家治理现代化的诸项重大改革举措中，决定将财政定位为"国家治理的基础和重要支柱"❶。与此同时，以习近平同志为核心的领导集体又特别强调法治在实现国家治理现代化中的重要作用，提出"要用法治精神来建设现代经济、现代社会、现代政府"❷，并在决定中明确要"坚持法治国家、法治政府、法治社会一体建

---

❶　参见《中共中央关于全面深化改革若干重大问题的决定》（2013年11月12日中国共产党中央委员会第三次会议通过）。

❷　此语出自国务院总理李克强2013年3月17日答中外记者提问时的回答。参见《人民日报》2013年3月18日。

设"❶。党的十八届四中全会提出全面推进依法治国，总目标是建设中国特色社会主义法治体系，建设社会主义法治国家。党的十九大更是把"法治国家、法治政府、法治社会基本建成"确立为到2035年基本实现社会主义现代化的重要目标，开启了新时代全面依法治国的新征程。财政的特殊地位及法治化的改革路径，决定了财税法治在现代国家治理中的历史担当。历史经验亦已表明，财税变革往往会成为一个国家经济发展和社会进步的先声与推手。与此同时，"相较于其他改革路径，财税法治是我国民主法治进程中共识最大、阻力最小、最容易操作的优选路径"❷。故而，对于如何在法治化的路径上实现中国财税制度的现代化便成为一个极具时代意义的研究课题。

对于财税法治的研究可以从多学科、多角度展开，目前已有的研究成果亦可谓数量可观。本书拟从习近平新时代发展理念以及发展权保障的视角探研当代中国财税法治化的路径问题。党的十八届三中全会决定将坚持以人为本、促进人的全面发展的科学发展观作为全面深化改革的重要指导思想，以此为基础，习近平总书记在党的十八届五中全会上提出了创新、协调、绿色、开放、共享的发展理念。新发展理念符合我国国情，顺应时代要求，对破解发展难题、增强发展动力、厚植发展优势具有重大指导意义。习近平新时代发展观与科学发展观一脉相承，它立足于人民，以人民的需要为出发点，强调人民的主体地位，并把实现人们自由而全面的发展作为最终的价值旨归。而由法学尤其是人权法学的视野来看，新时代发展观与作为基本人权的发展权的精神旨趣具有内在一致性。推进法治中国建设是全面深化改革的题中应有之义，亦是实现科学发展、全面发展、保障发展权的基本手段。基于财政的特殊地位，以公平正义尤其是分配正义为核心价值的财政法❸，由

---

❶ 参见《中共中央关于全面深化改革若干重大问题的决定》（2013年11月12日中国共产党中央委员会第三次会议通过）。

❷ 刘剑文、侯卓：《财税法在国家治理现代化中的担当》，载《法学》2014年第2期。

❸ 有学者指出，财税法从价值、功能到结构都与分配正义的内涵相契合，而分配正义的内涵在我国当前又主要体现为对公平的重视。参见刘剑文：《收入分配改革与财税法制创新》，载《中国法学》2011年第5期。此外，本章所言之财政为包括税收在内的广义财政，故"财政法"与"财税法"在本章中是同一个概念。

于其关涉政府与国民、私人财产与公共财产,自由与福利,处处关乎人权保障,从而在中国当前的法治建设中起着排头兵、突破口的作用。由此,新时代全面发展观、发展权、公平正义、财政、法治成为五个密切相关的概念,而由新时代发展观、发展权的视角来剖析当代中国财税法治化的路径选择问题则显得尤为必要而且可能。在本书看来,中国财税法治化的路径选择问题其实就是如何在财税法治建设中贯彻新时代发展观、保障国民发展权以实现公平正义的问题。一方面,当前我国财税法治化的水平相对较低,对发展权的保障力度有限,未能完全达到新时代全面发展观的要求;另一方面,习近平新时代发展观又为我国财税法治建设提供了指导思想,也为财税法治化的实现指明了路径。

基于上述思考,本书主张:基于落实新时代全面发展观及切实保障国民发展权以实现公共正义的需要,当以建设法治化的"民生财政"作为当前中国财税法治化的突破点和路径选择。民生财政契合我国国情,为新时代全面发展观指导下的我国财税法治化的阶段性目标,它处处体现"以人为本"及对国民发展权的关切与保障,契合建设公平正义社会的时代精神,且具备公共财政的基本特征。在建设"民生财政"的过程中,伴随着政治、经济、文化等诸项事业的科学发展,我国未来将会渐次实现与社会主义法治国家相配套的法治财政与公共财政。

一、民生财政体现了"以人为本"与公平正义的时代精神

(一) 民生财政顺应我国发展理念的转变而出现

自第二次世界大战以来,国际社会的发展观经历了一个从单纯追求经济增长到认同可持续发展的转变过程。早期发展观将发展等同于经济增长,但与各国经济增长相伴而来的诸如分配不公、社会腐败及严重的环境、生态问题促使人们逐渐认识到,经济单向度的增长不是真正的发展。在此背景下,1980 年 3 月联合国大会第一次使用了可持续发展的概念。联

合国世界环境与发展委员会发表的名为《我们共同的未来》的研究报告称:"可持续发展是既满足当代的需求,又不对后代满足需求能力构成危害的发展。"显然,可持续发展不同于以往发展观,它强调经济发展与环境保护、资源开发、社会发展等合理、有机地统一。❶ 1992 年联合国环境与发展大会上通过的《里约环境与发展宣言》和《21 世纪议程》标志着可持续发展的观念在世界范围内得到普遍认同。科学发展观正是在可持续发展理念的基础上结合我国经济、社会发展的实际情况而提出的。中国 40 多年的改革开放主要是围绕经济发展而展开的,与世界上许多单纯追求经济发展的国家一样,我国在经济和社会发展中积累的一系列矛盾近些年来也得以充分暴露:经济增长方式粗放,发展面临资源、环境和技术瓶颈制约;经济社会发展不平衡,城乡差距、地区差距和居民收入分配差距扩大;社会保障制度相对滞后,社会存在一定的不稳定因素。正是为了解决这些发展中的新问题,中共十六届三中全会提出了科学发展观,中共十八大则明确将科学发展观确立为党和国家必须长期坚持的指导思想。科学发展观是一个阶段以来指导我国发展的根本观点和根本方法,其核心价值在于"以人为本","以人为本,就是要把人民利益作为一切工作的出发点与落脚点,不断满足人们的多方面的需求和促进人的全面发展"。❷ 随着中国经济发展步入新常态,为了更好地认识新常态、适应新常态、引领新常态,党的十八届五中全会提出了创新发展、协调发展、绿色发展、开放发展、共享发展的全新发展理念。之后,习近平总书记于 2018 年 6 月召开的上合青岛峰会的讲话中,首次将五大发展理念提高到了五大发展观的高度。五大发展理念坚持以人为本,进一步回答了中国共产党领导全国人民实现什么样的发展,怎么发展以及发展依靠谁、发展为了谁等核心问题。五大发展理念相互联系、相互促进,构成一个有机统一的整体,犹如一个车轮;只有五个方面齐头并进、协调统一,我国的经济社会才会持续健康

---

❶ 罗艳华、谢飞:《环境保护的人权意义——兼论国际斗争中环境与人权问题的共同特点》,载《国际政治研究》1999 年第 2 期。
❷ 温家宝:《提高认识 统一思想 牢固树立和认真落实科学发展观——在省部级主要领导干部"树立和落实科学发展观"专题研究班结业式上的讲话》,载《人民日报》2004 年 3 月 1 日 A01 版。

地向前发展。也犹如车轮总是绕中轴旋转一样，五大发展是为了人而进行的发展，五大发展理念来自和终归于人。以人为本是科学发展观的核心，以人为本仍然是五大发展理念的中枢和核心。以人为本，就是要不断满足人民群众日益增长的物质文化需要，切实保障人民群众的经济、政治、文化权益，让发展成果惠及全体人民。科学全面发展，就是"要在继续推动发展的基础上，着力解决好发展不平衡不充分问题，大力提升发展质量和效益，更好满足人民在经济、政治、文化、社会、生态等方面日益增长的需要，更好推动人的全面发展、社会全面进步。"❶

新时代全面发展观就其法律意义而言表现为一种人本法律观。由法学尤其是人权法学的角度来看，"以人为本"体现为一种以人的价值、人格尊严和基本人权的实现为内核的基本精神，其核心在于尊重和保障人权，"以人为本"实质即"以人权为本"❷。人权构成了人本法律观的终极价值，❸其中人的自由全面发展的权利则是重中之重。"人本法律观最本质的特征在于以每个人的自由而全面地发展为本"，如果由人权的角度去看，就是以自由全面的发展权为终极的关怀，故而"在一定意义上，发展权是人本法律观的最高价值"。❹由此，新时代全面发展观又体现出对发展权这一国际上最新人权理念的认同。

"发展权"的概念从提出到逐渐为国际社会广泛认同有一个复杂的过程。它最初是由发展中国家在争取发展机会的过程中提出的，主要是国际上的权利问题，表现为一种单项的权利主张。后来该概念的外延逐步扩大。现代国际社会主流观点所认同的发展权已经不限于国家对于发展的要求，还包括个人及团体对于发展的要求，它也不再是一个单项的权利，而

---

❶ 摘自 2017 年 10 月 18 日习近平代表第十八届中央委员会向中国共产党第十九次全国代表大会所作的报告。

❷ 李龙：《和谐社会中的重大法律问题研究》，中国社会科学出版社 2008 年版，第 21 页。

❸ 2003 年党的十六届三中全会提出科学发展观，之后不久的第十届全国人大二次会议通过了宪法修正案，首次将"人权"由一个政治概念上升为法律概念，"国家尊重和保障人权"被庄严地写入宪法。这并非两个孤立的事件，其间的通约与契合之处在于，科学发展观核心价值的"以人为本"的法律意义就是尊重和保障人权。

❹ 汪习根：《论人本法律观的科学含义——发展权层面的反思》，载《政治与法律》2007 年第 3 期。

表现为一个权利群。❶ 概言之，现代发展权的主体是多元的，它包含着国家、地区、个人；其权利范围也是多元的，包含经济、政治、文化、社会等不同领域；其保障主体也是多元的，包含国家、国际组织和非国家行为者。❷ 显然，作为第三代人权❸的发展权并非简单的对传统人权的替代，而是对传统人权理念的一种推进与发展。它事实上必然包含以往人权体系中所承认和维护的权利，但它又为我们重新理解权利体系提供了一个重要的维度。如果说早期的发展权是基于国际关系的考量，它所希求的是一种公正、共进的国际社会的话，现代发展权考量的前提是人的发展。这正如《发展权利宣言》所记载的，它旨在实现"人的全面发展和各国人民的经济及进步和发展"。也即，从发展权这一人权概念的角度而言，发展的目的不仅是物质财富的积累，更是人的自由、幸福及社会和谐，这种以人为本，从社会和谐的角度看待发展的观点，显然是对于传统权利体系的一种超越。

民生财政正是上述发展观及人本法律观在财政领域的直接体现。就政府正式文件而言，"民生财政"概念最早出现于 2008 年 3 月国务院提交全国人民代表大会审议的《关于 2007 年中央和地方预算执行情况与 2008 年中央和地方预算草案的报告》中。究其初衷，该报告提出这一概念旨在明确今后政府要以人为本，将改进民生、提高人民福利水平作为自己长期的执政理念。之后，"民生财政"一词逐渐高频率地出现在各种政府文件及学术文献中。保障和改善民生，增加民生支出，被各界普遍视为贯彻落实科学发展的具体体现，实行民生财政亦被视为党和政府加强弱势群体人权保障、实现公平正义和社会和谐发展的基本举措。正是基于这种以人为本

---

❶ 肖巍、钱箭星：《人权与发展》，载《复旦学报》2004 年第 3 期。

❷ 何志鹏：《权利基本理论：反思与构建》，北京大学出版社 2012 年版，第 179 页。

❸ 三代人权的观点由法国学者瓦萨克（Karel Vasak）提出，分别与法国大革命的口号相对应：第一代人权对应"自由"，一般认为属于"消极权利"，主张政府不过多干预；第二代人权对应"平等"，一般认为属于"积极权力"，多数要求政府采取措施才能实现；第三代人权对应"博爱"，属于"团结权"，主要由集体享有，个人也可以主张。三代人权并非一代产生另一代的关系，也不意味着一代消失另一代才兴起，而只表示出现的时间先后。See Encyclopedia Britannica, 15th ed., Encyclopedia, inc., 2010, Vol. 20, pp. 658-659.

的执政理念，我国《国民经济和社会发展十二五规划纲要》明确提出要坚持民生优先、推进基本公共服务均等化并努力使发展成果惠及全体人民的发展目标，而这一发展目标在党的十八届三中全会的决定中得到进一步明确和更权威的阐述。中国特色社会主义建设进入新时代以来，在全面发展观的视野下，民生的重要性进一步凸显。党的十九大报告明确提出要"坚持在发展中保障和改善民生。增进民生福祉是发展的根本目的。必须多谋民生之利、多解民生之忧，在发展中补齐民生短板、促进社会公平正义，在幼有所育、学有所教、劳有所得、病有所医、老有所养、住有所居、弱有所扶上不断取得新进展，深入开展脱贫攻坚，保证全体人民在共建共享发展中有更多获得感，不断促进人的全面发展、全体人民共同富裕。建设平安中国，加强和创新社会治理，维护社会和谐稳定，确保国家长治久安、人民安居乐业。"2020年10月党的十九届五中全会通过的《中共中央关于制定国民经济和社会发展第十四个五年规划和二〇三五年远景目标的建议》将"十四五"民生发展目标定位为"民生福祉达到新水平。实现更加充分更高质量就业，居民收入增长和经济增长基本同步，分配结构明显改善，基本公共服务均等化水平明显提高，全民受教育程度不断提升，多层次社会保障体系更加健全，卫生健康体系更加完善，脱贫攻坚成果巩固拓展，乡村振兴战略全面推进。"该建议还用近2300字的篇幅通过提高收入水平、强化就业优先政策、建设高质量教育体系、健全多层次社会保障体系、全面推进健康中国建设、实施积极应对人口老龄化国家战略等多方面详细阐述了"十四五"期间扎实推动共同富裕，不断增强人民群众获得感、幸福感、安全感，促进人的全面发展和社会全面进步的具体路径。

（二）民生财政具备公共财政的基本特征

民生财政不仅是一种先进的执政理念，还是一种顺应时代要求的财税法治理念。从法学视角来看，民生财政是我国构建公共财政模式、实现财税法治化的一个阶段性目标，它以扩大民生支出为基本表现，蕴含着新时代全面发展观"以人为本"的核心理念；与此同时，它又以民主、法治为基本价值追求，体现为对国民发展权的全面肯定与保障。

　　学界有关民生财政的代表性观点大体有三：第一种观点认为，民生财政就是指在整个财政支出中，用于教育、卫生、社保和就业、环保等民生方面的支出占到相当高的比例，甚至处于主导地位。第二种观点认为，民生财政应当是在促进经济增长基础上的国民消费水平的提高，防范消费差距过大，推进基本消费平等化，增加社会幸福指数的财政。不论用什么概念或提法来表达，只要是始终关注社会终极目标，那就是民生财政。第三种观点认为，民生财政与建设财政相对应，是我国一定阶段特有的财政运作方式，它以公共财政为制度基础，本质就是公共财政。❶

　　笔者认为，第一种观点描述了民生财政的表象，第二、第三种观点从不同侧面体现了民生财政的本质。之所以做此判断，是因为我国财税法治化建设的长期目标是明确的，即建设中国特色的公共财政。❷ 对于公共财政，学界基本认同的观点为：在市场经济环境中，公共需求无法通过市场机制来满足，这便需要政府提供公共产品，而政府履行这一职责的工具就是财政。这种由政府以非市场方式提供的公共产品旨在实现国民人权的基本保障，从而体现出对所有主体的公平供给，再加之政府实现公共利益是以民主代议制度为基本前提的，因此这种财政活动具有明显的公共性，故而称为公共财政。显然，"公共性是公共财政最根本的首要特征"❸。从经济学的角度来看，公共财政是一种国家（政府）为市场提供公共服务的分配活动，是与市场经济相适应的一种财政模式。从法学的角度来看，公共财政体现为一种建立在民主法治基础之上的财政模式，"民主性是公共财政的逻辑起点，法治性是其形式要求，公共性是其终极价值"。❹ 故而，笔者认为公共财政与民主财政、法治财政是同一层次的概念，因为公共财政"既是民主化的财政，体现为财政民主原则，又是法治化的财政，体现财

---

❶　寇明风：《民生财政的内涵与体系构建：一个文献综述》，载《地方财政研究》2011 年第8 期。

❷　高培勇：《中国财税改革 30 年：从放权让利到公共财政》，载《光明日报》2008 年 11 月12 日。

❸　华国庆：《试论民生支出优先的财政法保障》，载《法学论坛》2013 年第 5 期。

❹　邓建宏、易谨：《宪政视角下的公共财政的法律特征》，载《时代法学》2009 年第 3 期。

政法治原则"，● 它体现了我国财税法治化的长期目标追求。基于法治建设渐进性规律及我国现实国情，建立在民主法治基础上的公共财政不可能在短期内实现，我们必须确定一个财税法治化的阶段性目标，这一目标既要紧密围绕解决我国科学发展中所面临的重大现实问题而构建，又要体现出公共财政所具有的公共性、民主法、法治性。在笔者看来，民生财政最为契合这种需要。总之，民生财政是我国构建公共财政模式、实现财税法治化的一个阶段性目标，它以扩大民生支出为基本表现，充分体现了新时代全面发展观"以人为本"的基本理念；与此同时，它又以民主、法治为基本价值追求，体现为对国民发展权的全面肯定与保障。

（三）民生财政是"以人为本"与公平正义的题中应有之义

相对于公共财政这一财税法治化的长期目标，民生财政进一步凸显了"以人为本"的价值取向。民生财政是"以人为本"与公平正义的题中应有之义，是新时代全面发展观在财政领域的必然体现。由民生财政的角度来看，新时代全面发展观的"以人为本"之"本"就是指民生，是人的自身发展，是人的发展权的实现。一方面，从民生支出的内容来看，无论是教育、卫生还是就业、社保等，项项关乎人力资本价值，体现了"发展依靠人"的价值理念；同时这些民生支出的具体内容全部都是与国民切实利益最密切的领域，这又从根本上体现了"发展为了人"的价值理念。另一方面，从法学的角度来看，围绕教育、卫生、社保、就业加大投入的根本目的在于保障和实现以发展权为核心的公民权利，因为各项民生支出无不关乎公民生存权、健康权、教育权、劳动权等基本权利的实现，皆是为了提高公民的生存、发展质量。总之，不同于一般意义上的公共财政模式，这种"以人为本"的民生财政将更加关注与实现国民发展权直接相关的事项，更强调政府通过对国民收入分配与再分配的手段来保障国民公平享受社会经济发展所带来的利益。

当然，我们称民生财政体现了新时代全面发展观"以人为本"的价值

● 刘剑文：《走向财税法治》，法律出版社 2008 年版，第 40 页。

理念，绝不仅仅由于财政支出结构的变化，"其深层原因在于建立以社会公平、发展正义作为最重要价值目标的财政运行机制，推动政府以注重经济建设为中心转向'以人为本与科学发展'，将人自身的发展重新置于价值目标的首位。"❶ 故而，民生财政是一种具有以人为本特定价值取向的公共财政，它既是社会转型特殊历史阶段的产物，亦包含恒久性、普世性的价值诉求。总之，较之于公共财政这一我国财税法治建设的长期目标，这种"以人为本"的民生财政更加关注财政的分配过程中与实现国民生存权、发展权直接相关的事项，更强调政府或财政通过对国民收入分配与再分配的手段来保障国民公平享受社会经济发展所带来的利益。以此为标准，近年来我国对教育、医疗等方面支出的大幅增长，皆可视为对原来我国财政民生"缺位"的一种弥补，不能由此就简单判断我国已进入"民生财政"的时代。"以人为本"、充分关注公民发展权的民生财政需要一个长期的过程来完成，它需要民主政治与健全的财政法律体系作为依托，更需要财政理念的根本转变。真正的民生财政是要把出发点和落脚点都放到关注人的生存和发展上来，实现从"物本财政"到"人本财政"的转变。故而，民生财政意味着我国财政模式的一种根本转变，这种转变"是从理念到决策、从目标到手段、从制度到管理的全面转变，只有转变到位了，才能算是搞'民生财政'。否则，无论支出结构怎么调整，哪怕所谓的'民生支出'比例达到100%，也不是民生财政"❷。

二、财税法治是促进科学全面发展、实现国民发展权的重要保障

综合前文所论，新时代全面发展观与财政及法治建设的关系至为密切。一方面，新时代全面发展观体现为一种人本法律观，而这种人本法律观的最高价值在于通过财政等手段来保障国民发展权的实现；另一方面，

---

❶ 陈治：《构建民生财政的法律思考》，载《上海财经大学学报》2011年第2期。
❷ 刘尚希：《民生财政的误区》，载《地方财政研究》2011年第8期。

法治尤其是财税法治又是落实新时代全面发展观、切实保障国民发展权的最重要的手段和工具。

（一）法治是实现全面发展及保障发展权的必然选择

就一般意义而言，人权就是人的权利，只是在道德意义上"人权"的提法比"权利"更具有正当性。人权及权利又与利益相连，利益是权利的对象，任何权利都会指向某种或某些利益，所谓"权利存在于权利拥有者的利益足以使他人负有义务的地方"。[1] 学界一般把利益释为好处、需要、资源等，但很少关注到利益是一个相对的概念及发展的概念。一方面，同一资源对不同主体可能会表现为不同的利益状态，因为人的需求是多元的；另一方面，利益又在不同时期呈现出不同的样态，它与不同发展阶段社会可供资源的总量密切相关。[2] 发展权这一概念正是基于对人的利益的多元性及利益的发展性的关注而提出来的，其核心意义在于保障人们公平地享受社会经济发展所带来的利益，体现为"社会可供资源与人的需求的契合"。[3] 从主体的角度看，发展权是个人权利与集体权利的综合，但首先必须是个人的权利。[4] 由于需求不同，个人基本人权可分为生命权、健康权、安全权和发展权，其中发展权又包含有生存权。[5] 由此，发展权不再是一个抽象的概念，而是一个切实的利益平衡的概念：让每个人而不只是特定的人从经济与社会发展中受益，让每个人都能够享受其权利而避免被

---

[1]　[英] 约瑟夫·拉兹：《自由的道德》，孙小春等译，吉林人民出版社2006年版，第185页。

[2]　随着人类社会的发展，社会可供资源总量呈逐渐增多之势，具体表现为自然界的威胁在人类的认识与力量面前降低，人类的物质财富不断增加，人类的道德禁忌逐渐减少，社会的民主程度不断提升等。

[3]　何志鹏：《权利基本理论：反思与构建》，北京大学出版社2012年版，第180页。

[4]　所有的权利，归根结底都是为个人服务的，所以发展权首先也必须是个人的权利。心理学上的发展心理学也主要是针对个人的成长而进行研究的，所以发展问题本质上是个人问题。

[5]　生存是人类首要的人权，"人们首先必须吃、喝、住、穿，然后才能从事政治、科学、艺术、宗教等"。生存权又与发展权密切相关，发展权以生存权为基础，而生存权又只能在社会经济的发展中得以更好地实现。故而，人要想生存就必须发展，从发展求生存，这是社会发展史所证明的一条客观规律。"发展权为国家、民族和人民获得生存权的发展提供了经济、政治、文化条件的保障，因此，发展权是一项不可剥夺的基本人权。"参见何志鹏：《权利基本理论：反思与构建》，北京大学出版社2012年版，第188页。

边缘化和遭社会排斥。

当我们将落实新时代全面发展观解读为发展权的保障及实现社会经济利益在不同主体间的分配与平衡时，法律及法治在新时代全面发展中的特殊作用就进一步凸显出来，因为法治是现代社会最理想的利益平衡机制。法凝聚着诸如公平、正义、自由、秩序等这些人类最高价值的信念，同时又是实现这些价值的最佳途径。在工具层面而言，法是社会资源配置的最有力的方法，因为法律本身就是在各种利益、价值观相互权衡、协调的过程中制定出来的，从某种意义上讲，法本身就是各方实现利益最大化的均衡点。不止于此，作为一种积极的、能动的，有确认、保护、促进和调整功能的规范，法又是保障各方利益实现、维持社会利益均衡的一种最有力的工具。法律通过明确各类法律主体的权力、权利及义务、职责等形成一系列利益分配制度，这些分配制度发生功用的结果便会形成社会一定时期的利益分配结构。不同利益主体在分配结构中的位置便直接体现为他们的发展权实现的状况。相较于其他法律门类，以分配正义为核心价值的财政法以其特殊的分配功能在保障公民发展权方面起着特殊的作用。

（二）财税法治对发展权的特殊保障功用

尽管发展权是个多元的概念，但正如前文所述，每个公民公平享受社会经济发展所带来的利益是其最核心的内容。我国目前在发展权保障方面所面临的最大问题正在于社会经济利益分配结构的极度不合理。这种不合理具体表现为城乡差别、区域差别、行业差别等，而其中最为引人注目的是个人收入分配的巨大差别。[1] 事实上，所谓城乡、区域、行业差别也无非巨大的个人收入差异在空间、行业方面的体现。此外，由个人收入角度剖析国民发展权现状还需要关注政府财政收入占社会总财富的比重，因为这一比重的大小也会直接影响国民个人的收入。总之，关注国民财富的分配结构是认识我国发展权现状的一个重要的视角，其中个人收入分配居于

---

[1] 国家统计局公布的 2016 年、2017 年基尼系数分别为 0.4650、0.4670，高于 0.4 的国际警戒线。

核心地位，而"个人收入的公平分配核心目标是减少不合理的差异，缩小分配上的不合理差距，尊重和保护生存权、发展权等基本人权"。❶ 由此，解决个人收入的畸形差异性分配就成为我国以法治手段保障公民发展权、生存权的核心内容之一。在这方面，财政法具有特殊的功用。

分配收入是财政的最初的也是最基本的功能，而现代社会财政关系总是以财政法律关系的形式存在，财政职能的实现过程与财政法实施过程的很多方面会出现重合，因此财政法的功能与财政税收的职能紧密相连。❷财政法通过授权、控权以及民主监督等方式来实现国民收入在国家、企业和居民之间的分配，并同时保障这种分配在过程中的秩序性、公正性及结果上的有效性、公平性。之所以称财政法在保障公民发展权方面具有特别的功用，主要是因为，较之于其他部门法，财政法的分配功能更能体现公平与正义，更能体现对发展权的保护。如前文所述，发展权从本质上讲就是个利益分配问题，不同利益主体发展权实现状况可由其在分配结构中的位置体现出来。我国《宪法》第6条专门规定了我国基本的分配原则和分配制度，即"实行各尽所能、按劳分配的原则""坚持按劳分配为主体，多种分配方式并存的分配制度"。依据宪法，我国在初次分配领域形成了"按劳分配与按要素分配相结合"的分配结构。从法学的角度来看，这一分配结构体现了对各方主体相关权利的确认，亦体现了对各方利益的确认与保障。按劳分配体现的是对劳动力产权的确认，亦是对劳动者所获收益（如工薪等）的确认与保障。同样，按要素分配体现了对股权、债权、知识产权等的确认，亦是对股东、债权人、知识产权权利人相关收益（如股息、利息、特许权使用费等）的确认与保障。宪法从原则上确定了我国国民收入初次分配领域的基本利益格局，而《劳动法》《知识产权法》《公司法》等则是在宪法基础上对相关主体上述权益进一步的明确与保障。但

---

❶ 张守文：《差异性分配及其财税法规制》，载《税务研究》2011年第2期。

❷ 刘剑文教授将财政法的功能概括为：其一，收入分配功能，即通过财税手段介入国民收入分配过程，在国家、企业和居民之间进行分配，在这过程中也实现组织国家财政收入的职能；其二，保障分配秩序功能，即通过财政法定的形式来确保国民收入分配过程的公正性和分配结果的公平性。参见刘剑文：《收入分配改革与财税法制创新》，载《中国法学》2011年第5期。

显然，由上述系列法律所形成的初次分配着重关注的是各类要素在市场上的贡献，更加强调效率，相对忽视了公平，无法实现对社会弱势群体发展权的有效保障。而事实上，"恰恰是对'按要素分配'的强调，以及资本等要素拥有者获取收入能力的提高，导致了分配差异，扩大了分配差距，加剧了分配不公"。[1] 为此，必须通过国家主导的二次分配来实现对发展权的保护，其中财政法则成为国家最需要依凭的工具与手段。[2] 作为最典型的"分配法"，财政法"主要解决国家参与国民收入分配和再分配的相关问题，以及公共经济中的资源分配和社会财富分配问题，波及甚广，与各类主体均有关联"。[3] 事实上，财政法的分配功能及对国民发展权的保障功能同时体现在初次分配及二次分配领域：一方面，财政法可以通过税制调整、财政补贴等对参与初次分配的各类要素施加影响从而达到国民财富初次分配趋于公平的目的；另一方面，依凭财政收支划分、预算、转移支付等手段，财政法在再分配环节更是表现出强大的平衡功能，从而对解决分配差距过大、分配结构失衡等问题起着其他法律部门无法替代的作用。正是基于财政法在分配方面尤其是国民财富再分配方面所具有的强大功能，各国拟对分配结构进行调整时都普遍重视财政法，并将财政法作为主要的、直接的调整手段。

总之，财税法作为分配法，其重要职能就是通过提供分配方面的制度安排，规制国家与企业、个人以及其他主体之间以及市场主体相互之间的财富分配活动，实现对不同区域、行业、阶层的国民享受社会经济发展成果利益的公平保障，而这正是保障公民发展权的基本目标。

三、民生财政是我国财税法治化的阶段性目标

综前所述，财政法以其特殊的分配功能对发展权的保障起着特殊的作

---

[1]　张守文：《分配结构的财税法调整》，载《中国法学》2011年第5期。
[2]　《国民经济和社会发展十二五规划纲要》专门规定要"加快健全以税收、社会保障、转移支付"为主要手段的再分配调节机制，据此，再分配所涉及的主要法律制度为财税法和社会保障法。
[3]　张守文：《分配结构的财税法调整》，载《中国法学》2011年第5期。

用。但应当承认的是，总体而言我国财税法治现状并不理想。事实上，我国国民发展权保障的不足很大程度上正是由于我国财税法治化进程的相对滞后。❶ 故而，加快推进财税法治化建设是落实新时代全面发展观的一项重要工作，也是有效保护国民发展权、建设法治国家的必然选择。受制于社会发展水平、文化水平及政治传统，法治国家的实现必然体现为一个渐进的过程，❷ 为此财税法治化就有一个路径选择及阶段性目标的问题。综前所论，将以"以人为本"为基本价值取向并以实现社会弱势群体发展权为宗旨的"民生财政"作为我国财税法治化的阶段性目标是一种理性的抉择。

（一）民生财政符合中国经济与社会发展的现状

经济学的财政支出的经济发展阶段论认为，在一个国家经过经济高速增长并进入稳定发展阶段的时候，更应当关注民生公共品，而财政也需要顺应这种公共需求变化，体现出民生化倾向。国际经验亦证明，以民生支出为重点的财政支出结构也只有在市场经济发展到一定阶段后才得以出现。❸ 如果说市场经济下存在的是公共财政，那么民生财政则是特别发展阶段的公共财政。近年来，民生财政在我国成为一个热点问题，这是完全符合市场经济向较高阶段发展所具有的一般规律的。经过 40 多年的改革开放及社会发展，我国正处于这样的一个阶段：其一，经济增长进入一个新的阶段。近年来，我国经济持续高速增长，人均 GDP 于 2019 年突破了 10,000 美元，❹ 稳居世界上中等收入国家行列。其二，利益分割出现阶段

---

❶ 例如，目前国家财政收入占 GDP 的比例相对较高，这本身就是财政法的问题，它直接与我国复合税制下的重复征税问题有关。又如，在个人分配领域的基尼系数过高，很大程度上也是因为在初次分配阶段财税法的作用相对较弱。例如，我国个人所得税法律制度存在一些漏洞，特别是对资本市场等资金集聚较快的领域，税收的调节作用往往过于轻微，都带来了相关的问题。此外，我国收入分配地区性差距往往体现为财政法上的转移支付制度的不足等。

❷ 郝铁川：《中国依法治国的渐进性》，载《法学研究》2003 年第 6 期。

❸ 郝硕博、李上炸：《对民生财政的思考》，载《山东经济》2009 年第 6 期。

❹ 国家统计局 2020 年 2 月 28 日发布公报，2019 年全年国内生产总值 990,865 亿元，比上年增长 6.1%。人均国内生产总值 70,892 元，按年平均汇率折算达到 10,276 美元，首次突破 1 万美元大关。

性变化。正如前文所述，当前我国财富分配结构已经严重失衡，而民生支出的显著特征就在于发挥财政法强大的再分配功能，有效地保障国民发展权，实现共享、公平、和谐的目标。其三，除 2020 年受世界经济形势走弱尤其是疫情因素影响外，多年来政府财政收入持续走高，已经具备财政支出向民生领域倾斜的条件。❶ 此外，将现阶段财税法治化的目标定为民生财政还有对我国特殊发展背景的考虑。一方面，我国市场经济是在政府主导下由计划经济渐进转轨而形成的。计划经济体制下国家对民生"欠账"很多，加之市场化背景下衍生出新的与民生有关的矛盾，都是我国目前迫切需要解决的问题。另一方面，长期城乡二元分割的发展格局也使得建设民生财政特别吻合时下中国"语境"。在民生支出长期向城市倾斜、农民发展权保障力度不足的背景下，"统筹城乡发展的财政三农支出是我国最重要且独具特色的民生支出，统筹城乡教育、医疗、社保等公共产品的均衡配置以实现城乡基本公共服务均等化则是我国民生财政的最重要内容"❷。

（二）民生财政与当今中国民主发展水平相适应

民主是现代财政的本质要求。现代财政是一种公共权力主导下的，旨在满足公共需要、实现公共利益的分配活动，而社会公共利益主要是由民选政府通过财政手段向社会提供公共产品的方式来实现的。受制于公共产品界定及种类选择的主观性、转轨时期我国政府职能范围的相对模糊性、资金投入的有限和受益主体的不确定性等因素，需要通过一定的政治程序和公共运行机制来决定财政支出的方向，而民主机制便是最佳选择。只有实行财政民主，保障国民对民生财政事务的参与权，才能防止财政活动方向偏离公共利益。

改革开放 40 多年以来，随着我国市场经济的不断完善及民主法制建设的深入发展，人们的思维方式、价值观念都发生了深刻的转变。当今中国

---

❶　2019 年，全国一般公共预算收入 190,382 亿元，同比增长 3.8%；全国政府性基金预算收入 84,516 亿元，同比增长 12%。

❷　魏立萍、刘晔：《民生财政：公共财政的实践深化》，载《财政研究》2008 年第 12 期。

民众的民主意识日渐增强，人们开始更多地从自身利益出发由纳税人的角度来审视国家财政问题，他们正以较为积极的态度，通过网络等各种平台参与到财政决策尤其是财政监督中来。与民众强烈的权利诉求形成鲜明对比的是，我国的财政民主制度建设总体而言相对落后。❶"民生深处是民权，民权深处是民主"❷，现实中存在的诸多热点民生问题一方面固然与政府财力不足有关，但究其深层原因，又往往与民权缺乏有力的保障不无关系。某些地方政府热衷于大搞形象或政绩工程，却无视民生疾苦，严重者甚至会为了小集团私利去牺牲民生利益，究其根本无不源于民权的保障无力。故而，要真正实现民生财政，必须保障民权，欲保障民权，唯民主一途。总之，落实国民在财政方面的知情权、表达权、参与权和监督权当是建设民生财政的题中应有之义。

我们认为，建设民主化的民生财政应当着力从如下两个方面入手：一方面，切实健全民众的利益表达机制。一个国家的民生利益需要是多元的，政府要建设民生财政必须全面获悉民生，而要全面获悉民生就必须建立充分反映民意的利益表达机制。现阶段要突出大众媒体在公众利益表达中的作用，以使民生财政真正成为民众参与的财政。此外，还要重点关注弱势群体的利益诉求，健全弱势群体利益表达的渠道。另一方面，要完善财政的民主决策和监督机制。在切实落实人民代表大会对财政预算的控制和监督的同时，要加强预算制度的创新，积极推进参与式预算，让公民及其他组织有机会对地方政府的预算过程实现理性参与，促进地方政府公共预算与公共决策的理性化，保障民生财政能真正落到实处。此外，为实现对政府财政事务的参与与监督，还要充分利用审计监督、社会监督、政协监督等多种监督形式，充分发挥这些监督手段的作用。

---

❶ 2013 年 7 月 5 日清华大学发布《2013 年中国市级政府财政透明度报告》，按照全口径政府财政透明度指标体系进行综合评价的结果显示，按百分制计算，全部 289 个市级政府得分平均值仅 17.9 分。这一结果在某种程度上反映了当前我国民众财政知情权的实现程度。

❷ 申长平、赵姝：《民生财政的实践要求》，载《高等财经教育研究》2011 年第 3 期。

（三）民生财政符合现阶段中国法治建设状况

民生财政的实现有赖于一套具有明确权责内容和民主参与机制的法制框架。民生财政不追求财政法治化短期内的全面实现，而是以科学发展观为指导，以保障国民发展权的实现为契机，找准现行财政法制的薄弱环节，积极寻求制度创新。总体而言，现阶段我国民生财政法治化建设所要重点解决的问题有：财富分割不公；财富分配不公；公民参与度不够；激励及约束机制缺乏。所谓财富分割不公，主要体现为国民财富在国家、企业、其他组织及个人之间分配不公，目前最突出的问题是国家与国民之间的分配不公。所谓财富分配不公是指国家财政配置于民生领域及用于解决基本人权保障方面的投入较之于用于大建楼堂馆所、大量公款消费等的投入，明显不公。党的十八大以来，新一届中央领导集体围绕反对形式主义、官僚主义、享乐主义和奢靡之风开展了卓有成效的工作，中央政府也出台了控制"三公"经费和楼堂馆所建设的相关规定，但这些举措及成果都有待于下一步通过立法来巩固和加强。此外，财富分配不公还体现在财政权力在不同层级政府之间配置不公而导致的各地民生投入的不均衡。所谓参与度不够则表现为国民对于民生决策的知情权及参与权缺乏足够的法律保护及切实有效的途径。此外，目前我国财税法治中问责制度相对缺乏，这就需要着力构建民生财政的绩效及激励、约束制度。

总之，我们将民生财政作为当前我国财税法治化建设的目标，而不是笼统地主张建设完备的公共财政体制是基于这样一个最基本的判断：公共财政建立在完善的市场经济基础之上，它的运行依托于市场经济和民主制度高度发展的社会环境。民生财政则是我国在经济发展取得一定成果却又面临社会利益关系严重失衡、社会弱势群体发展权难以有效保障的特殊历史阶段的选择，是在科学发展观指导下渐次构建公共财政体系、实现社会主义法治国家的阶段性目标。❶

---

❶　有学者在探研中国特色法治之路时也意识到"民生"之于中国法治道路的重要性，从而提出"民生法治"的概念，并认为"建设民生法治，是21世纪中国法治的必由之路"。参见付子堂、常安：《民生法治论》，载《中国法学》2009年第6期。

四、余论

中共十八届三中全会决定要求全面深化改革必须立足于"我国长期处于社会主义初级阶段这个最大实际";明确提出"到二零二零年,在重要领域和关键环节改革上取得决定性成果";指出改革必须"坚持以人为本,尊重人民主体地位",要"促进人的全面发展","以促进社会公平正义、增进人民福祉为出发点和落脚点"。❶ 这些论述体现了决定对国民发展权的肯定,亦指明了民生财政建设应当秉持的指导精神。决定中有关加强社会主义民主政治建设及强化权力制约和监督体系的相关规定,体现了民生财政建设的民主性一面;而诸如健全城乡一体发展机制、建立公平可持续的社会保障制度等规定则凸显了国家财政支出的民生倾向性,而这正是民生财政的题中应有之义。近年来,随着习近平新时代中国特色社会主义理论体系的日渐完善,党中央对于民生财政建设重要性的认识更加深刻。党的十九届四中全会通过的《中共中央关于坚持和完善中国特色社会主义制度推进国家治理体系和治理能力现代化若干重大问题的决定》第八部分用1200多字的篇幅详细阐述了新时代民生建设的目标和方略。该决定提出增进人民福祉、促进人的全面发展是中国共产党立党为公、执政为民的本质要求,并明确提出"必须健全幼有所育、学有所教、劳有所得、病有所医、老有所养、住有所居、弱有所扶等方面国家基本公共服务制度体系,尽力而为,量力而行,注重加强普惠性、基础性、兜底性民生建设,保障群众基本生活。创新公共服务提供方式,鼓励支持社会力量兴办公益事业,满足人民多层次多样化需求,使改革发展成果更多更公平惠及全体人民"的要求。

笔者认为,作为中国公共财政阶段化目标的民生财政政策,其法律制度建设的重点领域为:其一,优化税收法律制度,尤其要完善增值税、个

---

❶ 以上见《中共中央关于全面深化改革若干重大问题的决定》,2013年11月12日中国共产党中央委员会第三次会议通过。

人所得税等税法，有效解决财富分割不公问题。我国税法改革的大的方向应当是实行减税政策，为企业维持和追求利润以及提高劳动报酬提供空间，改善国民分配格局，惠及民生。我国以流转税为主体税种，降低流转税税负会使企业增加收入，而企业增加的收入中相当一部分会转化为个人收入，其余转化为利润和税收。加之个人所得税的费用扣除标准提高到每年60,000元，这种由降低流转税负所带来的收益将大部分向居民倾斜，有利于改善民生。其二，完善预算法、财政收支划分法及财政转移支付法来有效解决财富分配不公问题，同时要明确各级政府的民生事权与民生责任。有必要在《预算法》中明确增设民生支出项目，在明晰民生支出含义的基础上对民生支出的具体范围按一定的标准进行类型化排序，增加"三农"、社会保障、就业、住房等当前及未来一段时期迫切需要解决的民生支出的子项目。在《预算法》中明确规定包括"三公"支出在内的政府行政成本方面支出的限额，以此有效限制政府支出，保障民生支出。实现民生财政的另一制度障碍在于财政收入与民生支出责任在不同层级政府之间的配置不合理，故而，要通过规范的《财政收支划分法》完整设计、细化事权分配关系，形成各级政府财政间的合理负担格局，赋予地方政府必要的财力保障。此外还要通过规范的财政转移支付制度来平衡地区间的财力，因为地区间财政支出的不均衡也是影响公民个人发展权、生存权的一个重要方面。而目前我国现行的转移支付制度还很不完善，缺乏规范性和透明度，急需加强法制化建设。其三，加强参与式预算的构建，保障公民的知情权与参与权。推进参与式预算改革是民生财政民主化建设的重要举措，但目前来看，参与式预算在我国还缺乏配套的立法保障。现行《预算法》《预算法实施条例》等直接规范预算行为的法律、法规均对此规定较为原则抽象。在我国立法中，参与式预算的法律保障大体只能依据宪法的概括性规定，以及《立法法》的相关规定，但都足以保证参与式预算制度的合法性。中国现有包括"泽国模式""新河模式""焦作模式"在内的几种参与式预算模式，基本只是在一系列党委文件的框架指导下运行，在法律与体制上都未能得到足够的支持。而且，既有的参与式预算的正式制度或非正式制度亦非专为民生财政而设计，故而有必要进行针对性的法律制度的建设。其四，构建民生财政的绩效评价及激励制度，完善问责机制，以提升民生财政运作中的效率及规范性。传统的财政法制框架旨在为财政资金分配、运行的规范化提供法律保障，缺乏相应的绩效评价及问责机制，总体上具有重投入轻产出、重过程轻结果的特点。而我们要构建的民生财政的法制框架必须包含绩效评价机制，并根据评价结果对政府财政行为进行激励或约束，否则难以保证新时代全面发展观"以人为本"的基本精神得以有效落实。在这一方面，我国近年来改革力度较大，但仍有较大的提升空间。对此，有学者主张构建四大体系来完善民生财政的问责机制：构建民生财政绩效评价的多元化主体体系；构建民生财政绩效评价指标体系；构建民生财政绩效评价的特殊方法体系；构建民生财政绩效评价的结果运用体系。❶ 最后，还要完善与民生财政相关的法律救济制度，以确保社会弱势群体的生存权、发展权能得到切实保障。

---

❶ 陈治：《构建民生财政的法律思考》，载《上海财经大学学报》2011 年第 2 期。

第六章　我国纳税服务现代化、法治化问题研究

　　税收是国家治理的物质基础，有税收必有征管，有征管必相伴有服务。在现代市场经济国家，纳税服务和税收征管一体两面，共同构成了税收部门的核心业务。纳税服务这一概念最早于20世纪50年代在美国出现，之后不久便为世界各国广泛接受。在现代市场经济背景下，许多国家尤其法治国家普遍建立各项制度，设立专门机构，通过各种渠道为纳税人提供公正、便捷、高效的服务。概言之，纳税服务是指税收征收管理制度发展到一定水平，服务主体（政府方）为满足被服务方（以纳税人为主并包括其他市场主体）履行纳税义务和行使税收权利的需要而形成的一大类行政行为，它构成现代税收管理的基础环节。改革开放以来，随着法治化进程的推进，我国的纳税服务经历了从无到有，再到近些年来快速发展的历程。进入新时代以来，党的十九大提出了"加强和创新社会治理""深化税收制度改革"等要求。提高纳税服务质量、创新纳税服务方式是改善征纳关系、推进纳税服务现代化的重要路径，也是实现税收治理体系现代化的重要组成部分。总之，推进纳税服务现代化符合我国财税体制改革的现实需要，有利于实现税收治理体系现代化，也是推进国家治理体系和治理能力现代化的内在要求。为落实党的十九大报告精神，国家税务总局在全面深化税务系统"放管服"改革的背景下，提出要在2020年基本实现税收现代化的总格局，并建立现代化的纳税服务体系。截至当前，税务主管部门已经自上而下搭建起比较完整的纳税服务组织体系，出台了一系列以《纳税服务工作规范》为代表的工作制度，开发应用了多元化、信息化的

纳税服务工作平台，工作成效良好。

在前述背景下，纳税服务成为近年来国内学术研究的热点领域之一，且取得了一批有广泛影响力的研究成果。但整体来看，既有成果中紧密结合我国当前尤其是未来一段时期社会经济发展进程的研究较少，有关纳税服务的深层内涵及理论体系也尚待进一步深入阐述。此外，从理论服务于实践的视角而言，纳税服务在国家法治建设和社会治理现代化进程中的地位、功能需要进一步明确，相关制度建设尚需进一步系统化、现代化，纳税服务管理亦有待进一步精细化、专业化，服务业务与征管业务的融合度尚待进一步提升，如此等等，这些都有待于学界进行更深入的探讨。

因此，本章以理论探索基础，面向指导实践的需要，拟对如下问题进行深入研究：纳税服务的概念内涵及法理基础；我国纳税服务的现状、不足及实现现代化、法治化的必要性；新时代我国纳税服务的现代化路径；纳税服务法治化的完善思路。

一、纳税服务的基本理论与法理基础

（一）纳税服务的概念

纳税服务的概念于 1990 年在我国最早出现，之后 1993 年税制改革会议时对纳税服务作出了明确要求。1997 年实施税收征管改革工作时将纳税服务当作税收征管的一项重要内容进行了安排布置。2001 年《税收征收管理法》由此将其定位为税务部门的法定职责。

纳税服务概念可以从广义和狭义两个角度进行理解。一般而言，广义的纳税服务的主体不仅限于税务部门，还可能包括立法机构和其他相关主体。概言之，广义的纳税服务是指包括税务部门在内的多元主体依据法律，通过一定的方法和措施为广大纳税人依法履行纳税义务、行使纳税人权利而提供的保障及服务。广义的纳税服务外延较为丰富，其内容除我们熟悉的为纳税人提供的日常性便利性服务外，诸如税收立法、税收管理、法律救济等都包括在内❶。

狭义的纳税服务的主体往往仅指税务部门，简略地讲就是税务部门在税收征管过程中所提供的系列服务活动。具体而言，该概念的内涵可详释为：税务部门为纳税服务的责任主体，税务部门按照法律要求履行这一职责；纳税服务与税收征管活动相依相存，受服务对象主要指各类纳税人，指税务部门按照纳税人的实际需求并依照法律为各类纳税人提供诸如咨询、指导等服务；提供纳税服务的目的是提升纳税人税收遵从度，在确保纳税人依法履行纳税义务的同时，提高其与税务部门合作的方便感与舒适度。

就上述两个角度的概念而言，如前文所述，我国现行税收征收管理法明确了狭义的纳税服务的法律地位。在此基础上，国家税务总局在 2005 年出台纳税服务规范时明确界定了纳税服务概念，它指的是税务机关依据税收法律、行政法规的规定，在税收征收、管理、检查和实施税收法律救济过程中，向纳税人提供的服务事项和措施。❷

本书倾向于由广义的角度分析我国税收服务现代化、法治化问题，但研究的重点聚焦于狭义的税收服务范围，故而文中所使用"纳税服务"的概念更多是在狭义的角度上界定的，但研究内容会涉及诸如涉税服务中介的规范化等问题。

（二）纳税服务的本质属性与特征

税收是国家为了满足社会公共需求，在纳税人代表机关同意的前提之下，凭借其强制力取得一类财政收入，税收的正当性正在于它是国家为纳税人提供多元化公共产品和公共服务的必要成本。作为政府部门为纳税人提供的一项公共产品，纳税服务的本质属性是由税收的本质属性决定的。从某种意义上说，纳税人相当于国家的客户，而包括税务机关在内的政府

---

❶　北京市地方税务局、中国财政发展协同创新中心编：《中外纳税服务比较研究》，中国税务出版社 2016 年版。

❷　详见国家税务总局《关于印发〈纳税服务规范（试行）〉的通知》，国税发〔2005〕165号文。

各部门是公共产品的供应商，由此，优化纳税服务从而为纳税人打造良好的纳税环境，也就成了国家（政府）的法定职责和应尽义务。

基于上述分析，纳税服务相对于政府部门的其他行为以及市场化的服务行为，呈现出如下三个方面的特征：一是无偿性。纳税服务是税务部门的一项基本工作，属于公共服务的范畴，活动展开所产生的成本费用应完全归属于政府支付，属于非市场化行为，纳税人皆可平等地享受纳税服务。二是法定性。纳税服务属于政府的法定职责，是税务部门遵照税法而开展的一项基本工作。纳税服务最为直接的法律依据为税收征收管理法及其实施细则有关保护纳税人合法权益的相关规定。三是全面性。纳税服务涵盖税收管理全过程，既包括税务工作进行前的税务咨询、辅导，又包括税收行政行为开展期间便利办税模式的构建，还包括税款征收完成后为纳税人维护权益提供渠道。

（三）纳税服务的内容

通常认为，纳税服务的基本内容可以分为信息、环境、权益和程序四大类型：信息服务是指纳税人能够从税务部门了解有关税收政策、法律信息；环境服务是指纳税人通过政府提供的便捷的渠道、平台依法履行纳税义务，包括线上办理、自助终端以及办税服务厅等；权益服务指税务部门采取多项措施维护纳税人在税收管理活动中享有的合法权益，诸如申请减免税权、知情权、投诉权、保密权等；程序服务是指税务部门按照法律、法规规定的时间、地点、方式、步骤等为纳税人提供税收减免、征管、登记等服务。

（四）纳税服务的法理基础

如前文所述，税收表现为国家提供公共产品、公共服务以满足公共需求时借助其强制力和合法性取得财政收入，因此，从现代法治意义来理解，国家的法定职责就是为纳税人服务。本书拟从下面几个角度深入分析纳税服务的法理基础，以期从法学视野进一步领会这一概念的深刻内涵。

1. 基于人民主权原则的纳税服务

作为现代民主制度的理论基础，人民主权原则主张人民是国家权力的最终所有者，凸显了人民意志在国家生活中的最高地位。人民主权原则为现代民主国家普遍认同，并被世界大多数国家写进宪法和法律。由人民主权的角度进行分析，包括接受纳税服务在内的纳税人系列权利正是人民主权理论在税法中的贯彻与实现。由行政主体的角度进行解读，人民主权原则即指公权力在人民代表制定的法律框架内行使，且要体现保护人民合法权益的基本宗旨。对此，国家税务总局发布的《"十三五"时期税务系统全面推进依法治税工作规划》明确要求各级税务机关要"坚持权由法定、权依法使，遵循正当程序，合法合理行政"，且要"牢固树立平等理念，依法平等保护相关主体合法权益"。这里的"权由法定""权依法使""依法保护"即指税务机关的执法及纳税服务行为都必须有所依据，这里的依据就是人民主权原则在法律中的规定。

2. 基于宪法精神的纳税服务

作为国家的根本大法，宪法体现了一国的基本政治理念并规定了一国最基本的政治制度架构，而宪法所确定的基本原则又成为国家立法、司法、行政等一切公权力及公民权利得到实现的基本准则。一般而言，现代民主法治国家宪法皆体现为人民主权、基本权利保障、依法治国、权力制衡等基本原则。宪法确立的基本原则以及其中明确规定的公民基本权利和相关涉税规定是纳税人权利最重要也是最根本的渊源。在现代文明社会，一国纳税人权利隐含于该国宪法原则、理念和公民基本权利之中。因此一国纳税人能否真正享受到这些权利，取决于该国公众对宪法功能的认同程度、宪法基本权利在具体法律中的落实程度，以及司法机关对立法及行政的监督和对宪法秩序的保障功能。

3. 基于现代行政法基本理念的纳税服务

从某种意义而言，行政法包含两大元素——行政与法，对于两者之间的关系形态，学界观点多样。传统行政法突出行政和行政权，将行政法视为授权法及管理法，将包括行政法在内的一切法律皆视为阶级统治的工具，所以行政优于法律，处于第一位。现代行政法以前述人民主权原则和宪法精神为背景，强调人民意志即法律的重要性，行政法首先是限权法❶和公民（纳税人）权利保障之法，然后才是对行政机关的授权法，也即法律是第一位的，行政和行政权是第二位的。而行政的服务性正是由其服从地位决定的。事实上，在彰显管理属性的传统行政法视野下，行政法应有的服务精神也是无法遮蔽的。作为政府达至行政目的的重要手段，管理与服务是很难截然二分的，管理本身往往就包含着服务，诸如行政许可、行政奖励、行政救助等赋权性的行政行为，显然都具有明显的服务性质。就税务部门而言，名为"管理法"的《税收征收管理法》第 7 条亦明确规定，税务机关应当广泛宣传税收法律、行政法规，普及纳税知识，无偿为纳税人提供纳税咨询服务等。

4. 基于新公共服务理论的纳税服务

基于对政府和公民关系的不同认识，公共行政管理理论先后经历了三个阶段：传统公共行政、新公共管理和新公共服务。传统公共行政凸显政府及其工作人员的管理属性，推崇权力集中、层级控制、命令服从等，相对忽视社会公众的需求。在此时代背景下，税务部门的纳税服务功能无法彰显。替代传统行政管理理论的新公共管理与新公共服务将关注重点转移到社会公众，更加强调对社会公众需求的回应性，凸显了政府的服务性。其中，新公共管理理论主张引入市场机制，将私营部门和企业的管理方法用于公共部门，建立"企业家政府"❷。依此理论，税务部门应以纳税人为中心开展工作，视后者为顾客，尽力为其提供个性化的服务，且要追求服务的效率性。新公共服务理论反对将政府与公民类比为企业与顾客关系并过度追求效率的价值趋向，而是将公民和公共利益置于更高的位置。在新

---

❶ 英国法学家韦德认为，"行政法是公法的一个部门，它是关于政府机构中从事管理活动的各种机构的组织、权力、职责、权利和义务的法"。美国行政法学家戴维斯指出，"行政法是关于行政管理机构的权力和活动程序的法，特别还包括关于对行政行为进行司法审查的法"。以上参见胡建淼：《行政法学》，法律出版社 1998 年版，第 11 页。从上述两位西方学者代表的定义可以看出，世界上普遍公认的行政法应该是规范管理者的权限和行为的。

❷ 邓念国：《从管理主义到服务主义：公共行政理论基础的演变》，载《江汉论坛》2005 年第 6 期。

公共服务理论的价值体系中，诸如公正、公平、回应性、尊重和承诺等得以彰显。在该理论指导下，税务部门不单单是要以纳税人为中心开展工作，在为纳税人提供便利化服务的同时，还要注重后者对税收征纳过程的参与程序，而且要重视纳税人的尊严，由此，税收管理实现了从监督对抗模式向管理服务的模式转变。

5. 基于权利义务分析框架的纳税服务

权利义务为法学的两个核心概念，权利义务理论亦代表了法学视野分析问题的一种基本视角。作为税务部门的核心业务，纳税服务迥异于市场化的商业服务，欲准确把握该服务之本质意涵，有必要从纳税人的权利和义务中寻找理论根源。就纳税人与政府间法律关系的性质而言，国内外学术界有两种基本学说：权力说与债务关系说。权力说将政府与纳税人视为管理与被管理、命令与服从的关系。债务关系说则将国家（政府）与纳税人之间定位为公法上的债权债务关系。不同于前者过度关注税收关系中的行政属性，债务关系说凸显了税收关系中的财产关系属性并进而强调了政府与纳税人之间的平等性。我国传统的税收治理方式主要受权力关系说影响，市场经济体制确立后特别是进入全面深化改革的新时代以来，学界更多地开始由公共财政、公共财产的视角解读税收法律关系，纳税人从义务属性到权利义务双重属性的变化成为一种必然。总之，在将税收视为一种财产关系的债务关系说的视角下，纳税人与国家（政府）之间呈现为一种围绕公共产品的供给与购买的相对平等的关系，获得政府的纳税服务正源于这种关系中纳税人当然享有的权利，而纳税服务的本质即是对纳税人权利的维护。需要特别交代的是，从权利义务的角度解读纳税服务并不必然导致对税收之权力性的忽视及弱化，而是更科学地凸显了权力与权利之间的平衡性。也即，纳税人享受纳税服务的权利是以其依法纳税为基本前提的，强调纳税服务丝毫不会淡化依法治税，二者相辅相成、互为支撑。对于税务机关而言，强调纳税服务可以改变的是执法的方式和效率，不能改变的是管理的属性。

二、我国纳税服务体系建设的现状及不足

（一）历程及现状

我国纳税服务的开展是伴随着改革开放和税收体制改革而进行的。"为纳税人服务"的理念于 1993 年在全国税务工作会议上首次被提出，并于 1999 年税收征管改革会议上被正式明确。就立法层面而言，全国人大常委会于 2001 年修订《税收征收管理法》时正式确立了纳税服务的法律地位，纳税服务由原来的税务工作人员的一项职业道德上升为法定职责。之后，纳税服务工作逐渐被全方位地落实、推行，其中几个值得特别强调的时间节点为：2005 年，国家税务总局对税务服务机关工作人员的服务行为和措施作出具体的规定；2008 年 8 月，国家税务总局成立了纳税服务司；2009 年，纳税服务与税收征管等业务被国家税务总局正式并列为税收核心业务，《全国税务系统 2010—2012 年纳税服务工作规划》出台；2011 年国家税务总局出台《"十二五"时期纳税服务工作发展规划》；2014 年国家税务总局开展"便民办税春风行动"，连续三年相继推出了 21 类 70 项便民办税措施，促进纳税服务更加便捷普惠，与此同时，该年度纳税服务规范 1.0 版出台，统一了全国税务系统的纳税服务事项、服务要求和服务标准，为各级税务机关规范化开展纳税服务工作提供了有效的制度支撑；2015 年，纳税服务规范升级为 2.0 版本，中共中央办公厅、国务院办公厅出台《深化国税、地税征管体制改革方案》要求进一步创新纳税服务机制、推行办税服务便利化；2017 年 9 月，国家税务总局相继提出《关于进一步深化税务系统"放管服"改革优化税收环境的若干意见》❶《关于进一步推进"多证合一"工商共享信息运用工作的通知》，❷ 要求在坚持

---

❶ 国家税务总局《关于进一步深化税务系统"放管服"改革优化税收环境的若干意见》，税总发〔2017〕101 号。

❷ 国家税务总局《关于进一步推进"多证合一"工商共享信息运用工作的通知》，税总函〔2017〕402 号。

"放管服"改革前提下，优化税收环境，提高纳税服务水平，逐步实现税收现代建设；2019 年 8 月，国家税务总局按照"12345"的总体思路❶组织编写了《全国税务机关纳税服务规范（3.0 版）》，以期从减轻纳税人负担、缩短纳税申报时间、拓广纳税渠道等多方面提升新时代背景下纳税服务的水平。总之，近年来我国的纳税服务工作有了长足的发展，尤其是进入全面深化改革、全面依法治国的新时代之后，我国现代化的纳税服务格局业已初步形成。一方面，科学化的纳税服务理念业已初步普及，税务部门及其工作人员管理本位意识逐渐弱化，服务本位意识日益增强；另一方面，现代化的纳税服务制度框架业已初步架构起来，部分发达地区的品牌化的服务平台体系建设成效卓然，规范化的纳税服务管理模式得以全面推广，多元化纳税服务手段不断推出。

（二）纳税服务现代化方面的不足

综上，尽管近年来我国纳税服务现代化、法治化建设已经取得了较为良好的成效，但对标建设现代税收制度及打造国际一流营商环境的基本要求，我们尚有一定的差距，还有一些短板需要补上。具体而言，我国现行纳税服务体系与建立现代税收制度之间的差距主要表现为如下几个方面。

1. 纳税服务理念尚待进一步提升

如前文所述，近年来我国纳税服务水平得到了大幅提升，且纳税服务作为税务部门的法定义务早已写入了法律法规，但受传统观念及制度惯性的影响，相当一部分尤其是基层税务部门工作人员还缺乏对纳税服务的深

---

❶ "1"是树立一个理念，即牢固树立以纳税人为中心的理念；"2"是坚持两个原则，即坚持"最大限度便利纳税人，最大限度规范税务人"的原则；"3"是围绕三个契合，即与国税地税征管体制改革后的新机构相契合，与税务部门的新职责相契合，与新的税收征管方式相契合；"4"是做到四个充分吸收，即充分吸收"放管服"优化营商环境系列措施、充分吸收税制改革和减税降费政策举措、充分吸收最新法律法规政策文件规定、充分吸收基层服务纳税人的创新经验；"5"是实现五个全面对接，即与征管操作规范全面对接，做到事项对应清晰、核心内容一致；与电子税务局建设规范全面对接，做到线上线下深度融合；与国务院办事指南要求全面对接，做到重点要素完备、个性要素鲜明；与税务系统"放管服"和优化税收营商环境五年方案全面对接，做到到期目标制度化、远期目标导向化；与优化税收执法方式健全税务监管体系全面对接，做到放管结合、有序衔接。

刻理解，没有认识到纳税服务工作在提高纳税遵从度以及实现和谐征纳关系方面发挥的重要作用，无法在国家治理框架下且从服务税收现代化的高度去认识纳税服务，或曰，他们还没有真正实现从"管理者"向"服务者"的角色转变。

2. 纳税服务边界不够清晰

如前文的法理分析可知，纳税服务的实质就是保障纳税人权利得以实现，故而纳税服务的内容是由纳税人权利的内容所决定的，同理，后者外延同样决定了前者的边界。事实上，考虑到行政资源的有限性，纳税服务显然也需要明晰的边界。但当前我国纳税服务的现实情况是，在某些领域，征纳双方权责不清、法定服务与增值服务相互混淆的情况还时有发生。个别税务部门片面追求纳税人满意度，过多地承担了本应由纳税人承担的义务，相对忽视了税务机关的法定职责。❶ 与之相反，实务中同时也还存在税务机关处理特别业务时要求纳税人提供冗余资料的情况。

3. 纳税服务流程机制及便利化水平有待进一步提升

除服务理念及法治化水平的提升外，纳税服务现代化最为直接的表现为服务流程机制的高效化及纳税人履行纳税义务的便利化。在这一方面，我国各级税务机关尚有较大的提升空间。

（1）服务措施供需不平衡。单纯就服务这一环节而言，税务部门是供给方，纳税人是需求方，服务质量高低很大程度上取决于服务产品是否契合纳税人的需求。实务中常常发生的情形是，税务机关提供的服务措施不能较好地对接纳税人的需求，有时会出现纳税人无法理解甚至拒绝接受的情况。❷ 此类现象显然与前述纳税服务理念落后等因素相关，且主要出现在基层。如有些欠发达地区的基层税务机关在创新纳税服务措施时，缺乏详细筹划论证，出现新旧服务措施交叉重叠、相互冲突，导致服务效果大

---

❶ 例如，某市区税务分局工作人员在为纳税人办理税务注销业务时，纳税人提供的书面资料不完善不准确，并要求税务机关协助办理非涉税业务。因担心受到纳税人投诉，该工作人员为纳税人提供了相应"帮助"。（资料来源：根据与某税务局工作人员谈话资料整理）

❷ 例如，某区税务局在税收宣传月期间通过电话向特定纳税人宣传某项税收政策，部分纳税人认为是诈骗分子伪装税务机关行骗，最终宣传效果极不理想。

打折扣。还有的基层税务部门在服务措施集成方面不尽如人意，强项、弱项差别明显，各项措施推广力度参差不齐。

（2）纳税人需求管理机制不够健全。随着时代的进步和服务理念的更新，纳税人需求日渐向多元化、精准化方向发展，需求管理在纳税服务工作中的重要性亦愈加凸显。虽然近年来国家税务总局出台了系列措施以加强对纳税人需求的管理等，但时至今日以"需求采集—需求分析—需求回应—持续完善"为主要环节的闭环式管理机制尚未建立起来。正由于纳税人与税务机关之间信息不对称，又缺乏对纳税人需求的深层次挖掘，纳税人的正当需求尤其是个性化及高端化需求很难被税务部门知悉，服务供需错位现象便在所难免。同样的道理，机制的不健全导致税务部门无法及时处理纳税人的建议、投诉等，纳税服务的低效率化在某些地区便成为司空见惯的现象。

（3）纳税服务的标准化程度偏低。纳税服务的标准化为实现纳税服务现代化的一个重要指标。近年来，国家税务总局出台过诸如服务规范之类的法律文件以推进该领域的标准化建设，与此同时，各地各级税务局在纳税服务标准化方面也进行过各具特色的探索。但总体而言，尤其是在基层税务执法环节，服务的标准化建设尚有一定的提升空间。例如，由于各地税务服务厅设备在数据标准、技术参数、接入方式等方面各不相同，导致各地的操作方式不尽统一，无形中增加了纳税人的奉行成本。同样，正由于同一省域范围内服务平台操作系统的不统一，导致一省之内无法实现服务系统的统一管理、统一运行。❶ 除上述硬件及技术保障方面的缺陷外，各省域内服务项目的标准化建设亦不尽如人意。应当承认，国家税务总局系列版本《纳税服务规范》的推行使得全国纳税服务标准化水平得到很大程度的提高，但是目前相当部分省份在一省之内的各地税务机关还存在一些服务项目标准不统一的情况，部分属于基于域情推出的特色纳税服务项目，有些则是各地在落实总局标准时推进力度和进度不一致而导致的。

---

❶ 例如，某市税务局下属 3 个区税务局，因自助办税建设时间不一，自助设备型号不同，有纳税人反映在不同自助办税厅或自助设备上办税时出现的界面不太相同，给纳税人快速办理自助业务造成了一定不便。

4. 纳税服务的人力资源保障不到位

纳税服务现代化的实现不仅有赖于理念的转变及制度、机制的完善，人力资源建设亦至关重要。现代化的纳税服务需要一批熟悉税法，具有丰富的实务经验，掌握数据分析能力，具备国际视野的人才，尤其是兼具上述多项能力的复合型人才。由于我国的纳税服务现代化建设在 20 世纪 90 年代才刚刚起步，适应服务现代化要求的高水平尤其是复合型人才储备较少，而且分布不均。除高端人才缺口较大外，现有工作人员的纳税服务水平亦有待进一步提升。一方面，相当一部分服务人员缺乏应对复杂或紧急状况的能力，业务水准尚待进一步提升；❶ 另一方面，一部分基层服务人员的沟通协调能力尚有欠缺，面对业务纠纷乃至出现舆情情况时沟通应对及化解经验不够丰富。

5. 大数据应用成效不够明显，纳税服务信息化水平尚有提升空间

随着网络时代的到来，充分利用大数据及其他信息化手段为纳税人提供高效便捷的服务成为新时期提升纳税服务水平的必由之路和基本要求，但总体而言，我国目前纳税服务领域的大数据应用成效不够理想，纳税服务信息比水平尚有较大的提升空间。一方面，各部门之间存在信息壁垒，税务部门与其他政府部门以及第三方的信息共享机制尚待健全完善，由此造成数据的流动性和可获得性不强，影响大数据应用效能。另一方面，就常态化工作而言，税务机构的信息化服务亦多有不足。这方面较典型的问题主要包括：纳税服务平台操作程序复杂，软件运行不稳定，缺乏对纳税人使用体验的关注；信息化纳税服务技术更新不及时，不能完全满足纳税人的个性化、多元化的需求；各信息平台之间协调性较差，增加了纳税人的办税成本；涉税业务种类尚未充分电子化，限制了互联网办税模式推广应用的空间；服务设备维护不专业、不及时，影响了纳税人自助办税体验。

---

❶ 服务人员业务能力不熟的一个重要原因在于其人员流动性较大。如某县税务局纳税服务厅共有纳税服务人员 35 名，其中只有 11 名是县局正式工作人员，其余均为合同制聘用人员，这部分人员流动性较高，个别聘用人员在职不足 3 个月时间便辞职离岗。

6. 纳税服务社会化水平有待进一步提高

社会化服务是满足纳税人多元化需求、构建现代纳税服务体系不可或缺的重要一环。随着我国市场经济体制的确立并日渐完善，涉税服务的社会机构已广泛兴起，以税务部门为主导、社会主体广泛参与的现代型纳税服务模式已初步形成。但相对于成熟市场经济国家，我国纳税服务的社会化水平尚有较大的差距。一则，由于相关法律法规的缺位，我国社会化纳税服务主体的法律地位尚未完全明确，加之税务部门提供服务时多有"越位"之处，导致纳税人对社会化服务机制了解不深、需求乏力，社会专业服务组织促进纳税服务社会化的作用还远远没有得到应有的发挥。❶ 二则，社会纳税服务机构自身存在独立性不强，自律性不够，行业规范陈旧等弊端。与此同时，从总体而言，我国社会服务机构总量较小，且普遍规模偏小，❷ 从而导致服务市场供需不协调。与之相伴而来的则是，面对税收改革力度加大、政策更新频繁的现状，涉税专业服务行业面临人员年龄老化、专业素质偏低的问题。三则，我国当前涉税服务社会化的外部发展环境尚待优化。追溯我国涉税专业服务的发展历程可知，早期的服务机构直接隶属于税务部门，行政色彩浓厚，导致其后期虽与政府脱钩，但纳税人对其公正性、独立性缺乏认可。加之我国纳税人本来就缺乏依法纳税意识以及纳税风险防范意识，诸种因素造成了广大纳税人接受涉税专业服务提升纳税遵从的意愿普遍不高。

7. 纳税服务的考评监督制度有待进一步健全

近年来我国在纳税服务的多个领域进行了有益的探索和改革，但由于未能构建起一套完备的考评监督系统以对纳税服务的过程及结果进行科学的量化考核评价，故而对于前述改革的成效如何，众说纷纭。具体而言，我国在纳税服务考评监督制度方面的不足主要体现为：其一，没有建立较

---

❶　谷裕祥：《浅析社会专业服务组织和纳税服务社会化》，载《注册税务师》2016 年第 1 期。

❷　从涉税专业服务比较健全的日本和美国来看，日本有 30 余万税理士（涉税专业服务从业人员），是税务机关人员的 27 倍；美国从事涉税专业服务的人员约 200 万人，是联邦税务人员的 60 倍。参见姜百合：《我国税务中介的功能定位与行业发展研究》，云南财经大学 2016 年硕士学位论文。

为完善的纳税服务评价考核指标体系。没有量化指标，就很难形成科学化的评价结果。从当前各级税务部门的制度构建而言，无论是从纳税人满意度而言，还是从税收遵从上来说，我们都缺少具体的数据来佐证结果。不仅如此，现有的考核内容通常都仅仅局限于窗口服务、在线咨询等部分服务环节，指标单一，方式陈旧，难以准确衡量诸项纳税服务的效果与不足。其二，纳税服务激励惩戒机制尚不健全，从而导致纳税服务的主动性、积极性不强。其三，现行的运行机制对税务机关的监督仅体现在廉政方面，缺少由纳税人广泛参与的纳税服务质量监督制约机制。

（三）纳税服务法治化方面的不足

纳税服务法治化既是纳税服务现代化的重要体现，在全面依法治国的历史背景之下又有其特殊的意义。我国现行纳税服务体系法治化方面的不足主要表现于如下几个方面。

1. 纳税服务规则的法治化水平低

从提出纳税服务的理念至今，尤其是进入全面依法治国的新时代以来，各级税务部门在完善部门规章制度方面做了大量的工作，但总体而言，我国在纳税服务方面的法治化水平较发达市场经济国家尚有较大的差距。具体表现为：其一，相关法律规范位阶低且不系统。现行有关纳税服务的法律规范大多属于部门规章，影响力有限。❶ 不仅如此，现有很多文件的相关规定失于宽泛、模糊，导致各法律主体在适用时分歧较大。此外，这些规范性文件普遍欠缺程序性规定，再加上纳税人救济和监管机制不健全，导致纳税服务落实难度大，现实效果难以保证，法治化水平偏低。其二，纳税人权利缺乏明确的法律保护。从全国大立法层面而言，仅

---

❶ 诸如《关于纳税人权利与义务的公告》《关于修订〈纳税服务投诉管理办法〉的公告》《全国税务系统办税服务厅规范化服务要求》《全国税务机关纳税服务规范》等，其中许多仅仅属于规范性文件，连部门规章的层级都达不到。

在《税收征收管理法》中规定了部分纳税人、扣缴义务人的权利。❶ 尽管国家税务总局先后出台了《关于纳税人权利义务的公告》《纳税人涉税保密信息管理办法》《纳税服务投诉管理办法》《税务处罚听证办法》《税务行政复议规则》等法律文件，但正如前文所言，这些法律文件层次较低，诸如税收立法参与权、纳税成本最优权、监督税款运用权等纳税人深层次的权益无从体现，故而保护效果不佳。其三，征纳双方权利配置不均衡。受行政主导式财税制度惯性的影响，纳税人权利在税务部门权力面前明显处于劣势地位。后者既是规则的制定者，又是规则的执行者，相关政策的出台更多地考虑了税务机关征管工作的便利性，较少顾及纳税人权益的保障程度，从而造成两者之间权利和义务不平等。这点在税法宣传工作中体现得尤为明显，避重就轻地重点宣传纳税人义务而相对忽视纳税服务权利，在各级税务机关宣传工作中屡见不鲜。

2. 涉税专业服务法治化水平偏低

纳税服务的社会化水平是决定一国纳税服务现代化程度的重要因素，同理，涉税专业服务的法治化水平也决定了一国纳税服务法治化的高度。不得不正视的是，纳税专业服务领域已经成为当前我国纳税服务法治化体系中最为薄弱的环节之一。

一方面，涉税专业服务的立法体系不健全，缺乏专门法律。现代经济鉴证专业服务行业由税务师与律师、注册会计师组成，后两者早在20世纪90年代即已出台了专门法律，但至今我国依然未能出台专门针对税务师的法律、行政法规，更遑论专门调整涉税专业服务的法律。涉税专业服务领域专门性立法的缺失所导致的后果为：其一，社会化涉税专业服务定位不清，公信力不高。《律师法》和《注册会计师法》明确规定了律师和注册会计师的业务范围，但缺少对二者从事涉税专业服务业务范围的规定。由

---

❶ 《税收征收管理法》第8条规定："纳税人、扣缴义务人有权向税务机关了解国家税收法律、行政法规的规定以及与纳税程序有关的情况。纳税人、扣缴义务人有权要求税务机关为纳税人、扣缴义务人的情况保密。税务机关应当依法为纳税人、扣缴义务人的情况保密。纳税人依法享有申请减税、免税、退税的权利。纳税人、扣缴义务人对税务机关所作出的决定，享有陈述权、申辩权；依法享有申请行政复议、提起行政诉讼、请求国家赔偿等权利。"

此，立法的缺失造成涉税专业服务的法律地位不明，严重制约了其实现高层次发展的空间。❶ 其二，税务师地位不明，处境尴尬。税务师在我国现行法律中找不到独立地位，与之相伴而来的是涉税专业服务机构出具的鉴证报告公信力不高。其三，行业准入门槛偏低，不利于本行业的健康发展。我国现行法律法规缺少对涉税专业服务机构的准入标准，《律师法》和《注册会计师法》对律师事务所、会计师事务所从事涉税专业服务亦不存在具体的专业性要求。缘于此，大量不具有专业能力人员❷的涌入扰乱了整个涉税服务的行业秩序，既不利于纳税人合法权益的保护，也不利于涉税专业服务行业自身的健康发展。其四，政府无法对涉税服务机构进行有效监管。与前述诸项不足相关，由于法律层面指导性规则的缺位，在我国，涉税专业服务监管亦面临体制性的难题。在缺少上位法的前提下，国家税务总局无法对涉税专业服务机构的定位、权利义务等作出明确指引，亦难以对行业的发展培育作出较具体的制度性安排。

另一方面，现有立法位阶低，立法质量不达标。如前文所述，由于欠缺人大专门性立法，规制涉税专业服务的法律规范主要是规章和规范性文件，且多以"暂行""试行"的方式颁发。不仅如此，由于缺乏上位法的统领，这些规范文件之间时常发生矛盾和冲突，引发较多争议。❸ 此外，

---

❶ 通过法律规定明确涉税专业服务社会组织的法律地位是市场经济国家的通行做法，如日本《税理士法》、德国《税理士法》和韩国《税务士法》都明确规定了税理士和税务士的法律地位，美国的会计公司、税务公司、律师事务所，澳大利亚的会计师事务所等均具有很强的独立性。

❷ 除税务师、律师、注册会计师外，其他诸如税务咨询师、税收筹划师、税务风险评估师乃至各种名目的代理公司、财务公司以及咨询公司都在从事这一行业。

❸ 如不同法律文件对于税务代理主体的认定即存在较大的分歧。《税务代理试行办法》第17条规定："税务代理机构为税务师事务所和经国家税务总局及其省、自治区、直辖市国家税务局批准的其他机构。"第22条规定："经国家批准设立的会计师事务所、律师事务所、审计师事务所、税务咨询机构需要开展税务代理业务的，必须在本机构内设置专门的税务代理部、配备五名以上经税务机关审定注册的税务师，并报经国家税务总局或省、自治区、直辖市国家税务局批准，方能从事税务代理业务。"根据上述规定，税务代理机构包括税务师事务所、会计师事务所、律师事务所、审计师事务所及其他税务咨询机构，只要符合该法规定的条件在机构内设置专门的税务代理部门并配备一定人数的注册税务师再经省级以上国税局批准即可。与此同时，《税务代理业务规程》第2条却规定："本规程适用于取得税务代理资格的税务师事务所有限责任公司和合伙制税务师事务所等税务师事务所接受纳税人、扣缴义务人及其他单位和个人委托，代为办理的各项税务事宜。"这里显然对实务上从事税务代理业务的其他主体诸如律师、注册会计师、代理记账公司、报关企业等作出了否定性的限制。

相对分散的规范性文件也难以形成涉税专业服务相关的规则体系。❶何况这些为数不多的规章中，立法质量上乘的也不多见。大部分法律文件条文简单概括，缺乏可操作性，甚至一部分文件的合法性问题都存疑。❷

3. 政府对纳税服务监管的法治化水平偏低

如前文所述，本章倾向于由广义的视角界定纳税服务，由此，政府部门提升的纳税服务以及市场主体提供的社会化纳税服务都在本书的研究范围之内。无论是哪种意义上的纳税服务，都需要法治化的监管体制以确保服务的规范化。对税务部门纳税服务行为的监管是规范公权力建设法治政府的必然要求。而作为市场主体，涉税专业服务机构具有天然的逐利性，对其进行有效监管是实现我国纳税服务法治化的题中应有之义。在这两个方面，我国的法治化工作皆有所不足。

就前者而言，我国在法律层面缺乏针对纳税监管工作的具体规定，目前层级较高的法律文件只有税务总局制定的《纳税服务投诉管理实施办法》。该办法所规范的内容属于一种事后的补救型的监管，更为关键的事前、事中监管却无法可依，这导致各地在纳税服务监管过程中无所适从。与此同时，随着服务型政府的建立和不断完善，纳税服务的手段、内容也不断得到拓展，监管机制如何适应这种变化趋势，同样亟待立法工作的跟进。还有，如何落实前述的人民主权原则，鼓励包括纳税人在内的广大社会民众积极参与到对税务部门的监管工作中去，以及如何制定相应的反馈机制，都需要我们下一步的立法工作作出回答。

就后者而言，我国针对社会化涉税专业服务的监管制度框架同样不尽完善。就政府监管层面而言，我国税务机关至今未设立负责涉税服务监管

---

❶　例如，有关涉税服务中的责任规则极不规范。国外多数国家规定了严厉的涉税专业服务法律责任制度，如双轨的惩罚制约机制，这些国家多数把涉税专业服务制度定位在法律、法规的层面上，建立了具体的法律责任追究制度，法律责任条文的内容具有较强的可操作性，业务的开展有严密的程序予以保障。而在我国，由于现行法律关于诸如税务代理事项法律责任构成要件规定的模糊性，造成税务机关和法院在处理类似案件时往往得出不同的结论。

❷　《税收规范性文件制定管理办法》明确规定，税收规范性文件可以使用"办法""规定""规程""规则"等名称，但不得称"条例""实施细则""通知""批复"等。但我国的许多涉税专业服务规范性文件大都以"通知"冠名，部分冠以"批复"，这明显违反了上述规定。

的专门机构，更谈不上建立一套完整有效的监督管理体系。尽管国家税务总局出台过几个禁止税务机关涉足涉税专业服务的规范性文件，❶ 但由于文件效力过低或其他原因，运行效果欠佳。就行业自律管理而言，注册税务师协会发挥的作用也极为有限。行业协会不同于政府，在市场机制日益完善的情况下，注册税务师协会理应摆脱"二政府"的角色，尽快走向社会化、法治化。但目前我国注册税务师协会并未完全去行政化，且对涉税专业服务机构的刚性约束不强，难以实现强有力的监管。

4. 税务部门购买涉税专业服务的法治化程度低

伴随纳税人服务需求的多元化及高层次化，通过购买专业服务的方式提升税务部门的办税能力及服务水平成为必然的趋势。政府购买公共服务，属于财政支出法及政府采购法的调整范围，我国在这方面的法治化水平也有较大的提升空间。主要表现为：一方面，法律规范层级偏低。我国现行《政府采购法》主要针对货物的购买而制定，缺少对购买服务的特别规定。党的十八大以来，中央高度重视政府购买服务的法治化建设，发布了一系列法律文件，❷ 从而为税务部门购买涉税专业服务提供了初步的规范性指导。但这些文件只是部门规章甚至普通的规范性文件。总之，我国尚缺少一部关于政府购买服务方面的专项法律，这一短板导致税务部门在购买服务时随意性较大，极易引发风险。另一方面，现行规范体系存在较多漏洞。如上文所述，目前出台的文件除了法律层级偏低，政府购买涉税社会服务方面还有不少法律空白尚待填补。现行系列规范性文件和部分规章虽然对购买项目、购买方式、购买程序等作了初步的规定，但诸如责任分配、经费支出、绩效评估、纠纷处理等在实践中争议较大的领域并未进行规范。

---

❶ 如2015年《国家税务总局关于严禁违规插手涉税中介经营活动的通知》。
❷ 如《关于政府向社会力量购买服务的指导意见》（国办发〔2013〕96号）、《政府购买服务管理办法》（中华人民共和国财政部令第102号）等。

三、我国纳税服务现代化的实现路径

实现纳税服务现代化是新时代全面深化改革、建设现代财政制度的必然要求，亦为全面依法治国、依宪治国、切实保障纳税人合法权益的题中应有之义。针对前文剖析的我国在纳税服务现代化建设方面的诸项不足，特就我国纳税服务现代化的实现路径提出下列建议。

（一）进一步转换纳税服务理念，提高纳税服务意识

广大税务工作者要正确认识征纳双方的权利和义务，切实转变服务理念，坚持以人为本，构建和谐的税收征纳关系。为此应做到以下几个方面。

1. 高度重视理念更新对于纳税服务现代化的重要意义

一方面，要充分认识到牢固树立"以纳税人为中心"的服务理念是贯彻习近平新时代全面发展观及实现税收现代化的必然要求。要抛弃单纯为完成税收任务而服务的传统观念，加强对"纳税服务"的深层次了解，努力降低税收成本，为纳税人提供优质高效的纳税服务。另一方面，广大税务工作者还要认识到，树立全新纳税服务理念对于建设服务型政府、优化税收营商环境、助力地方经济具有重要意义。税务部门应当高度重视广大纳税人的实际需求，不断提升服务水平，按照全面深化财税改革及建设服务型政府的统一部署，群策群力，多途径推进税收工作的开展，构建完善的现代税收管理体系，努力营造良好的税收营商环境。

2. 以尊重纳税人需求为导向，更新纳税服务理念

主观意识指导实践工作，新时代财税服务理念要坚持以尊重纳税人需求为导向。基于服务于纳税人的需要，新时代纳税服务要实现如下几个方面的转变：一是要由"官本位"思想向"责任本位""服务本位"理念转变。各级税务工作人员要牢固树立服务就是职责的意识，将其深植于内心并落实到实际工作中去。二是要由注重管理向管理服务并重理念转变。广

大税务工作者要认识到，税务机关既要负责国家财政收入入库，也要负责向纳税人提供纳税服务，纳税服务要贯穿税收征管全过程，既要优化执法手段提高税收征管质效，又要积极推进改革保障纳税服务更加规范到位。三是要由地位优势观念向尊崇"平等性"服务理念转变。广大税务工作者要认识到，税务机关与纳税人的权力（利）和义务都是对等的，都要遵守国家税收法律。税务机关在行使征管权力的同时，也要履行尊重纳税人的义务。税务工作改革应以纳税人是否方便、是否满意为衡量标准，而不是仅仅出于方便自身征管需要。四是要由特岗工作意识向全员服务理念转变。纳税服务，不仅仅是办税服务厅等特殊工岗的职责，也不仅仅是少数一线服务人员的工作，而是应当贯穿于税收工作的全过程，是一项全员参与的工作。五是要由程式化的浅层化服务向以纳税人合理需求为导向的深层次服务理念转变。国家税务总局提出了"始于纳税人需求，基于纳税人满意，终于纳税人遵从"的工作理念，各级税务机关应当遵照总局要求，打破僵化的思维，更新固有的理念，全面审视自身的服务态度、服务行为和服务技能，查找不足，定标高位，确保纳税服务工作取得实实在在的效果，真正做到让纳税人满意。

3. 公平公正执法，注重保护纳税人的合法权益

如前文所述，税收执法与纳税服务一体两面，相伴相随，公平执法构成现代化纳税服务的基本前提和重要保障。各级税务干部职工应该牢牢树立起公平公正的执法意识，谨慎行使权力，做到在执法中尽心为纳税人服务，在服务中公平执法。事实上，如前文所一再提及，提供纳税服务也是各级税务机关履行法定职权职责的重要体现，广大税务工作者务必做到在严格执法中规范纳税服务管理，在完善征收管理中优化纳税服务，从而达成管理、服务和执法三者良性互动的工作新格局。

4. 强化义务意识，丰富纳税服务的工作思路

相关调查显示，广大纳税人对于高水平纳税服务需求主要集中于"提高效率""简化程序""及时提醒""咨询解答准确"等几个方面，这就要求各级税务部门以满足纳税人权利需求为标准，不断拓展工作思路，持续

提升纳税服务水平。概言之，新时代背景下应从如下几个方面丰富纳税服务思路：一是在政策制度设计环节充分吸取纳税人的意见建议，从设计之初就厘清征纳双方的责任，避免增加纳税人的奉行成本。二是在纳税服务措施、程序、手段等环节的设计上要充分满足纳税人的需求。以提高办税便利性的标准来展开各项服务工作，在遵守法律的前提下，围绕提高办税便利性、提高纳税人满意度为中心创新服务工作格局。三是建立起多渠道、多方式的保护通道，采取多元手段措施，切实保护好纳税人的合法正当权益，实现纳税服务工作的"PDCA"❶有益循环。

（二）优化纳税服务流程机制，提升纳税便利化水平

近些年来，我国经济不断转型升级，"互联网＋"、电子商务等诸种新型商业模式也纷纷呈现并快速发展，给税务机关的纳税服务工作带来了全新的挑战。适应新经济发展形态的需要及纳税人需求的新变化，在全面推行"放管服"改革的背景下，我国应积极进行体制创新，通过规范设置纳税服务机构，优化服务模式和工作机制，加强保障，全面提升服务水平，从而实现税收治理的现代化体系。

1. 优化纳税服务机构

各级税务部门由主要领导挂帅成立纳税服务领导小组，专司本部门纳税服务工作的方案策划、领导组织、协调实施、指导监督、考核评价等，以确保纳税服务工作的有效开展与顺利实施。围绕优化纳税服务这一中心工作的需要，各级税务机关在整合职责范围的基础上，根据职能划分进一步优化部门的设置。此外，在一省域之内构建统一的纳税服务统一平台，实现各级税务机关之间上下贯通，同时建立纳税人需求快速响应通道，以方便部门间、上下级、征纳双方沟通交流。

2. 创新纳税服务机制

该项工作可由三个层面展开：其一，构建全面涵盖税务机关不同部

---

❶　分别指称：计划 Plan，执行 Do，检查 Check，处理 Act。

门、各个岗位的责任体系，明晰各岗位具体服务内容、工作要点重点、基本操作规程和责任分配。其二，完善涵盖各个服务项目的基本工作制度，包括税收普法、纳税业务辅导、线上自助办税、上门预约、个性化服务、纠错提醒、投诉受理、涉税服务机构监管等，从而构建起让纳税人通畅、高效办理各项涉税事务的制度体系。其三，构建各业务部门间的协作机制。形成多部门、多环节、多岗位前台后台协调一致、配合默契、责任明晰的工作机制，打造紧凑、流畅的服务链条，营造出岗岗都是服务岗、台前台后都是服务一线的全员服务新格局。

3. 优化办税流程

除机构优化、机制完善外，业务流程的优化也是税务机关"放管服"改革的一项重要工作。从某种意义上讲，税务部门的"放管服"改革成效是否明显，最直观的体现便是办税流程的便捷度以及纳税人对办税服务良好感受度。故而，各级税务部门尤其是基层税务部门应严格遵循高效简便、快捷实用的工作原则，在不违法违规的前提下，尽最大可能简便、优化办税流程，最大限度地提高办事效率。

4. 完善纳税服务投诉机制

纳税人投诉机制是增加公众参与度及加强纳税服务监督力度的重要制度保障。为此，其一，要明确部门职责，理顺、整合投诉渠道，坚决避免因职责不明而带来的无人受理的情况。其二，组建高素质团队。要培养、配备一批既具备专业知识技能又具有相当的应变能力，既具有以纳税人为中心的现代服务理念又善于持续学习的优秀员工，用专业的态度和工作流程应对纳税人的投诉。其三，紧随大数据时代的发展步伐，充分利用信息化手段及时更新投诉渠道。其四，与时俱进，持续完善纳税服务投诉处理机制。进一步细化各项工作流程，从受理、调查、落实处理意见到反馈等各个环节，实施标准化管理，保证纳税人的每项正当投诉都能够得到较好的解决。其五，完善问责机制，保证投诉受理质量。对经调查属实的被投诉机关及其相关工作人员进行追责，从而保证纳税服务投诉处理工作全过程的有效性。

5. 切实提升服务水平和技能

面对新时代纳税人需求多元化的发展趋势，各级税务机关应积极应对，切实提高服务水平和技能，为纳税人提供个性化、现代化、主动化的纳税服务。所谓个性化服务是指，税务机关根据纳税人经营规模、所属行业、财务管理水平等标准进行科学分类，分析、总结各类纳税客户群服务需求的共同点和规律性，及时发现同类企业共性涉税风险点，有效化解潜在的税收管理漏洞。在此基础上，主动作为，积极探索差异化的纳税服务方式，有针对性地提供涉税咨询、政策培训、风险提示等服务，加快提升纳税服务的专业水平，在更深、更高层次上提升纳税服务的质量和效率。所谓现代化服务是指充分利用现代信息手段提供快捷、高效的纳税服务。例如，充分借助微信公众号、手机 APP 等平台，根据纳税人订阅的不同内容进行涉税信息的个性化推送，实现大数据时代订阅式纳税服务。此外，还可尝试在上述软件中嵌入查询功能模块，方便税务机关利用大数据及时汇总纳税人关注的常见问题或热点问题，分门别类上传至查询功能模块内，方便纳税人查询。总之，税务机关要敢于并善于在互联网时代充分利用现代技术手段，深度挖掘信息技术应用，提高纳税服务现代化水平。所谓主动化服务是指税务机关应当针对纳税人需求主动"出击"，有针对性地酌情开展主动服务。对于税法知识欠缺、纳税意识薄弱的纳税人，税务机关应该主动进行普法辅导，引导纳税人知法懂法。尤其是要利用税收宣传月等重点时段或工作节点，主动走进企业、社区、学校，广泛进行税法知识的宣传辅导。针对部分小型企业及个体经营者融资困难、发展受阻等情形，积极引导帮扶，凭借其良好的纳税信用记录，积极开展税银合作项目。

6. 推进纳税服务标准化建设

从发达市场经济国家建设经验及国际上对一国税收营商环境的衡量指标来看，纳税服务标准化是实现纳税服务现代化的一项重要标志，对此，近年来我国学界及实务部门也逐渐达成共识，并已在标准化建设方面取得一定成效。❶ 但目前纳税服务标准化建设中依然存在不少问题，尚需持续加强。为此，一方面，要推进服务内容标准化建设。其中工作的重点是办税资料及时限的标准化。按照"最多跑一次"便民服务原则对各项业务和流程中的必备材料通过办税指南等载体详细注明；对办税事项、流程所需的时间、时限等进行科学预测，对纳税人作出明确承诺。另一方面，还要持续推进硬件设施建设的标准化。其中工作的重要抓手在于实体办税服务厅和自助办税服务厅的标准化建设。各地税务机关应当在把握标准化建设的关键要素前提下，全方位完善方案，实现各功能区无论大小皆实现服务功能全覆盖。由各省级税务部门发文统一本省服务资源管理标准，各级依照统一标准做好机器设备的采购、安装调试，并尽力实现技术参数的规范统一。

（三）切实提高纳税服务人员素质

纳税服务的现代化乃至税收制度的现代化，关键是人的现代化，广大税务工作人员观念的转变、业务能力的提升才是实现纳税服务现代化最根本的动力保障。在新时代背景下，切实提高纳税服务人员素质应当由如下几个方面着手：其一，充分发挥党组织的领导作用，坚持党建引领，全面加强政治思想、职业道德和廉政勤政教育，切实增强广大税务工作者公正执法和全心全意为纳税人服务的思想意识。其二，加强纳税服务专业能力和工作技能培训，激发广大税务工作者学习的自觉性和积极性，将纳税服务规范、税收征管法律、网络申报操作等作为培训的重点，切实提高服务能力。此外，还要结合经济发展新形势、税收法规新变化以及纳税人的新需求，定期或不定期地开展针对性的培训，切实提高服务层次和水平。其三，高水平落实干部培养、管理制度，尤其要加大干部轮岗频度，更多地培养一岗多能型人才，更好地适应新时代纳税服务的需要。

---

❶ 诸如税务机关标识的标准化、实体办税厅的标准化、多个版本的《纳税服务规范》的推行等。

（四）充分利用大数据，丰富服务手段，提升服务能力

随着互联网及大数据时代的到来，纳税人对纳税服务提出了新的更高的要求。互联网时代的到来，既是机遇也是挑战，与政府其他部门一样，税务机关要顺势而为，利用先进网络技术，将电子政务做大做强，真正维护和落实好纳税人的各项合法权益。另外值得强调的是，信息技术日新月异，信息化建设也有一个持续改进和完善的过程，信息化建设要兼顾效率与实用原则，前瞻性地积极开展工作。

1. 完善服务网络，提高信息化水平

一方面，针对广大纳税人集中反映的线上办税系统运行不稳定、功能不优化等纳税服务信息化建设中的不足，加大财政投入和提升技术保障水平，更加富有成效地解决工作中存在的问题。另一方面，健全省级税务门户网站，广泛推广手机 APP、短信、网站、微博等新的办税媒介，不断拓展服务范围，构建完善的电子税收服务体系。

2. 依托税收信息化，丰富服务手段

其一，进一步优化整合网上资源，丰富纳税服务手段。在优化设备配置及提升系统运行稳定性的基础上，整合拓展远程认证功能，完善网上审批系统，积极推行推广网上登记、远程抄税、网上购票等多项业务，充分利用电子平台和网上银行等拓宽纳税交款方式，实现涉税服务的全流程网上办理，实现非接触式的业务体验。尤其要针对数量众多的小微企业及个体经营者，借鉴网上银行等模式，进一步完善自助办税终端系统。其二，运用信息化手段建立纳税人需求管理机制。在法律授权范围之内完善信息安全保障机制的前提下，充分采集纳税人涉税信息，并按需求进行分级分类管理，建立纳税人需求分析机制，以确保第一时间了解不同类型纳税人的最新需求。其三，充分利用纳税信用管理机制，拓展信息化特色服务。利用信息工具，推动纳税信用由静态评价向动态评价调整，以实现评价结果更加全面、更加客观、更加公正。完善工作机制，拓展纳税人信用评价结果的增值应用范围，根据不同的评定等级，开展分类服务和管理。

3. 依托信息技术，提升服务能力

这主要体现为两方面的能力，一是服务能力，二是为服务能力提供支持的数据分析能力。就服务能力而言，通过对电子税务局等系统功能进行改造升级，扩展服务内容业务，提高运行速度和稳定性，持续提升办税便捷性，切实降低纳税人办税成本。延伸网络里程，优化布局，更大幅度提升自助办税终端的体验满意度。优化工作机制和技术人员配置，科学筹划业务系统稳固和应急处理方案，最大限度规避系统故障对服务质效造成的影响。就数据分析能力而言，各级税务部门要高度重视纳税服务数据资源的收集、整理，建设专业数据库，运用科学方法分析演算，及时发现服务管理方面的短板，以便相关部门及时采取相关措施。

4. 进一步建立、健全税务机关与其他涉税机构的信息共享制度

现在各级政府部门已经基本建立信息化的数据管理系统，大块的区域布局已经形成，但是跨部门的数据交互机制还尚待完善。结合各级政府信息化建设的总体工作布局，进一步建立、健全税务机关与其他涉税机构的信息共享制度，充分运用信息交互系统或摆渡机制，实现信息资源共享和信息社会共建。

（五）规范服务中介，提升纳税服务社会化水平

随着时代的进步及市场经济的发展，纳税人的服务需求逐渐趋向复杂化和个性化，单纯依赖政府部门提供纳税服务的模式已远远滞后于社会发展的需求。中西对比可见，纳税服务的社会化、市场化模式已经成为各发达市场经济国家的普遍做法，在某种意义上讲，社会化程度体现了一国纳税服务现代化的水准。就其功用而言，纳税服务社会化不仅在征管双方间充当缓冲带，起到优化征纳关系的效果，同时也有利于社会资源的充分挖掘和利用。在美国等发达国家，诸如精算师、会计师、税务代理机构、民间企业组织等能够为纳税人提供多种专业服务，社会组织、志愿者团体也会针对纳税人不同情形和需求类型，提供专业化的服务和指导。发达国家的某些做法代表了时代的发展趋势及市场经济发展的现实要求。就我国国

情而言，纳税服务社会化水平的提升，不但有利于政府转变职能、简政放权及"放管服"改革，同时也有利于改善税务管理质量、节约纳税人成本、保障纳税人正当权益。

1. 与时俱进推进纳税服务社会化

如上文所言，通过建立税务代理等中介制度，广泛调动社会资源为纳税人提供更为全面的纳税服务，在发达国家已有较为成熟的经验。在我国一些发达地区如上海，也早就尝试采用招标外包方式将税收普法宣传、税务信息系统运营等工作交给第三方机构或其他部门。由此，依照建立现代税收制度、实现纳税服务现代化的要求，各级税收部门有必要进一步拓宽工作思路，充分借鉴发达市场经济国家及国内先行地区的经验，积极推进纳税服务社会化，规范发展行业协会、各类中介组织，与街道社区、学校、科研院所等建立稳定的合作关系，共同做好纳税服务工作，保障纳税人的合法权益。例如，可以与社会力量合作，设立税务学堂、开展税务服务评价和服务领域的理论研究；抑或支持中介机构发挥其专业优势积极参与政策咨询与业务辅导；也可引入税务律师、高校科研院所的税制研究学者协助开展咨询回复服务。如此等等，在帮助税务部门提高业务处理效率的同时，还能够较专业地解决纳税人各类疑难问题，并能进一步加强纳税人和税务部门之间的联系，减少纳税成本，提高纳税人的满意度和纳税遵从度。

2. 优化纳税服务社会化的外部环境

首先，要优化社会环境。进一步拓宽渠道，加大媒体宣传力度，让以涉税专业服务为主体的社会化服务力量在税收治理现代化中的重要地位和作用得到全社会尤其是广大纳税人及税务工作者的认同。各级税务部门应积极作为，引导鼓励广大纳税主体主动了解、接触涉税专业服务，为涉税服务高水平发展营造良好的市场环境。其次，为涉税服务的发展营造良好的法治环境。法治环境对于涉税专业服务的持续发展具有积极推动和保障作用。优良的法治环境有利于纳税人优良守法意识的形成；税务部门公平、公开、严格的执法态度是促进广大纳税人认可涉税服务组织专业性的重要推动力量。总之，法治环境的优化能够催生公民合法纳税的良好意识，进而增加他们求助于专业机构专业人士的主观意愿，从而间接推动涉税服务行业的发展壮大。最后，要完善政务环境。按照"放管服"改革的要求，各级税务部门应积极稳妥地拓宽涉税专业服务业务范围，在科学论证的基础上，分门别类且适度地、渐次地放开一般性的涉税专业服务业务，努力构建与社会服务主体之间良好的合作伙伴关系。除此之外，积极完善政府购买涉税服务的相关制度规定，这一工作既有利于减轻税务部门的工作压力，提升工作效率，又可深刻影响广大纳税人，在一定程度上起到宣传推广涉税专业服务的作用。

3. 充分发挥中介作用

在众多的纳税服务社会主体中，税务中介组织在协调征纳双方关系、沟通信息、规避企业风险等方面作用明显。相对于发达国家，我国的税务中介行业发展水平偏低，存在良莠不齐、管理不规范的现象，对其进行重点扶持并加以规范成为近一时期提升我国纳税服务现代化水平的重要一环。首先，要优化制度环境，对于税务中介的独立地位予以法律保障。税务中介不单单是纳税人的"理财助手"，更是纳税人遵从税法的"辅导老师"。一方面，税务中介要为纳税人提供咨询、筹税、节税的有偿服务，另一方面，它更有义务积极向客户传播税法知识，尤其是培养纳税人的风险意识、守法意识。总之，作为一类独立的经济主体，广大税务中介机构应当严格遵守国家法律法规以及本行业职业规范，公正、客观、专业地协助纳税人履行税法遵从义务。与此同时，国家通过完善法律制度，将税务中介置于社会公众的监督之下，规避其基于营利目的而编造虚假数据，从而为纳税人纳税信用带来不良影响。其次，税务机关要更新业务板块设置，完善与中介机构沟通协作机制。科学分析税务代理中介与基层税务机关的业务特点和工作优劣势，实现代理中介服务与基层税务机关服务功能的有机结合。最后，对中介服务行业进行规范化管理。一方面，推动立法，逐步完善执业资质管理制度，把紧入行门槛，持续提高涉税中介服务人员业务能力和职业素质。另一方面，完善税务中介行业法规，严厉打击各类扰乱市场的不端行为，切实保护纳税人利益。最后，作为纳税服务的主导方，税务机关还要切实履行好优化税务代理行业社会环境的职责，加强对税务代理中介机构的政策指导，努力引导其拓宽业务范围，健康发展。

4. 加强服务中介监管力度

与税务部门提供的纳税服务不同，中介机构的各项服务毕竟属于有偿的市场行为，逐利的本能使得其在执业过程中的违法违规或者失德失责行为在所难免。因此，建立完善的监督管理体制便成为新时代背景下促进涉税服务业健康发展的一项基础性工作。

首先，优化整合监管资源，构建严密的监管模式。在优化整合监管资源方面，一方面，修订相关法规、规章，进一步明确县级税务部门的监管权限和责任，并在各级尤其是市县级税务部门建立起征收管理、纳税服务、风险防范、检查稽查、中介管理等部门联合监管的工作机制。另一方面，加强行政协作，构建多部门联合监管的大监管格局。积极探索新形势下部门协作新机制，突破税务部门行政资源有限性的局限，主动加强与财政、市场监督、司法等部门及各行业协会的工作联系，努力营造政府部门协作、行业协会自律、社会公众广泛监督的共治格局。在监管模式方面，现阶段宜借鉴日、德等国家的做法，实行"政府监管为主、行业自律为辅"的政策，假以时日，待我国市场体制进一步完善、行业协会进一步壮大之后，再逐步过渡为政府监管与行业监管并重，最终促成行业高度自律模式的实现。❶此外，当前阶段加强行业协会建设的工作重点在于：进一步推动去行政化进程，增强其独立性；加强自身组织建设及行业自治能力建设；借鉴与创新并重，进一步完善行业自律管理机制。

其次，注重行业信息采集，完善信息通报披露制度。需要说明的是，

---

❶ 发达国家所采用的监管模式主要有三种：一是政府立法并设立专门机构统一管理，如日本和韩国；二是以法律为主导，行业组织具体管理，如美国；三是全部由行业组织负责管理，如英国和俄罗斯。根据《注册税务师行业"十二五"时期发展指导意见》中的相关表述，以及《涉税专业服务监管办法（试行）》的具体规定，我国对涉税专业服务行业的监管应属于混合模式，主管部门和行业协会都需发挥各自的作用，共同构建严密的监管体系。

近年来国家对这一方面的工作已经给予了一定的重视。国家税务总局曾于2017 年发布了强制采集涉税专业服务机构及其从业人员基础信息以及所涉业务信息的公告。之后又出台相关管理办法，加强对该类机构执业信用信息的跟踪管理。但总体而言，制度执行状况并不理想，相当一部分涉税专业服务机构及人员的信息并未纳入数据库，监管漏洞明显。为弥补这一不足，各级税务机关应加强与涉税服务行业自律组织的合作，整饬涉税专业服务市场，加大信息的采集力度，早日构建起相对完备的基础信息数据库。除税务部门外，各行业组织亦应完善对本行业组织涉税专业服务情况的跟踪调查机制，建立各个机构及相关从业人员执业质量、年度考核结果、举报反馈情况等信息库，通过一定平台定期披露通报，置所有涉税专业服务机构（人员）于社会公众的监督之下。

最后，强化责任追究，加大惩戒力度。作为市场主体，保证基本盈利能力是涉税服务中介得以生存的前提，由此也就决定其在执业过程中极易基于利益因素而出现违法违规现象；加之，涉税专业服务行业具有极高的专业性，其违法违规行为具有复杂性和隐蔽性的特征，需要专业部门或人员对其违规责任进行科学研判。在责任追究层面，要依法明确涉税专业服务主体的民事责任、行政责任和刑事责任，督促从业机构和人员依法开展业务。基于防微杜渐、从严治理的理念，对那些未触犯法律的违规行为，税务机关和行业自律组织通过发布负面清单、禁止执业等行政手段和行业监管措施予以严格规范、惩戒。

（六）完善考核监督及评价机制

为保障各级税务机关纳税服务工作优质高效、深入持续地开展，确保各项服务政策得到有效实施，切实纠正不规范的纳税服务行为，建立一套现代化的并由社会各界广泛参与的监督评价机制极具必要性。事实证明，科学的监督评估，能够真实反映各级税务部门纳税服务质量和效果，敦促其及时改进和提高。

1. 创新考核指标体系

欲构建完善纳税服务考评体系，考评指标的设计至为关键。应当充分关注到"征、管、查"等税务工作的各个关键模块，对照国家税务总局最新版本纳税服务规范，分解、细化纳税服务工作流程中各个环节的考评内容，从质量和数量两个层面作出具体明确的标准要求，建立一套科学、规范且极具操作性的、动态化的纳税服务考评指标体系。此外，伴随税收法制的日渐完善及涉税服务水平的逐渐提升，还要及时更新完善指标信息，保证其契合新时代的要求。此外，考虑到制度的稳定性，在一定时期指标项目不变的前提下，顺应社会环境、经济形势、纳税人需求的新变化，不同指标项目的权重也需要不断地进行优化调整。

2. 加强考核结果运用

欲通过考核达成纳税服务水平提升之目标，还要注意考核数据应用办法的优化工作，实现考核与激励相互衔接、联动，由此来充分调动广大干部职工的工作热情，持续不断地改进服务能力。

为此，一方面，围绕考核结果建立激励机制。将考评结果建档立案，作为对各部门及工作人员评先选优、级别评定、公务员奖惩、职位升降的重要依据。另一方面，基于考核结果，加大对纳税服务过程中的不作为和过错的问责力度。此外，考核结果还可以作为各级税务部门加强培训、提升服务水平的重要依凭。考评部门在获取考评结果后应进行仔细、深入的分析总结，明确改进方向，并可据此展开针对性的专项培训。

3. 建立健全监督评价机制

依据宪法之人民主权原则及权力制约原则，任何公权力的运行都要受到严格的监督制约，税务机关纳税服务的背后是国家征税权，故而建立健全纳税服务的监督评价机制也是建立法治政府、实现税收治理现代化的必然要求。

监督评价机制可以分为内部和外部两个层面。一方面各级税务机关要加强部门内部的评价监督，具体包括对办税服务厅、咨询电话、电子税务平台、税源管理部门等进行全程监督，通过岗间互评、科室互评来获取纳税服务评价记录，及时发现问题并予以纠正。另一方面，也是更为重要的，是要加强外部即强化纳税人、相关部门和社会公众对纳税服务的监督。拓展工作思路，通过满意度调查问卷（调查热线）、局长接待日、人大代表（或政协委员）视察工作、投诉举报信箱等众多通道和途径广泛征求包括纳税人在内的社会各界对纳税服务工作的意见，以外促内，促进纳税服务持续改进和不断提高。

此外，欲保证监督评价机制真正起到效用，还应当重点抓好下面三个方面的工作，进一步筑牢纳税服务外部监督的外围保障：其一，更大力度实行政务公开，全面公开税收执法权力清单，进一步提高税收执法的透明度。其二，要以更大力度打造立体化监督网络，进一步拓宽外部监督通道，尤其要充分发挥各级人大、司法部门、媒体等多元主体的监督功能。其三，充分借助新媒体的技术优势，积极利用网站、微信、公众号、手机APP、微博等工具广泛快捷地接受来自社会各个角落的反馈，提高税务执法部门在公众心目中的公正形象。

四、我国纳税服务法治化的基本思路

在全面依法治国的时代背景之下，纳税服务现代化又必然体现为纳税服务的法治化。法治是治理体系和治理能力的重要依托，也是国家治理现代化的基本方式，更是实现税收治理现代化的重要标志。只有坚持法治导向，为新时代税收治理奠定"民主"和"规范"两大基石，方能从根本上转变传统社会下广大纳税人"厌税""仇税"甚至"抗税"的观念，全方位提升纳税人对国家税收的认同度和对国家税法的遵从度，使纳税服务真正成为有源之水、有本之木。

（一）实现纳税服务现代化的财税法理念

从法学的视角来看，构建新时代纳税服务体系，关键在于实现下面三个方面的平衡。

1. 公民财产权与国家公共财产权之间的平衡

现代民主法治的核心要义是"限制国家权力，保障公民权利"，非基于正当目的并经正当程序任何机关或个人不得剥夺公民任何合法的私有财产。单纯从财富流转过程而言，税收显然是对公民财产权的一种剥夺，故而在现代民主法治国家，纳税义务设定都要遵循严格的法定主义原则，未经纳税人代表机构（议会）认可并由法定征收部门依据法定程序进行征收，税收不具有正当性和合法性。进入新时代以来，党中央对现代税收的民主法治意涵高度认同，党的十八届三中全会将"落实税收法定原则"明确为新时代民主政治改革的重要目标，并在《立法法》中予以了明确。

2. 公民让渡财产权与获得公共服务之间的平衡

税收是权利的成本，为纳税人享受政府提供的各项公共产品和公共服务的对价。与现代市场经济相配套的财政体制为公共财政、民主财政及法治财政，在现代民主政治框架下由纳税人通过一定的民主程序自主决定每级政府的事权与支出责任以及税制结构、税收规模，并配之以透明、规范、完整的预算制度，将政府行为严格限制于市场失效领域，从根本上纠正了公权力的"越位""错位""缺位"问题，保证政府把主要职能定位于为公民提供公共产品和服务，特别是重点民生保障领域，使纳税人的基本人权得到充分保障，从而把纳税这一对公民财产权的"无偿剥夺"行为转化为公平、超值的"有偿交换"，真正实现人民税收取之于民，用之于民。

3. 纳税人权利与政府征收权之间的平衡

征税权由国家强制力作为保障，纳税人天然处于弱势地位。基于前述税收之公共财产的本质属性以及纳税人与政府在宪法框架之下的契约关系，现代法治国家都十分注重对纳税人权利的保障，不少国家甚至进行专门立法以确保征纳双方权利与义务的平衡。❶ 在纳税人权利保障方面，我国的立法还多有不足，有必要在弥补宪法中纳税人保障条款缺失的基础上，通过制定《税收基本法》或者《纳税人权利保护法》予以完善。与此同时，还要通过全面落实税收法定原则，构建权力制衡机制，将政府征税

---

❶ 如美国的《纳税人权利法案》（1988）、英国的《纳税人权利宪章》（1986）、澳大利亚的《纳税人宪章》（1997）等。

权置于法治的轨道，在"法无授权不可为"和"法定职责必须为"原则下划定公权力行使的界限和范围，确保在全面依法治国的框架下实现纳税人权利与政府征收权之间的平衡。

（二）完善法律体系，提升纳税服务法治化水平

针对前文所述我国现行纳税服务体系规则位阶低、纳税人权利保护缺位、征纳双方权利配置不均衡等问题，提升法治化水平的思路包括以下几个方面。

1. 完善纳税人权利保障法律体系

完备的税收法律制度尤其是纳税人权利方面的法律制度是开展纳税服务工作的基本前提。建议我国适时修订《宪法》，在相关条款中明确税收法定原则，并就纳税人的宪法性权利，如依法纳税权、税收立法参与权❶、用税监督权❷等作出专门规定，从而实现纳税人的宪法权利与宪法性义务的平衡和对等。与此同时，建议适时制定《税收基本法》或者《纳税人权利保护法》，明确纳税服务的内容和范围、基本原则和方式，确定征纳双方的权利或职责。需要特别提及的是，依据本书前文重点论述的民主财政的目标要求，完善纳税人权利保护法律制度的过程中，要高度重视纳税人参与权。遵照党的十八届四中全会《全面推进依法治国若干重大问题的决定》中有关"健全立法机关主导、社会各方有序参与立法的途径和方式"的要求，在完善纳税服务相关法律制度时，要拓宽以纳税人为主的社会公众的参与范围，从源头上实现为纳税人权益提供保障。

2. 平衡征纳双方的权利配置

受计划经济影响，自新中国成立以来即形成了一种行政主导式的财政模式，税收立法权实际上集中于国务院，甚至财政部、国家税务总局也在

---

❶ 纳税人的税收立法参与权：指纳税人有权以法律规定的方式和途径表达自身意见，参与税收法律的制定、修改，对税收立法活动产生积极影响。

❷ 这也是国际上公认的一项纳税人基本权利。在西方有一种说法：纳税人通过纳税雇佣政府来管理国家。作为雇主的纳税人自然有权利知晓作为管家的政府是如何使用、是否合理使用自己缴纳的税款。

相当程度上代行了税收立法权。后虽历经多轮财政体制改革，但受国情及制度惯性影响，这种行政机关集立法权和行政权于一身的体制还会在接下来一定时期存续下去。在该种模式下，相关税收政策、制度出台时很难真正重视到纳税人权利层面。问题解决的关键在于税收法定主义。严格落实税收法定主义，强化对税务机关权力的约束及对纳税人的权益保护，不仅是建设现代财政制度的本质要求，亦有助于改革和完善税务行政模式，提高纳税人税法遵从度，达到优化营商环境的目的。为此，一则，要坚决贯彻党的十八届三中全会所明确的落实税收法定主义的基本要求，严格规范人大授权立法行为，尤其是严格禁止国务院转授立法权的行为。二则，严格规范财税部门的立法行为。根据《宪法》和《立法法》，财税部门的规章及其规范性文件只能规定程序、技术、细则等内容，不可以随意扩大纳税人义务范围。三则，严格规范税收执法行为。各级人大、政府及上级税务部门，务必在监督、程序、责任追究等方面加大工作力度，严格规范税务部门日常执法行为，使纳税人的权利得到更充分的保障。

3. 积极推动税法宣传

全面准确了解税收政策法规是纳税人履行纳税义务、维护自身权益的基本前提。因此，税务部门有义务向广大纳税人和社会公众进行税收法律法规的宣传和解读，尤其在这个税制全面改革、税法修改频繁、新法丛出的时代，更要加大普法工作的力度，使得纳税人在知法、懂法的前提下，做到真正的遵法守法，形成税务机关征税成本和纳税人纳税成本共同降低的双赢局面。为此，首先，要加大宣传力度。税务机关在高水平完成"税收宣传月"等运动式宣传任务的同时，更加重视日常税收宣传，在建设高水平、常态化宣传工作机制上多下功夫，建立起税收宣传的长效机制。其次，要拓宽税法宣传渠道。窗口工作人员要肩负起一线普法者的角色，着力提升与纳税人业务沟通的能力和技巧，及时准确为客户答疑解惑。加大投入、合理布局、精心设计，充分利用纸版免费资料、公告栏、电子显示屏等途径进行税收政策、纳税人权利的展示和宣传。维护好税务局网站，及时进行内容变更，尤其是第一时间公布最新税收政策。充分发挥微信公众号及各类手机软件的信息传播优势，充分利用各类网络平台的税法宣传功能。继续高度重视报纸、广播、电视等传统媒体，积极开展税法进企业、进社区、进学校等各项活动，巩固税法宣传传统阵地。最后，顺应时代发展，创新税法宣传新方式，根据受众行业、规模、经济类型等诸多方面的不同，探索各种更具有针对性的宣传方式。

（三）完善涉税专业服务法律制度

完善我国纳税专业服务法律制度具有重大的现实意义。一则，它是完善中国特色税收法律体系的需要。无论是党的十八届三中全会提出的落实税收法定原则，还是党的十八届四中全会提出的全面依法治国重大战略，客观上都需要在税收领域建立起完善的法律体系，而涉税专业服务行业法律规范是税收法律制度体系的重要组成部分。二则，它还是深化税收制度改革、建立现代税收制度的需要。进入社会主义新时代以来，中央提出深化财税体制改革、建立现代财税制度的重大战略部署，而涉税专业服务领域便是深化税收体制改革、提升征管效率的重要突破口之一。三则，它又是保障纳税人合法权益的需要。在全面深化改革的特殊时期，我国税制较为复杂且又变动频繁，纳税人迫切需要高质量的涉税专业服务协助其合法、高效地履行纳税义务。

1. 立法模式的选择

涉税专业服务领域立法牵扯范围广泛，此处我们着重就税务代理行业为例进行论述。在税务代理行业较为发达的国家中，其立法模式可分为两种：德、日等国单独为税务师进行了立法，税务代理人必须通过资格考试方能获得执业资格；以美国为代表的另一部分国家则仅仅是为税务代理行业制定行为准则，未设定代理人从业资格要求，但凡遵守行为准则及自身行业规范的各市场主体皆可从事税务代理业务。本书认为，考虑到税务代理业务的丰富性以及该领域业态现状，我国适合借鉴第二种立法模式。美国式立法模式既有利于发挥税务师、律师、注册会计师等各自的专业优势，又有利于构建公平竞争的行业秩序，满足广大纳税人旺盛的服务需求，还契合于我国已经对律师、注册会计师完成行业立法的法制框架，能极大地降低制度变革成本。

2. 立法推进路线图

完善我国纳税专业服务法律制度的一个重要目标是出台《涉税专业服务法》，此当为规范该行业发展之根本大计，也是完善税收法律体系的基本要求。但考虑到法治的渐进性，该领域立法可以分三个步骤渐次推进：首先，短期目标是修订《税收征收管理法》，明确税务师的法律地位，明确涉税专业服务的法定业务；其次，中期目标为启动为税务师行业进行专门立法，制定专门的《税务师法》；最后，也是长期目标，制定《涉税专业服务法》。

3. 确立不同主体的法律地位

我国涉税专业服务三大群体中，律师和注册会计师早已实现了行业专门立法，其法律地位在《律师法》《注册会计师法》中有着明文规定。根据前述立法路线图，当务之急是借助《税收征收管理法》修订的时机将税务师事务所等涉税专业服务机构的法律地位以专门的法律条文予以规范，明确涉税专业服务为税务师、律师和注册会计师的法定业务。值得一提的是，遵照前述立法路线图，现阶段修订《税收征收管理法》以规范涉税专业服务并确定其法律地位的方案是极具可行性的，且有多个立法先例可循。我国现行《资产评估法》《房地产管理法》《环境影响评价法》中均设有中介机构资质、设立条件和法律责任的条款。尤其值得关注的是，世界经济合作组织于 2013 年在《各国税收征管比较报告》中提及：将社会机构税务服务立法纳入税收征管体系是国际发展的趋势。

4. 完善不同主体的业务范围

随着一国税收制度的改革完善，涉税专业服务的业务范围也得以不断扩展，但是，为了更好地发挥不同服务主体的优势并维护涉税专业服务的竞争秩序，依然需要通过立法对那些极具专业特色的服务项目在不同的主体之间进行区分，其中最为典型者如涉税法律服务。涉税法律服务主要包括涉税民事财产纠纷、税务行政复议、税务行政诉讼乃至税务刑事诉讼等，该类服务需要专业的法律素养及丰富的诉讼经验，部分关键环节的介入还需要律师执业资格，为保证服务质量应将该类服务限定为只有税务律师可以代理。相应地，为保证服务的规范化，应设计一套对于税务律师资质的认定办法，如必须同时通过法律职业资格考试和税务师考试并获得相应的从业资格等。再如涉税鉴证服务。鉴证服务相比其他涉税服务更具有专业性，需要对国家的税收政策有深入全面的理解，有必要在将来的《税务师法》中将其规定为税务师的专属业务，未能通过税务师资格考试的其他人员不能参与，同时还需在相关法律法规中规定涉税鉴证报告的法律证明效力。

5. 构建完善的法律责任制度

如前文一再提及的，作为市场主体，涉税服务中介具有天然的逐利、越位的本性，为保障纳税人和国家的利益，规避不正当竞争，必须构建一套完善的法律责任制度，对此，发达市场经济国家的双轨惩罚制约机制（即职业惩戒和行政处罚）值得我国借鉴。由于法制的不尽完善，目前行政监管和行业自律在我国皆未能落实到位。为此，有必要在将来出台的《税务师法》中明确税务机关的行政处罚权和税务师协会的职业违规惩戒权。与此同时，《税务师法》在"法律责任"一章对各类涉税专业服务的违法行为进行归纳，明确各类行为的行政处罚措施。鉴于律师和注册会计师已有专门立法，当这两类主体从事涉税专业服务有违法行为时，可直接在《律师法》《注册会计师法》明确规定参照税务师法律责任制度进行处罚，以节约立法成本。最后，各行业协会要切实贯彻落实本协会章程以及遵守《中国注册税务师协会会员执业违规行为惩戒办法》等法律文件，律师和注册会计师亦可参照前述文件制定本行业成员违规执业惩戒办法，多管齐下，建立一套完备的涉税专业服务执业违规惩戒体系。

6. 构建税务代理责任风险防范机制

受宏观经济周期变化、国家税收政策更新、税法立法水平偏低、税务部门执法口径不一、纳税人收益波动等多重因素影响，税务代理行为面临一定的职业风险，有必要在未来的立法中构建完善的税务代理责任的事后风险分散机制。具体建议为：其一，允许税务师事务所按一定比例在缴纳所得税之前列支一定的职业风险基金，以体现国家倡导和鼓励的立场。其二，适当扩大职业风险基金的使用范围。现行《税务师事务所职业风险基金管理办法》第5条规定职业风险基金只能用于"因职业责任引起的民事赔偿"和"与民事赔偿相关的律师费、诉讼费等法律费用。"建议将来修法时应当允许税务师事务所可以用职业风险金弥补一定比例的亏损，以提高税务师事务所的经营能力和风险防控能力。其三，进一步健全立体式执业风险防范机制。例如，在未来立法中对各中介机构提出为执业人员购买职业责任保险的要求。作为立法的先期工作，税务主管部门有必要与保险公司协作对现行税务代理项目进行科学的测评厘定，设计出针对不同业务风险的职业责任保险产品，由各机构根据本单位员工的执业需求选择购买。

（四）提高纳税服务监管的法治化水平

当前我国纳税服务监管相关法律制度极不健全。前文提及的诸如纳税服务规范、纳税服务投诉管理办法、绩效考评制度、纳税人满意度调查制度等皆可归属于纳税服务监管范围，但显然，一则这些制度多以规章或规范性文件呈现；二则，现有这些规范基本都是侧重于事后监管；三则，已有规定中缺乏对纳税服务监管机制中的监管主体、客体、监管手段，监管流程的规定，导致监管效果欠佳。当前提升我国纳税服务监管法治化水平的工作思路及重点内容表现为以下几个方面。

1. 完善相关的法律、法规

针对纳税服务监管工作立法滞后的现实，应由立、废、改三个维度多管齐下，以为纳税服务监管构建坚实的法律制度保障。所谓立，是指在纳税服务监管法律制度中的空白地带，诸如事前监管、事中监管领域以及前文所论及之主体、手段、流程等事项，尽快实现建章立制。为保障监管的有效性，尤其要明确社会公众、行业协会等的监管权力及地位。所谓废，是指对那些各部门多头重复发布、内容矛盾冲突甚至失去效用的低位阶法律文件，要予以及时清理废除，至少是及时废止一些过时或重复的法律条款。所谓改，是指对那些短期内难以上升为法律但又相对落后于时代要求的必不可少的法律文件，尽快予以修订和完善，例如，应积极推动修订税收征收管理法，将纳税服务监管的相关内容纳入其中。

2. 建立风险管理为导向的纳税服务监管模式

通过前述立、废、改的建章立制工作所要达到的目标之一为：伴随着新经济业态蓬勃兴起、营商环境的进一步优化及纳税人（包括缴费人）对高水平多元化纳税服务的强烈需求，在各级税务部门制度资源建设及人力资源建设都相对滞后的背景下，应尽快构建起一种以风险防控为导向的纳税服务监管工作模式，实现对纳税服务的风险内容重点监管，在资源有限的情况下把控好、监管好纳税服务高风险环节。

3. 完善纳税服务监管机制

健全纳税服务监管法律制度的目标之二为：在建设服务型政府的时代大背景下，针对缺乏全国性统一纳税服务监管操作细则的现实困境，由国家税务总局统一立法，出台相关规章或者规范性文件，统一构建高标准的纳税服务监管机制，以改变当前政出多门、各地各级纳税服务监管效果不佳而又无法实现实质性突破的困局。

4. 强化日常监管

健全纳税服务监管法律制度的目标之三为：在前述风险管理导向式监管模式之下，着力加强纳税服务工作的日常监管，尤其是对办税大厅前台人员、税收管理人员以及相关内设机构关涉的纳税服务高、中风险内容进行特别关注。

5. 加大对纳税服务违规行为、不作为行为的惩罚力度

增加违法成本、加大惩罚力度是提升纳税服务监管效果的重要保障。要制定纳税监管机制全流程岗位职责，加大对服务过程中消极行为、违规行为的打击力度。将相关人员的违规行为与年度绩效考评、评先选优、职务职级晋升挂钩，并可作为干部提拔任用的重要参考依据。

（五）完善税务部门购买涉税专业服务的法律体系

我国关于政府购买服务的立法相对滞后缓慢，由此导致税务部门购买涉税专业服务时缺乏明确法律保障。本书认为，应当从以下三个方面着手完善税务部门购买涉税专业服务的法律保障。

1. 完善现行的法律法规

一则，对《政府采购法》及《税收征收管理法》等进行修改完善。对于《政府采购法》，可考虑增加"政府购买服务"的章节，明确政府购买涉税专业服务的基本原则、方法、资质认定标准、方式及途径、监管措施等内容，力求形成"上位法"的保障。对于《税收征收管理法》，也要考虑增加税务部门购买涉税服务的条款，对涉税专业服务的范围、形式、内容和标准做有效的规范，为税务部门购买涉税专业服务提供明确的法律依据。此外，还可择机修订《预算法》相关条款，将政府购买涉税专业服务相关内容纳入预算管理范畴。

二则，增加规范的适应性，提高购买涉税专业服务法律规范的层级。法治实践经验业已表明，层级较高的法律文件更具有权威性，更有助于提高各方主体的重视程度，由此也就会在更大程度上发挥法律规范的保障作用。当前，规范涉税服务政府采购方面的法律文件多以"通知""意见""文件"等形式呈现，整体层级偏低，保障力度不够。因此，有必要积极推动国家相关立法进程，逐步提升法律文件层级，将相关内容整合为上述法律修改的条款，改变目前以部委规章或规范性文件为主、少行政法规而无法律的现状。❶

三则，制定专项的部门规章（法规）。考虑到税务部门购买服务的专业性和特殊性，在修订完善上位法的前提下，尚需以部门规章的形式制定更详细的实施办法。例如，由国家税务总局制定政府购买涉税专业服务实施办法或细则，主要包括项目范围、采购程序、合同管理、监督检查等，

---

❶　朱兰波：《政府购买涉税公共服务法律保障问题探讨》，载《武汉商学院学报》2016 年第 4 期。

并将购买涉税专业服务纳入政府采购目录。

四则，鼓励出台地方性法规，发挥地方税收治理的主动性和创造性。作为国家立法权的重要组成部分，地方立法在增强中央立法的可实施性及发挥地方法治的创新性方面优势明显。为充分发挥地方立法的优势，在严格遵守《宪法》及《立法法》设定的立法权限的前提下，鼓励地方尤其是各省级人大大胆探索，结合地方域情、产业结构等制定具有地方特色的法规条例，作为完善购买涉税专业服务法律体系的一项补充，发挥其积极作用。

2. 构建外围制度基础

除完善政府采购与税收征管方面的法律及出台专项规章及地方法规外，税务部门购买涉税服务工作的规范化运作尚依赖于其他相关外围制度的进一步完善，其中至为关键的是预算制度及监督评估制度。

一方面，必须以科学规范的预算制度相配套。财税部门要编制购买服务的长期规划，针对购买的服务项目进行科学论证，严格按标准立项。做好预算统筹，保障资金及时到位。税务部门应结合工作目标及纳税人需求，认真核算成本，严格财政资金支付标准，编制专项预算方案，保证财政资金的使用公平有效。此外，健全涉税服务购买的相关内控机制，引入预算绩效考核机制，做到事前科学论证，事中动态监控，事后多维评估。

另一方面，还要辅之以高效的监督和评估手段。为保证政府外购涉税服务的质量和财政资金的利用率，监督和评估至关重要。其一，要构建起服务质量评估体系。完善的服务质量评估体系既要包含对服务效率的评估，也要包含对服务效果的评价，前者与前文提及的预算绩效考核相关，重点关注财政资金的投入产出比值的高低，后者则主要关注预期目标是否实现，是否较好地解决了实际困难和问题。其二，还要加强对服务商即涉税服务主体的监管。涉税服务的购买属于政府采购，税务部门与服务商之间既存在适用民法典合同编的买卖关系，还存在适用行政法的监督与被监督关系。各级税务部门应当明确科室分工，保持与相关行业协会的沟通、配合，进一步优化涉税服务机构信用评价制度，锐意进取，探索完善对涉税服务机构监管的思路。其三，切实提高税务机关自我监督水平。完善税务机关内部职权分离机制，相关各部门既要相互配合，又要相互监督，最大限度避免权力寻租。此外，阳光是最好的防腐剂，要严格落实信息披露制度，保证整个购买过程公正、透明。不仅如此，为切实保障监督质量，当特定时期政府购买某些大型、复杂项目时，可以尝试引入高水平的第三方评价机制，确保监督专业有效。

3. 明确重点问题

如前文所述，政府购买涉税服务是一项专业性特别强的业务，无论是对现行法律的修改完善，还是制定专门性的法规规章，都需要对该项制度的下列特有内容进行明确：一是明确规定项目范围。为保证税务机关购买涉税服务的实效性和规范性，应在科学论证的基础上针对涉税专业服务的不同领域制定详细的购买目录，同时还应该顺应社会发展趋势和税收征管的现实需要定期予以修订和更新。二是要明确涉税专业服务购买的主体。要根据政府可购买涉税服务范围内不同项目的性质、受益范围、资金规模、预算层级等在省、市、县三级税务之间进行科学分配。三是在主要程序方面，一方面，要完善立法，明确购买双方的权责范围，尤其严格规避税务机关通过购买合同让渡税收执法权的行为，最大限度避免执法风险发生的可能性。当然，约定权责范围的另一功用在于当购买合同履行过程中出现偏差时能够及时纠错，避免相互推诿的情况发生。另一方面，构建服务购买需求调查机制。通过前文已经多次论及的诸如大数据等多种途径准确获取纳税人的需求信息，争取实现政府购买各项涉税服务时经济效益与社会效益双丰收。

第七章　双重视域下破产税收债权实现问题研究[1]

近年来，受产业升级转型、国际贸易环境及新冠肺炎疫情冲击等多重不良因素的叠加影响，我国经济下行压力加大，许多中小型企业乃至部分大型企业不堪重负，陷入无法清偿到期债务或明显缺乏清偿能力进而成为"僵尸企业"的困局。结合近年来各地法院受理的破产案件情况来看，无论是数量的增长速度还是涉及的地域幅度，企业破产正不断常态化、普通化。2006年修订的《企业破产法》及之后出台的一系列司法解释是我国处理企业破产问题的主要指引，其从处理程序、债权范围、解决方式等方面对企业破产作出了相应规定。以破产法的立法沿革为主线可以发现，我国对于破产法及相关制度给予了足够的重视，究其原因，是因为破产法本着"以法去僵"的立法目的，调整债务关系和市场资源配置关系，有效解决多数债权与有限财产之间的矛盾，助力实现"去产能、去库存、去杠杆、降成本、补短板"的供给侧结构性改革。然而，破产法在实践中仍然暴露出一些问题，税收债权问题即为其中较典型的一种。我国《企业破产法》采用定义概括的方式描述了破产债权的范围并就破产债权清偿顺序作了规定，但当据此处理税收债权时则不甚明确。破产债权中的税收债权，既受破产法约束，又难以偏离税法规范。基于财政目的性，税法往往着眼于持续经营的、健康的纳税主体而制定，致

---

[1] 本章内容源自山东财经大学法学院2021届硕士研究生吕晓宇的硕士论文，指导老师为刘中建。经本人同意，收入本书。

力于实现税收目的，着重体现"税收优先性"的精神，对陷入困境甚至濒临死亡的纳税主体的关注则相对较少，这一点在我国表现得尤为突出。与之不同的是，破产法贯彻公平理念，旨在达成用有限的财产偿还尽可能多的债务之目的。因此，在某种程度上二者之间存在着天然的矛盾。与此同时，由于我国企业破产法和税法的相对滞后性，诸如税务机关能否成为企业破产的申请主体，税收优惠政策在破产程序中如何适用等问题都给法院审理破产案件带来较大的困惑。处理好这些问题，才能实现税收营商环境的提升，更好地帮助困难企业、濒危企业涅槃重生，进而从整体上优化我国的市场生态。

实践的需要是法律制度不断完善、发展的主要动力，而司法实践中暴露的典型问题更是法律制定、修改的方向指引。近年来我国破产企业数量激增，企业破产新问题层出不穷，但我国企业破产法立法相对滞后，尤其在破产法与税法交叉领域，现行破产制度难以为人民法院办理破产案件提供较为系统化的指引，不利于企业破产过程中的部分相对复杂的税收债权实务问题的解决，从而严重影响到法院对相关案件的受理和审理进程。对于企业破产程序而言，无论是破产受理前可能存在的欠缴税款，还是破产程序中的新生税款纳税申报，抑或是重整程序中的所得确认，以及最终破产清算终结后的税务注销登记等，皆可以概括为破产领域中的税收债权问题。因此，解决破产程序中的税收债权问题，对于"僵尸企业"的良好清除有着不容忽视的作用，有利于更好地指导司法实践。厘清破产程序中的税收债权问题，既能拓宽财税问题的理论边界，深化财税制度的适用情境，也有助于完善我国破产法律制度，丰富破产法理论，提高破产法的兼容性，最终实现更好地指导企业破产实践，调整破产制度和税法规范间的冲突。本章从税收优先权制度、税收债权申报主体、税收债权申报范围以及破产程序中的新生税款问题等方面入手，结合现阶段国内外的研究成果，探究解决我国破产程序中税收债权问题的理论方法，拓宽破产程序中税收债权问题的研究范围。

一、司法实践中企业破产涉税问题现状

企业破产案件是指企业无力偿债，只得通过司法程序进行处理的事件。这里所说的司法程序主要包括三种：破产清算、重整以及和解。实践中，破产案件以清算和重整居多。本书将采取实证分析的研究方法，从近年来企业破产案件争议焦点入手，研究破产企业的税收债权问题。

（一）破产涉税案件样本选取

与普通的破产债权人不同，作为国家行政执法者，税务机关的角色较为特殊。在进入破产程序后，企业欠缴的税款即为破产税收债权，税务机关不再是执法者的角色，而是转变为债权人。此种破产税收债权主体的特殊性一定程度上更是加剧了税收债权的复杂性，一系列破产涉税问题皆与此密切相关，如税务机关进入破产程序的合法方式应该是什么，税务机关应该如何主张其债权，税收债权的申报范围应该如何界定，破产程序中的新生税款应该如何定性，破产重整过程中遇到的涉税问题应该怎样解决？为了更好地解决上述问题，本书以中国裁判文书网、威科先行数据库为主要的数据来源，选取了司法实践中的破产涉税案例进行研究。

1. 样本总体情况

本项研究的案例选取采用的方法是：选取高级筛选的方式进行案件检索，在"案由"一栏选择"民事"案由，在"全文关键词"中输入"破产"，在"当事人"一栏输入"税务局"，如图7-1所示，截至2021年3月1日12时，共检索出343条结果，时间跨度为2012年至2021年。

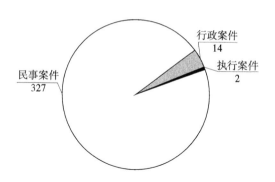

图 7 - 1　案由检索结果统计

2. 数量及地域分布情况

统计案例地域分布情况（见表 7 - 1）以及案例数量年份分布情况（见图 7 - 2），不难看出，在 2016 年之前破产涉税案件数量总体较少，之后类似案件数量急剧增加。一方面与破产程序的广泛推进有关；另一方面体现了"执转破"案件❶数量的增多及工作成效的显著提升，体现出法院对破产工作的积极作为。从案件的地域分布情况可以看出，浙江、山东、广东、江苏、福建等省的破产涉税案件数量较多，这与这些省份的经济发展水平密切相关，除此之外，也说明了这些省份的破产审判公共服务和配套制度相对完善，民众对于破产的认知度和接受度相对较高，管理人队伍的履职能力也相对较强。

表 7 - 1　案例地域分布情况

序号	省份	案件数量	占比（%）
1	浙江	124	36.15
2	山东	32	9.33
3	广东	25	7.29
4	江苏	24	7
5	福建	20	5.83

---

❶　针对执行案件中发现被执行人企业存在资不抵债等问题，2015 年 2 月 4 日起实施的《最高人民法院关于适用〈中华人民共和国民事诉讼法〉的解释》第 513 条至第 516 条正式确立执行转破产制度，在征得一方当事人同意的情况下，允许执行机构将案件移送破产审判机构进行破产审查，这有利于进一步发挥市场机制的优胜劣汰机制，加速市场出清，助力优化营商环境。

续表

序号	省份	案件数量	占比（%）
6	河南	14	4.08
7	安徽	13	3.79
8	海南	12	3.5
9	四川	11	3.21
10	湖南	9	2.62

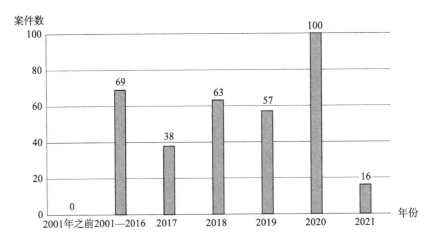

图 7-2　案例数量年份分布情况

破产涉税案件的显著增加，无疑印证了某学者的观点："从司法实践情况看，破产程序中的税收问题难以解决，是影响法院受理和审理破产案件的重要问题。"❶破产审判中遇到的税收问题确实已经成为影响破产程序顺利推进的重要因素之一。

（二）案件争议焦点情况

将执行裁定类型的案例、不属于破产程序范围内的案例等与本章研究内容不具有相关性的案例剔除之后，对上述检索结果进行进一步的分类，

---

❶ 王欣新、徐阳光：《中国破产法的困境与出路——破产案件受理数量下降的原因及应对》，载王欣新、郑志斌主编：《破产法论坛》（第9辑），法律出版社2015年版，第47页。

如图7-3、表7-2所示，其中破产清偿顺序纠纷案件共57件，涉及税收优先权纠纷的案件共39件；税务机关作为破产申请人向法院申请欠税企业破产清算或重整的案件共93件；税收滞纳金、罚款、非税收入纠纷案件共60件，涉及新生税款纠纷的案件共2件；涉及破产重整纠纷的案件共15件，其他案件77件。

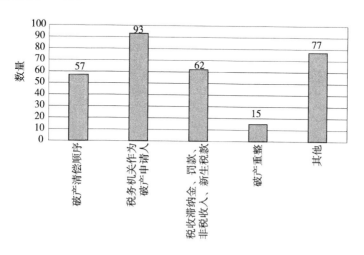

图7-3　案件分类统计

表7-2　涉税案例争议焦点情况统计

序号	争议焦点	案件数量（件）	典型案例
1	税收优先权问题	39	（2020）浙0726民初1770号 （2019）浙10民终1071号 （2017）浙06民终1119号
2	税务机关是否是适格破产申请人	93	（2020）粤01破申402号 （2020）浙10破申59号 （2018）津02破申55号
3	欠税滞纳金的申报范围、计算方式	32	（2019）鲁01民终4926号 （2018）晋0581民初2004号
4	税收罚款的定性、申报范围	28	（2020）湘0682民初1052号 （2018）黔26民初32号
5	新生税款的定性和申报	2	（2019）兵12民初2号 （2018）冀01民初1284号
6	破产重整方案的涉税问题	15	（2019）鲁1625民初47号 （2018）浙0305行初29号

通过表7－2可以看出，破产企业面临的主要税收债权问题集中在如下几个方面：第一，税收优先权问题，如在破产程序中的清偿顺序之确定；第二，税务机关的身份认定问题，比如税务机关是否能够作为破产申请人；第三，税法与破产法的规则互认问题，比如税收债权之金额确认矛盾、申报范围矛盾、欠税滞纳金的定性矛盾等。

总之，在破产案件显著增加的背景下，我国破产涉税案件的数量呈逐年增长的趋势，破产程序中的税收债权问题的重要性日渐凸显。解决破产程序中的税收债权问题对司法实践效果的提升有着不容忽视的作用。

二、典型税收债权问题分析

无论是在理论层面还是实践层面，我国破产程序中涉及税收债权时往往表现出问题的多样性及疑难性。在暴露出的诸多问题中，以税收债权的清偿顺位不明确、税务机关申报债权的范围不确定、申报范围不明确、新生税款定性困难这几个最为典型。

（一）破产给付义务的清偿顺序问题

根据《企业破产法》，一般情况下在破产清算程序中破产财产是按照"担保财产、破产费用和共益债务、职工债权、欠缴社保费和欠缴税款、普通债权"的顺序进行清偿的。由此可以看出，税款被置于相对优先的顺位。值得注意的是，与其他债权或费用清偿顺序具有明显不同的是，税款之所以被置于相对优先的位置主要是基于其"税"的属性而非破产法的立法宗旨。那么，我国企业破产法这种规定是否合理呢？

1. 一般清偿顺序

其一，担保债权优先受偿权。《企业破产法》第109条规定了担保权人的优先受偿权，即以其被担保财产为限可以优先受偿。因此，就担保财产来讲，在破产程序中担保权人享有随时受偿的权利。但其若想实现优先受偿，还需同时满足以下几个条件：（1）依法成立，如不动产或特殊动产抵押权已办理登记，完成公示。（2）依法申报。债权人在人民法院规定的申报期间完成债权申报是其债权实现的前提条件，因此担保权人如未在规定期限内进行债权申报则无法实现受偿，反而还要承担返还担保标的物（如已经占有）等责任。（3）经依法确认。有担保的债权人进行申报时须提交证据证明该担保权存在且成立并与其他债权人提交的申报资料一起被编制成债权表，只有经第一次债权人会议核查且无异议并经人民法院裁定确认后，该担保债权才能被纳入破产债权，享受优先受偿。

其二，破产费用和共益债务优先权。我国《企业破产法》并没有尝试以定义的方式界定破产费用和共益债务，而是采用了概括列举的方法。破产案件诉讼费用、管理费用、管理人报酬等都属于破产费用；债务人因无因管理、不当得利、财产致人损害、为继续营业而支付的劳动报酬等所产生的债务属于共益债务。破产费用和共益债务的清偿具有"随时性"和"比例性"的特点，即可随时清偿、可按比例清偿。这一规定主要是基于保护破产程序不被"破产"，能够有序进行下去。

其三，职工债权优先权。职工债权主要为破产人所欠工资、伤残费用、应属个人的养老保险、补偿金等。《企业破产法》从保护职工权益的角度出发，将职工债权清偿顺序安排在了破产费用和共益债务之后、所欠税款之前，同时职工债权不必进行债权申报，由管理人进行公示即可。在《企业破产法》修订之前，我国理论界对于职工债权的一个主要争论点就是其与担保债权清偿时孰先孰后。2006 年修订的《企业破产法》对这一问题给予了关注，该法第 132 条规定，对于按照 109 条清偿后仍不足以清偿部分，职工债权应当优先于担保债权受偿。

其四，税收债权优先权。关于破产程序中税收债权优先性的一系列讨论是基于《企业破产法》第 109 条中税收债权相对于普通债权具有优先受偿顺序的规定而产生的。其实，体现税收优先性的规定在我国法律中屡见不鲜。以《税收征收管理法》为例，该法就规定了欠缴税款应优先于罚款、没收违法所得，税款可先于无担保债权、担保债权偿付。《企业破产法》沿用这一做法，一方面是初步考虑到了破产法与税法之间的衔接适用；另一方面是为了贯彻落实长期以来的"应收尽收"的税收征管理念。

但由于法律的滞后性，《企业破产法》关于税收债权优先性的规定显然已经难以应对不断出现的新情况，无法对司法实践形成有效的指导。

2. 税收优先权问题

最早的税收其实是与优先权制度不存在什么关系的。如德国学者奥托·梅耶就认为，税收法律关系只不过是一种特殊的行政法律关系，表现为纳税人对国家课税权的一种服从。与纳税人只负有纳税义务而不享受任何权利不同的是，国家作为具有强制力的课税主体，既可以创设各种纳税人纳税义务，还可以制定各种处罚措施。奥托·梅耶以行政法的视角对税收制度的阐释为研究税法提供了一种很好的思路和解释，但是其显然忽略了税收作为接受公共服务而支付的有偿对价的属性。❶

1919 年德国颁布的《帝国税收通则》认可了"税收之债"的存在。❷很多学者开始尝试将私法上的债权债务理论引入税法研究，如以阿尔伯特·亨泽尔为代表的德国税法学者提出，税收法律关系其实是一种公法上的债权债务关系，纳税人的纳税义务在其行为满足国家创设的课税要件时就会得以创设。❸税收之债理论就这样在学者们予以不断完善的背景下逐渐演化为学界通说。因此，优先权制度就自然而然地被融合进税法理论研究中。

受德国税收债权债务研究理论的影响，亚洲一些国家和地区也都纷纷开始确立税收优先权制度。如日本在 1927 年通过的《国税征收法》就规定，国税相对于其他税捐及债权具有征收的优先性，但该法第 15—21 条规定了国税优先权的除外情形，即国税与担保物权间的先后问题，发生在法定纳税期限之前、财产受让前设定的质权、抵押权相对于国税具有优先性。我国台湾地区"税捐征稽法"第 6 条也规定："税捐之征收，优先于普通债权。土地增值税、地价税、房屋税之征收，及法院、行政执行处执

---

❶ 刘剑文：《财税法专题研究（第三版）》，北京大学出版社 2015 年版，第 173 页。
❷ 《德国税收通则》第 81 条规定："租税债务在法律规定的租税要件充分时成立。为确保租税债务而必须确定税额的情形不得阻碍该租税债务的成立。"它表明租税债务不以行政权的介入为必要条件，征税机关的行政行为仅具有确定具体的纳税义务内容的效力。
❸ 施正文：《税收债法论》，中国政法大学出版社 2008 年版，第 1 页。

行拍卖或变卖货物应课征之营业税，优先于一切债权及抵押权。"

税收优先权理论在我国兴起是在 1990 年左右。在《税收征收管理法》刚刚通过及《税收基本法（税法通则）》加紧推进制定进程的背景下，我国学界普遍认为中央税应该优先于地方税，在纳税人财产不足以清偿全部税款时应该优先保证中央税的征收。之所以产生这一观点，是因当时我国正实行分税制改革，中央财政赤字居高不下，给中央政府履行职能、提供公共服务等造成了很大的困扰，将中央税提高到优先地位是当时我国财政税收工作实际情形下的必然选择。随着《税收基本法（税法通则）》立法工作的中止，我国学界在税收优先权问题上不再局限或偏重于央地间税收优先关系，而是将视野扩大到了税收之外的其他领域。

我国税收优先权制度的正式确立是以 2001 年修订的《税收征收管理法》为标志的。该法第 45 条首次规定了税收债权与其他债权（包括无担保债权、有担保债权）间的受偿顺序及情形。虽然该法律规定没有直接提出"税收优先权"的概念，但从表述中不难看出这一强烈的倾向性。2005 年国家税务总局在《关于人民法院强制执行被执行人财产有关税收问题的复函》（国税函〔2005〕869 号）中指出："税收具有优先权，无论拍卖、变卖财产的行为是纳税人的自主行为，还是人民法院实施的强制执行活动，对拍卖、变卖财产的全部收入，纳税人均应依法申报缴纳税款，鉴于人民法院实际控制纳税人因强制执行活动而被拍卖、变卖财产的收入，根据《税收征收管理法》第 5 条的规定，人民法院应当协助税务机关依法优先从该收入中征收税款。"

但是，鉴于相关理论研究仍然不够充分，一些问题尚存争论，因此税收优先权以立法形式被确认可以说是具有立法上的超前性。其实，我国关于税收优先权的相关制度的做法多是参照了日本和我国台湾地区的一些成果，仅是在此基础上作出了一些相对粗浅的规定。在这一立法超前性和理论滞后性的矛盾之下，我国税收优先权的司法实践面临着很大的挑战，也暴露出诸多问题。

通过上文对税收优先权理论及立法演化沿革的分析，可以发现现在不少国家和地区都对税收优先权加以规范。起初，许多国家都赋予税收债权

极高的地位，赋予税收债权在破产清偿时优先受偿的权利。随着各国经济
发展和社会制度的更迭，税收优先权已经不再符合许多国家的国情，倘若
继续赋予税收债权过于优先的地位，会进一步加重企业的税收负担。在破
产企业的剩余财产和价值均十分有限的前提下，税收债权过于优先的受偿
地位可能会导致其他普通债权人分配不到财产。除此之外，即使破产税收
债权的金额较大，对于其他债权人和企业来说是一笔巨大的款项，但是对
于国家来说，这笔债权的灭失并不会对国家财政产生较大冲击。

在这样的趋势面前，赋予税收债权过于优先的受偿地位显然已经不合
时宜，所以许多国家已经从法律上废除了税收优先权制度。而对于有的国
家来说，税收优先权依旧有其存在的社会政治基础，尚不具备完全取缔的
条件。但从世界的整体发展趋势来看，税收优先权制度的地位整体是处于
被削弱的状态。❶

（二）破产税收债权关系之特殊主体问题

1. 税务机关在税收债权申报中的角色

在破产程序中，申报债权是债权人行使相关权利的前提和基础，税收
债权当然也不例外。税收征管部门与其他普通债权人在破产程序中的法律
地位一样，都属于债权人范畴，有所不同的仅仅是债权人由于申报债权的
性质不同而享受不同的清偿顺位，税务机关应当依法向破产管理人申报税
收债权。管理人在接管债务人企业后，也理应通知税务部门、海关等税收
征管部门进行债权申报，不能有所遗漏。税收征管部门在收到管理人的债
权申报通知后，也应当积极申报债权，履行自己的职责。破产权利的丧失
与税务机关消极地对待债权申报有必然联系，如债权人参加第一次债权人
会议时享有的权利等。尤其是在破产清算程序中，破产企业的财产在最后
分配前仍未补充申报的，税收征管部门相关工作人员可能会因为税款流失
而承担渎职的法律责任。如因破产财产总量不足或清偿顺序的原因而导致
税收债权未受偿或者未完全受偿的，税收征管部门也可通过破产财产分配

---

❶ 熊伟、王宗涛：《中国税收优先权制度的存废之辩》，载《法学论坛》2013 年第 2 期。

方案、破产终结裁定等文件核销相关税款。

　　税务机关的角色具有双重性，在税法领域，税务机关是国家行政机关，依法履行国家的行政职能，享有国家赋予的征税权力；在破产法领域，税务机关与其他债权人并无不同，仅仅是税收债权的债权人。并不能因为税务机关是行政机关而否认其在破产程序中的债权人身份，并因此剥夺其申请人的资格。从公平正义的角度来看，税务机关的申请人身份是不容置疑的，也理所应当地享有申请启动破产程序的权利。但是，对于这一问题，学界的观点并不一致。部分学者认为，税务机关作为行政机关，其参与破产程序时应当格外谨慎小心，其公权力的行使者身份很有可能会对企业破产程序产生客观因素以外的影响，例如税务机关可能凭借自己的公权力影响破产程序的推动进程，或者以自身权力为筹码，要挟管理人在进行破产财产分配时给予更多利益。这些行为都会不利于破产程序的公平正义，也易于激化社会矛盾，加深民众对行政机关和司法机关的不信任。据此，部分学者对于税务机关享有申请人权利一事持反对和怀疑的态度。

　　但是，上述怀疑仅仅是从或然性的角度予以推测，并不必然发生。若根据或然性就否定税务机关的债权人合法正当权利，也不符合法律公平公正的宗旨，不利于税务机关的权利行使。再者，我国的破产法并没有将税务机关排除在破产申请权人的范围之外，所以税务机关不是适格破产申请人的观点没有法律依据。况且税务机关即使享有破产申请权，其申请破产的行为也并不必然导致企业进入破产程序，尚须经过人民法院的审查和确认。所以，上述关于税务机关滥用破产申请权的担心有些杞人忧天。当然，合理的质疑也有利于监督税务机关合法行使权利。

　　总而言之，对税务机关的破产申请权加以认可，一方面是因为税务机关是破产申请权的适格主体；另一方面，认可税务机关的破产申请权既有利于充分发挥税务机关的主观能动性，符合破产法债权主体的平等性原则，亦有利于打消对税务机关的质疑，促进破产制度的完善。

　　2. 税务机关在破产程序中的权利和义务

　　税务机关在破产程序中的权利由其角色决定。税务机关的债权人角色决定了其享有的权利与其他债权人基本相同，包括破产申请权、破产财产分配权等。税务机关在破产程序中不再是行政权力行使者的角色，而是一个普通的民商事主体身份。所以，税务机关不会因为其行政机关的特殊身份而在破产程序中享有其他债权人所没有的特权。权利与义务是相辅相成的，税务机关应当履行的义务也与其他债权人并无二致。

虽然现行《企业破产法》并没有对税务机关应当进行税权申报作出十分明确的规定，但是在第48条第1款中已经明确了债权人需要履行在法律规定的期限内申报债权的义务。纵然没有明确指明税务机关同样需要对税收债权予以申报，税务机关并不能因此认为自己没有税收债权申报的法定义务从而拒绝履行义务。

税务机关不及时申报税收债权可能会丧失其合法权利，如参与债权人会议以及行使表决权的权利等。如此一来可能会导致税款的流失，财政收入的减缩。国家必定不会放任此种现象，通过特殊手段对税收债权予以确认。这样一来，虽然税款减少了流失，但是此举对于其他债权则有失公平。基于这种考虑，国家税务总局在《关于税收征管若干事项的公告》中要求税务机关在人民法院宣布的债权申报期限内，按规定向管理人申报税收债权。

由此看来，无论是从理论上抑或是立法实践中，税务机关都有权并且应该向人民法院申报税收债权。税务机关向人民法院依法申报税收债权，不仅是税务机关的权利，更是税务机关的义务，因为无论税收债权作为公债权还是私债权，出于社会公平正义的考量，都应当经过其他债权人的审查。

（三）税收债权的申报范围问题

1. 欠税滞纳金的申报

我国有关欠税滞纳金的规定，可以参见破产法以及2020年3月1日施行的国家税务总局《关于税收征管若干事项的公告》、最高人民法院《关于税务机关就破产企业欠缴税款产生的滞纳金提起的债权确认之诉应否受理问题的批复》（法释〔2012〕9号），即债务人在法院受理其破产前因欠缴税款产生的滞纳金属于普通破产债权，应当与其他普通债权处于同等地位，并按照比例进行分配受偿。为了进一步方便破产企业、管理人以及基层税务机关贯彻落实，《关于税收征管若干事项的公告》明确了税务机关申报的滞纳金、因特别纳税调整产生的利息均按照普通破产债权申报。

关于破产程序前所欠滞纳金清偿的问题。欠税滞纳金不同于欠缴税款本身，根据法律规定的欠税滞纳金的利率不同，其表现出来的性质也有所不同。具体来说，当欠税滞纳金的利率过高时，如1992年我国《税收征收管理法》中有关滞纳金的利率被规定为按日加征0.2%，换算成为年利率则高达73%，该利率已经远超银行同期利率，因此税收滞纳金便具有显著的惩罚性质。税收滞纳金还具有补偿性的特点，如在国家税务总局《关于偷税税款加征滞纳金问题的批复》中的规定，表明了税收滞纳金是一种具有补偿性的滞纳金。当然，有时税收滞纳金是具备惩罚性和补偿性双重属性的，此观点在我国2001年修正的《税收征收管理法》中可见一斑，税收滞纳金按日加征0.05%，换算成年利率为18.25%，此利率相较于1992年的《税收征收管理法》和批复，兼具惩罚与利息的双重性质。据此可见，税收滞纳金的性质很大程度上是由法律及相关文件的规定所决定的。发生于破产受理之前的税收滞纳金更多的是以利息补偿性为主，因此将税收滞纳金规定为普通债权进行破产申报具有其合理性。税务机关在申报税收债权的时候，应当将这部分滞纳金作为普通债权申报。欠税滞纳金的利率并非始终保持固定，而是随着国家的经济社会发展需要而变化。滞纳金的数额主要取决于两个因素，一个是法律对于滞纳金利率的规定，另一个是对于税收滞纳金的计征期限。税收滞纳金在破产领域中也应当受滞纳金规则调整，不应因为其由公法之债产生而与其他滞纳金有所不同。在实践中，倘若无法确定税收滞纳金的期限，应当根据滞纳金规则中最高计征数额确定上限，欠税滞纳金不可超出该上限。

关于新生税款滞纳金的清偿问题。与破产程序开始前产生的欠税滞纳金不同，新生税款产生的滞纳金不能按照普通债权进行申报。这是因为，在破产程序开始后，税务机关的身份具有双重性，它既是公法之债的债权人，也是征收税款的权力机关。最高人民法院在《关于税务机关就破产企业欠缴税款产生的滞纳金提起的债权确认之诉应否受理的批复》（法释〔2012〕9号）中规定："破产程序受理之后产生的滞纳金的处理方式不同于破产之前税款的滞纳金，之后产生的滞纳金不属于破产债权。"在学界，有关新生税款滞纳金的性质存在争议。一种观点认为，新生税款的税收滞纳金应当被认定为除斥债权。这种观点认为税务机关在进入破产程序时是以国家机关的身份进行债权申报，而非以公法之债的债权人身份进入的。若将滞纳金界定为共益债务或者破产费用，对新生税款产生的滞纳金进行征收，存在与民争利的嫌疑。此举实则是让其他债权人为企业的税负买单，导致其他债权人的利益受损，违背破产法的宗旨。也有观点认为，应当将新生税款滞纳金认定为共益债务，依据是《企业破产法》第42条规定的"为债务人继续营业而应支付的劳动报酬和社会保险费用以及由此产生的其他债务"为共益债务。这两种关于新生税款税收滞纳金的看法都存在缺陷。将新生税款滞纳金界定为除斥债权的观点，忽视了新生税款在破产程序中实则是因为企业的继续运营而产生的，符合破产法中关于共益债务的规定。将其完全排除在共益债务范围以外，显然并不妥当。但是，将新生税款产生的滞纳金全部界定为共益债务也有其缺陷，因为部分税种的税款并非因为企业的继续存续而产生，而是始终存在的，例如房产税等。若将此类新生税款的滞纳金与其他滞纳金一概而论，则对其他债权人有失公平，在无形中损害了其他债权人的权益，不符合债权保护原则。由此可见，对于税收滞纳金问题，我们应该具体问题具体分析。根据不同的税种作出详细的规定，尊重和利用每个税种的特殊性。采取"以问题为导向"的研究方法，对于税收滞纳金的问题各自分而论之，将全部税种根据其产生方式、税率等进行区分，类似增值税等因企业继续经营而发生的税种，应当将其界定为共益债务进行债权申报；而对于房产税等在企业继续存续方面贡献较少的税种，则应当界定为劣后债权，不予优先偿付。

2. 罚款与其他非税收入

税收罚款与税收滞纳金不同，罚款具有显著的惩罚性特征，因此税收罚款显然不能作为优先级债权获得清偿。关于税收罚款的性质和清偿顺序，无论是在学术界还是在立法领域，都没有太大的争议。

税务机关除征收税款以外，也承担了部分税款以外的征收责任。尤其是近几年来，非税收入的征收职权正在逐步划归税务机关。预计在未来的几年内，非税收入将全部由税务机关征收。非税收入一般指地方教育费附加、教育附加等具有税收性质的费用，还包括政府基金、行政事业性收费等费用，根据国家税收总局《关于税务机关代征各种基金、费有关征缴入库和会统核算问题的通知》（国税函〔20121〕137 号）的规定，"税务机关代征各种基金和费用应当采用税收征缴方式"。因此，将非税收入列入税收债权的范围进行破产债权申报兼具合理性与合法性。

（四）破产程序中新生税款问题

1. 新生税款的种类

在法院受理破产案件即进入破产程序后，由于没有进行工商注销，在税务机关的登记信息内，破产企业依旧是纳税义务人。在企业进入破产程序后，其发生的应税行为自然也会产生纳税义务。

破产企业进入破产程序后产生的新生税款主要有以下几类：房产税；城镇土地使用税和城市维护建设税；增值税；企业所得税和个人所得税；消费税；契税和印花税。根据破产企业类型的不同，新生税款的种类也有所不同。例如在石油行业，企业在破产后产生的主要税种是消费税、增值税，且消费税的金额往往巨大。如何对新生税款定性会影响甚至决定其他债权人的债权清偿程度，对破产重整企业来说，也直接关系到其能否涅槃重生。

2. 新生税款的定性

关于企业进入破产程序后的新生税款，我国的企业破产法并没有作出明确的规定，学术界关于新生税款的定性也有许多不同的观点。

一种观点认为，应该把破产程序中的新生税款界定为破产费用和共益债务，根据新生税款的发生而随时获得清偿。此种观点的依据在于《企业破产法》第 41 条、第 42 条之规定,认为新生税款应当按照《企业破产法》第 43 条的规定,随时发生、随时清偿。

对该种观点持反对意见的学者认为,破产程序中新生税款并不属于破产费用或者共益债务,原因在于《企业破产法》第 41 条、第 42 条对破产费用和共益债务已经进行了完全列举,在列举的情形当中并未提及新生税款,因此,仅凭破产管理人或者人民法院的主观认定,就轻易将新生税款认定为破产费用或者共益债务,对于企业和债权人来说,未免都有些不负责任。

本书认为,上述两种观点都有其合理性,但是也各自存在缺陷。首先,将新生税款界定为破产费用和共益债务随时清偿的观点具有其合理性,因为从形式要件上讲,新生税款符合破产费用和共益债务的规定。但是并非所有新生债权都是因为破产企业存续而发生。例如,增值税、印花税等新生税款,确实是企业为更好地存续或者分配债权人财产而发生,具有积极的性质,将其作为破产费用和共益债务随时清偿没有不妥。但是对于城镇土地使用税这类被动产生的税款,就不宜作为破产费用和共益债务予以清偿,因为其对企业的存续和破产财产分配并无实质性作用,应当相比增值税等税款劣后清偿。根据新生税款的种类进行有区别的清偿,可以兼顾减少税款流失与保障更多债权人利益,同时也有利于破产程序平稳有序进行。

3. 司法实践中的新生税款

在司法实践中,将企业破产程序中的新生税款界定为破产费用和共益债务屡屡可见,例如"承德嘉泰房地产开发有限责任公司与承德市自动化计量仪器厂破产管理人债务纠纷案"❶ "广发银行股份有限公司佛山分行、佛山市南海广亿五金制品有限公司管理人申请破产清算、管理人责任纠纷案"❷ 等破产案件,法院在审理时,均将新生税款界定为破产费用和共益债务,以破产企业的财产随时进行清偿,所援引的法律依据基本都是我国

---

❶ 案例来源于中国裁判文书网,案号为(2015)承民初字第 00136 号。
❷ 案例来源于中国裁判文书网,案号为(2016)粤民终 1942 号。

《企业破产法》第 41 条、第 42 条以及第 44 条的规定。由此可见，在实务中，司法机关更倾向于将破产程序中的新生税款认定为破产费用和共益债务。但从前述分析可知，此种认定存在一定的缺陷，导致其他债权人在一定情况下为破产企业的应税行为承担税负，这易造成公权之债与私权之债的矛盾与冲突，使权利保护的天平更多地倾向了公权力，有悖于法律发展的历史趋势。因此，我国应当针对破产领域中的税收债权问题制定更加详细的法律规定，并且根据实际情况的不同出台配套的司法解释，从而使人民法院在审理破产涉税案件时有法可依、有据可循，不仅有利于提高司法效率，也有利于破产制度的进一步完善。

综上，本章通过对前期案例样本分析结果的归纳，并结合司法实践，对破产涉税案件中出现的典型问题加以分析和总结，对税收债权的清偿顺位不明确、税务机关申报债权的范围争议、新生税款定性困难等具体问题进行详细剖析，同时综合考量学术界的代表性观点，得出典型税收债权问题的出现与税收债权主体的特殊性有密切关系，与法律上对新生税款、税收滞纳金、破产清偿顺序没有明确的规定有直接原因，虽然针对个别问题有少数的法律文件涉及，但是也仅仅是泛泛的规定。此外，税收债权身处复杂的法际交叠地带，现有的理论观点和法律依据无法从根本上解决。在破产涉税案件中，仍应当具体问题具体分析，并同时加快相关领域的立法，注重兼顾合理性与合法性，兼顾公权与私权，兼顾国家利益与社会整体利益。

三、研究税收债权问题的双重视域

《企业破产法》与《税收征收管理法》各自分属公法和私法两个不同的法域，二者并非基于相同的立法理念以及利益诉求，在规则设置方面二者互有冲突并且难以弥合，因此在解决破产程序中税收债权法律问题时便产生了诸多障碍。究其根本，需要在双重视域下关注破产程序中税收债权问题，并通过部门法协同规制的思路予以解决。

（一） 双重视域下的税收债权

1. 破产债权：破产法视域下的税收

税收具有强制性，是国家把私有部门所产生财富的一部分强制性地转移到国家手中的手段，以达到筹集公共服务资金的目的。国家与纳税人之间的债权债务关系是税收法律关系的中心，税收之债符合债之形式属性，是公法之债，其与私法之债有一定的相通之处。破产法产生的原因，从社会发展的角度来看，是为了债权人最大限度获取债务人的财产。因为在债务人进入破产程序后，其财产往往十分有限，不足以偿还所有债权人，因此为了能够使更多债权人权利得到保障，破产法中关于破产债权的规定应运而生。但是由于破产法的利益主体繁多复杂，在平衡各个部门法和权利主体之间的利益时，难免会产生矛盾与冲突。我国的破产法律制度是由《企业破产法》和一系列司法解释构成的，如何在实现债务人财产在债权人之间公平分配的同时协调好各利益主体的关系，将是今后我国破产法进一步发展完善的目标方向。

我国《企业破产法》和《税收征收管理法》都对破产债权中的税收债权作出了规定。其中，《企业破产法》规定，税收债权在债权清偿顺序上优先于普通债权，位于破产债权清偿顺序的第二顺位。《税收征收管理法》规定，税收债权可以优先获得受偿的权利。在法律层面上，二者对于税收债权的规定是一致的。但是在法律实施层面上仍然存在诸多困难，税收债权问题也成为阻碍破产程序有序推进、破产债权公平分配进程中的重大阻碍。我国的破产法具有显著的实践性、外部性，仅凭破产法本身很难妥善平衡各方利益主体之间的复杂关系，在破产程序的推进过程中，往往需要借助其他法律法规加以协调。倘若破产法无法与外部法律形成良好的衔接机制，那么其外部法律环境将会十分恶劣，从而阻碍破产法的顺利实施，滞缓破产程序的推进，最终将对企业的重生甚至经济发展产生不利影响。

税收债权在破产法中，一般指在法院宣布受理债务人破产之前产生的，由债权人依法申报并且经过人民法院裁定确认的欠缴税款。这与普通债权相似，但是普通债权的范围仅限于发生在企业被法院宣告破产之前产生的，而除此之外，税收债权也包含破产企业在破产清算或者破产重整过程中产生的税款。例如，在破产清算过程中，经债务人或管理人请求，二者为履行与交易方在破产受理前签署的未履行完毕的合同所产生的债务为共益债务，因共益债务而产生的税费则是新生税收债权。税收债权的特殊性由此可见一斑。其不仅与普通破产债权有所不同，也迥异于税收征收管理法中的一般征税权。

2. 税收债权：财税法视域下的税收

从财税法的角度来看，税收依靠国家强制力保证实施，凭借公共权力介入国民收入分配过程，是对纳税人私有财产的合法侵害。在财税法视域下，税收可以从以下三个方面加以理解：首先，征税行为是一种国家行为，其有利于促进社会发展，有利于收入再分配的公平，进而有利于最大限度地满足社会需要；其次，税收作为一种制度，其内容由经济发展和社会制度决定，包括对税收要素和征税权力的限定制度，也包括在纳税人权利受到侵害时的税收救济制度；最后，税收也是一种社会关系，它不仅可以指国家与税务机关之间的关系，同样也可以指税务机关与纳税人之间的关系。

由此可见，税收在财税法视域下的内涵与破产法视域下的内涵大相径庭，在财税法视域下，税收更多的是强调其作为国家权力的一种象征，侧重于其作为国家调控经济的手段方面；而在破产法视域之下，其更多的是作为一种特殊的破产债权被加以研究。

3. 双重视域下税收债权面临理论困境

国家税务总局发布的于 2020 年 3 月 1 日开始实施的《关于税收征管若干事项的公告》进一步体现了淡化税收债权优先权的趋势。该公告明确了税收债权申报时的法律依据，即应当根据《企业破产法》的规定进行债权申报，也对破产管理人的权利进行了更加明确的规定，如破产管理人有权以企业的名义申请税务注销或者申领发票等。除此之外，该公告还对税收滞纳金的性质予以明晰，即税收滞纳金属于普通破产债权，与普通债权一样位于清偿顺序的最末位。表面上，该公告的发布呈现出淡化税收优先权的趋势，是税收征税权向司法机关作出了妥协与让步，但是从实质上来看，该公告的发布是司法权中心主义在破产税收债权领域的应用，是破产法与税法衔接的举措，有利于破产领域与财税法领域在税收债权问题方面加快衔接的进程。

虽然该公告的发布象征着我国在破产法领域与财税法领域解决税收债权问题上迈出了一步，但是，破产领域中税收债权问题的解决依旧困难重重。之所以得出这样的结论，是因为仔细分析可以发现，在我国破产法与税法之间存在许多空白地带，更有甚者可以称之为冲突地带。正是横亘于破产法与财税法领域中的这些空白与矛盾地带，才造成了我国税务机关与法院在确认税收债权问题上阻碍不断，争议四起。冲突和矛盾的产生往往与不同法律的设立宗旨、性质、原则等密切相关。其一，破产法与税法在设立时的立足点并不相同，破产法的设立更加侧重于保护社会上广大债权人的利益不受侵害，而税法作为国家治理工具之一，其必然以国家利益为重，在社会整体利益与国家利益孰轻孰重的选择中，往往会产生较大的分歧，这不仅体现在学术领域，更多的则是体现在实践中。社会整体利益与国家利益的暂时性矛盾就会衍生为保护破产债权人利益与保护国家财政之间的矛盾。其二，税收法律制度与破产法律制度都相对缺乏配套的制度实施规定。例如，破产法关注的主体主要是已经进入或者即将进入破产程序的特殊主体，对于这类主体的税收问题，在税法中却很少被关注，因此，这种现象便会造成配套实施法律制度的缺位问题，进而造成破产法与税法问题的扩大化。其三，作为破产法与税法制定原则和导向的立法法，其原则并不足以指导税法或者破产法作出优化，并进一步解决破产法与税法衔接不畅的问题，而且这种矛盾是长期性、持久性的存续状态，长此以往，必将对我国破产制度的推进和发展造成恶劣的影响。因此，若要在兼顾税法与破产法利益主体的前提下对税收债权问题加以解决，就必须从顶层设计的角度入手，由上而下地探讨法际冲突的化解模式，实现法律法规的制度衔接和政策的相对统一。

（二）财税法与破产法的协同规制

赋税之压力过于深重时，将不利于经济社会的良好发展。破产企业作为接受税法调整的征税对象，必然也要受税法所约束。但是，破产企业已经不具备正常的偿债能力，也就自然无法像正常企业一样负担税款，即使是处于破产重整的企业，也是如垂死挣扎的病人一般为了生存做殊死拼搏，在此种状态下，税负很可能成为"压死骆驼的最后一根稻草"。但是，税务机关有其规则制度，不可能因为企业处于"濒死状态"就对其免于征税，如若对破产企业如同对普通企业一样征收税款，则有些违背税收的量能课税原则❶。对破产企业施加有悖量能课税原则的税负不利于税收的实质公平，也不利于我国企业的重生。在我国，企业的"生存权"应当被给予与公民同样的重视，以有利于体现税收的公平正义，促进税法与破产法在税收债权问题上的协同与规制。❷

考虑到不同法律之间的价值取向并非不可兼容，所以破产法与税法虽然在立法宗旨、立法背景等方面皆不相同，但是二者在价值取向方面是存在兼容可能性的。据此有的学者提出了"课税特区"理论❸，"课税特区"理论肯定了税法在破产法领域的让步。在破产法领域中，该理论没有完全排除税法规则的适用，同时也对债权清偿加以保障，在一定程度上兼顾了保障国家税权与社会整体利益。在这一理论的指导下，破产法与税法在破产程序中的规则适用价值冲突得到了较有效的缓解，并有望实现进一步的统一。在此基础之上，税法与破产法在破产税收债权的问题上实现协同规制也不再是没有可能的。

任何一种理论的提出都有其科学性和必然性存在，也自然存在一些缺陷。首先，"课税特区"理论虽然在法际融合问题上提供了导向，为解决

---

❶　量能课税原则是宪法平等原则在税法领域里的体现，其基本的要求为根据纳税人的税收负担能力课征税收。

❷　金超：《论国有僵尸企业破产的税收治理》，载《税收经济研究》2018年第2期。

❸　"课税特区"理论，即税法的原理和规定在破产法领域适用时，为了保障纳税人的合法正当权益，征税机关理应慎入甚至禁入，或者应当根据现实情况对原有税法规则作出特别调整。参见徐阳光：《破产程序中税法问题研究》，载《中国法学》2018年第2期。

破产税收债权问题在破产法和税法价值取向存在差异的困境上提供了出路，使二者的价值融合更进一步，但是，"课税特区"理论更多的是对破产法领域中涉及的税收原则加以提炼和总结，其观点是宏观的指导，而非具体的路径。这一缺陷会导致破产实践中，无论是法院还是破产企业或破产管理人在遇到实际税收债权问题时无所适从，不知从何入手。其次，"课税特区"理论的深度和广度还有待提升。该理论没有对课税特区的特殊性进行深层次的挖掘，也没有对课税特区之特殊性的横向、纵向范围加以界定，这仍旧会在税法与破产法的交集地带导致"模糊化""灰色化"的现实问题。最后，正如哲学上"矛盾具有特殊性"理论，每一个问题的出现都有其个性，即使众多问题有着这一领域的普遍共性，但是若想彻底解决这类问题，就需要以问题为导向的方法论的指导，具体问题具体分析，对价值选择作出准确的判断。

尽管法教义学与社科法学之间存在争议，但不可否认的是，双方的方法论对于法学问题的处理都是不可或缺的。通常，法教义学建构的研究路径是在实定法的有序规则下，通过法律解释学来解决法律问题，但这种路径往往是在实定法的完整秩序框架下建构的。法学问题的解决路径必然离不开规则的细化、整合和价值取向的选择。从法律问题的传统部门法角度来看，无论是规则的凝练还是价值判断来说都不会造成明显的阻碍，但是对于破产程序中税法和破产法的协同规制这一法学问题而言，传统的部门法学显然不能达到。

首先，在凝练破产税收领域的规则时，传统的部门法研究范式在规则的界定上难以得到令人满意的结果。破产税收领域究竟属于什么样的规则？显然不仅仅是将破产法与税法领域的规则进行简单求和。不仅如此，税收领域还会受到许多其他学科因素的影响，如会计准则的适用，对破产企业如何享受税收优惠产生直接影响；而我国经济和社会现实情况等因素，对税收债权的优先性也有不容忽视的影响。其他学科领域的规则及影响，无疑对破产法领域与税法领域在税收债权问题上的协同规制提出了更高的要求。

其次，破产法固有的复杂性和终局性所造成的"坩埚"效应必然要求将民商法、经济法等多个部门法力量加以整合。对税法领域与破产法领域在税收债权问题上的协同规制，从本质上来说仍属于对部门法利益的价值选择。而部门法之间存在的壁垒和屏障，则对价值判断和价值选择设置了重重障碍。部门法之间的壁垒很难打破，这样一来就会造成规则难以互补的现象。这种现象不仅出现在税法领域与破产法领域，在众多交叉领域中也十分常见。而税法从严格意义上讲，并不是典型的、封闭性强的部门法，其自身的法律规定繁多复杂，且具有"碎片化"的特征，也因此税法常常被称为"碎法"。以往在处理部门法冲突时，往往会借鉴数学中类似"提取公因式"的方法，对复杂的部门法主体进行高度抽象，从而使相同部门法下的问题趋于相近。但是这一做法在税法领域似乎困难重重，原因在于对"碎片化"的税法通过"提取公因式"法进行问题整合，很可能会造成重大遗漏等问题，产生得不偿失的后果。由于税法规则之间不能够相互协调，也就自然无法形成统一的协同作用，最终导致现行破产实务难以开展。因此，在税法与破产法的协同规制问题上，唯有冲破传统部门法的桎梏，才能克服当前税法领域的障碍，实现税法和破产法这一交叉领域的规则协同。具体来说，就是更加注重制度的实际变化、规则的实际运作，以及注重外界因素之间可能发生的相互作用和转换。在创建、解释和执行规范体系时，不同的部门法律规范的元素应该相互协调，从而在应对重大法律问题时可以协同面对。

最后，俗话讲"他山之石，可以攻玉"，为了解决税法与破产法双重视域下的税收债权问题，我们仍需借鉴其他学科门类的研究方法和研究成果，例如经济学、历史学等，不断保持知识体系和研究方法的开放性和灵活性，始终坚持"为有源头活水来"的方法论，理解复杂社会条件下的法律问题。

总而言之，破产程序中的税收债权由于其特殊性，需要在财税法和破产法双法域的视角下进行思考，不仅要考虑税法的公法特性，亦要平衡破产法的私法属性。因此，要解决破产程序中的税收债权问题，就必须在双重视域的角度下思考，通过财税法和破产法协同规制的思路提出解决方案。

四、国外破产税收债权之规定与启示

相较于我国，国外很多国家对于破产税收债权的研究有着较为悠久的历史，最明显的是税收债权制度的地位发生了较大的变化，研究其他国家在破产领域的立法有利于我国破产法的发展，吸收和借鉴国外企业破产税收债权的规定对于我国解决破产税收债权问题也大有裨益。

（一）国外破产税收债权之规定

1. 美国破产税收债权规定

美国的法律体系较为完备，其对于破产法和税法的研究历史也十分悠久。在破产法领域，美国对破产债权的界定范围是最为广泛的，其将所有在法院受理债务人破产案件前产生的债权都认定为破产债权，当然也包括税收债权。与我国不同的是，美国破产法没有再进一步对破产程序中税收债权的种类进行更详尽的划分。

美国破产法将其法律中的破产债权根据有无担保分为两类，分别是有担保债权和无担保债权。其中在有担保债权中法定担保债权所占比例最大，此外还有协议担保债权和司法担保债权。

在美国破产法之中，绝大多数的税收债权都属于法定担保债权的范畴。具体来说，破产税收债权在美国法律中被赋予了位列第七顺位清偿的权利。❶ 此外，在特定的情况下，即使原本不属于法定担保债权范畴，如税收债权，也可以转化为法定担保债权并且具有法定担保债权的效力，如企业所得税在经过法院工作人员等系统的筛查并且予以核准后，企业所得税便可以转化为法定担保债权。此类法定担保债权的标的物乃是归个人所有的财产，例如动产和不动产。美国破产法对税收债权作出此种规定，可以对税收债权起到很好的保障作用，也使得债权清偿率得到很大的提高，

---

❶ 乔博娟：《跨境破产中的优先权法律问题研究》，载《岳麓法学评论》2013 年，第 173 - 184 页。

对推进企业破产程序，督促税收债权公平清偿有着积极的作用。

除上述关于税收债权的规定以外，美国破产法还将一些不允许豁免的债务也规定为税收债权，将不可豁免的债务规定为税收意味着即使债务人在经过破产清算程序后也必须履行清偿义务。

2. 英国破产税收债权规定

英国是破产法改革历史悠久的国家，其在历次改革中制定和修改的破产法在世界破产法的历史上都具有重大的里程碑式意义。英国是判例法国家，但是其关于破产制度的规定是以成文法的形式呈现的。英国破产法将税收债权的保护置于相对优先的位置，税收债权在破产程序中可以优先受偿，这一点与我国破产法规定有相似之处。即使破产债权在破产法历经多次修改后其优先地位已经被极大地削弱，但是其在破产法中始终占有一席之地。英国破产法中关于税收优先债权的规定以列举的形式为主，在英国破产法中详细列举了可以被优先清偿的税种，也就是说英国破产法部分赋予了破产程序中的税收优先权。

英国破产法对优先债务的顺序作出了新的调整。其顺序依次是：破产费用、特殊债权、优先债权、普通债权。英国破产法律中关于破产费用的范围规定与我国类似，主要指为了破产程序的推进而支出的必要合理费用。所谓特殊债务是指根据法律规定应该特别被优先偿还的债务，例如破产企业的员工已经支付的培训费用。优先偿还的债务是指在英国破产法的附表六中被详细列举的部分，其中较为重要的是破产宣告前12个月内产生的欠缴所得税，破产宣告前6个月内产生的欠缴增值税，未被偿付的养老金和拖欠的职工工资等。普通债权则主要指除了上述列举的具有优先权以外的、没有任何担保的债权。由此可以看出具有共益性质的费用在英国的破产法律中享有极其优先的地位。

3. 德国破产税收债权规定

德国现行破产法生效于1999年，在此之前德国还有一部破产法。相对于旧法，新破产法关于税收债权方面的规定变动较大。在第一部破产法中，税收债权具有绝对优先地位。随着经济社会的发展变化以及德国国情的特殊性，在 1999 年破产法中，税收债权在破产债权的清偿中已经不再享有绝对优先权，取而代之的是与普通债权相同的清偿地位，这就意味着税收债权在破产领域中的优先权被正式废除。但是，德国法律并没有明确否定税收债权的公法属性，在法理上，税收债权依旧属于公法债权。德国破产法的这一变化，体现出了德国破产法律的天平更多地倾向于普通债权人，更加注重对于普通债权的利益保护。与以往相反，新破产法更多地体现出公共利益不再绝对凌驾于私人利益之上的特点。

德国废除税收优先权制度的做法在各国法律中并不多见，其明确废除税收优先权制度的行为也无疑走在了世界的前端。从德国社会发展的角度来看，德国此举并未如预料中一样造成国家财政的沉重负担，相反，税收优先权制度在破产法律中的废除促进了企业破产制度的发展，越来越多的企业勇于申请破产，这有利于德国经济保持活力，对于其他国家具有一定的借鉴意义。除此之外，德国政府还采取了一系列保护普通劳动者权利的措施，例如联合工会和劳动者协会设立保障基金，极大程度地避免了拖欠劳动者工资造成社会动乱的情况，不仅使劳动者的权益得到最大限度的保障，也有利于社会的长治久安。

4. 日本破产税收债权规定

税收债权在日本破产法中始终处于重要地位。日本于 2005 年正式实施的新破产法进一步明确了其对破产税收债权的保护。税收债权在日本破产法中被规定为财团债权，财团债权在破产程序的清偿顺序中优先于普通破产债权，因此其可以在破产财产清偿时获得优先偿付。财团债权具有独立性，税收债权作为其中之一，可以不经过破产程序审理在破产财产中随时获得清偿。日本破产法将税收债权列于破产债权第二顺位，仅次于担保债权。部分日本学者认为，将破产税收债权列于如此优先的地位不利于日本经济社会的发展，不符合日本的国情，认为该规定有过度保护公权力之嫌。此外，破产企业的财产偿付能力已经十分有限，将税收债权置于优先位置进行清偿，无疑是对普通债权人权利的侵害，从而无法实现破产法的立法目的，不利于日本的经济社会发展，容易滋生社会矛盾。

与美国、英国、德国三国不同的是，日本破产法格外注重对税权的保护，除在破产清偿顺序方面对税收之债加以保护外，日本破产法律还对企业二次纳税义务做了特殊规定，以期避免税款的流失。此制度的具体内容是，在破产程序完结以后，经过税务机关的审查与核定，倘若认定破产企业有大概率无法缴纳全部欠缴税款，则税务机关有权要求二次纳税人履行缴纳企业欠税的义务，该二次纳税义务人一般与破产企业具有密切关联，诸如破产企业的受让人等。

日本新破产法中还规定了严格的欠税清理制度，欠税清理制度进一步赋予税务机关强制征税权。如果破产企业未能在法定时间内支付全部欠缴税款，税务机关即可通过公开拍卖、查封等手段强制破产企业清缴税款。而且，日本破产法律并没有根据不同的税种加以区分，即无论何种欠缴税款一律优先清偿。上述规定虽然可以减少税款流失，保障财政收入有稳定的来源，但是对于破产企业和普通债权人来说，都是有失公平的。

5. 澳大利亚破产税收债权规定

澳大利亚旧破产法与日本破产法有相似之处，都赋予了税收债权极高的清偿地位。但是与日本不同的是，随着经济社会的不断发展和法学理论的不断进步，澳大利亚破产法逐渐更多地关注普通债权人的利益，在公权利益与私权利益之间更多地偏向于私权利益。鉴于破产企业欠缴税款的数额一般都偏大，倘若依旧保留税收优先权制度，将会造成普通债权人几乎无财产可供分配，这不利于社会的稳定。相反，税款数额对于破产企业来说十分巨大，但是对于国家来说，这个数字并不足以对国家财政造成重大困扰。因此，1993 年，在澳大利亚法律改革委员会的主持之下，澳大利亚最终也将税收优先权制度予以废除，以《破产立法修正法案》颁布为标志，存在若干年的税收优先权制度不再适用。

虽然税收优先权制度不再适用，但是破产企业欠缴税款并不能因为企业主体的灭失而不予追究。鉴于此，澳大利亚建立了董事、高管个人清缴税款的制度，破产企业完成破产清算程序以后，税收债权的清偿义务将由破产企业的原董事高管负责承担。由此，纵然企业主体灭失，税款依旧可以得到一定程度的保障，并且有效地保障了普通债权人的合法权益，以此兼顾国家与社会利益。

（二）国外破产税收债权之启示

综上，通过对前述各个国家破产税收债权制度的分析，可以发现，虽然仍有部分国家对税收优先权制度予以肯定，但是绝大多数国家已经弱化或者废除了税收优先权制度。这与世界范围内"税收取之于民，用之于民，国家不与民争利"❶ 的建设服务型政府的整体理念相符合。随着经济社会的发展与法学理念的不断进步，越来越多的国家更加注重对于私人利益的保护，这并不是对公权力的削弱或者打压，而是在国家可以接受的范围内，给予私人利益更多的保障。从我国国情出发，适度弱化税收债权的优先权制度，并不必然会导致税款的流失，造成国家财政困境，相反可能更加有利于优化我国的营商环境，从而促进企业的新生，为市场经济不断注入活力。市场经济得以发展，企业的营商环境得到优化，那么国家财政的收入自然也就有了保障。我国可以借鉴美国破产法的做法，针对征缴困难的税款，如长时间逃税、欠缴税款、漏税等，设立纳税担保，保障税收债权的优先性。这样既可以弱化税收优先权制度，保障普通债权人的合法利益，也可以较大程度地避免税款的流失。

在现阶段，我国很难像德国、澳大利亚等国家的破产法一样，完全取缔税收优先权制度，因为在我国企业所得税、增值税、消费税等占据了企业税收债权的绝大部分，"一刀切"地否定全部税收债权的优先性，将会对我国财政收入产生较大影响，同时也不利于税收秩序的维护。但是，我国可以借鉴英国破产法的做法，将部分金额不大的税费例如教育费附加从税收优先权的范围予以排除，将此类金额不大的税费列为普通破产债权进行清偿，不再享有优先权。虽然这些小规模税费数额并不大，但对于普通债权人的债权清偿来说也是一笔不小的金额，可以从一定程度上缓和普通

---

❶ "取之于民，用之于民"最早源自于《荀子·君道》，税收取之于民用之于民已是共识性说法。

债权人权利偿付不足的情况，与此同时，此举又不会对社会现状和国家财政造成剧烈震荡。尽管我国无法直接废除税收优先权制度，但是可以效仿德国破产法的做法，从细枝末节处予以调整，例如让债权人承担一定的变现费用，同样也可以达到平衡权益之目的。

各国法律制度的制定与修改因各自国情迥异而大不相同，但都与其本国的政治、经济与历史背景息息相关。相较于我国而言，上述部门国家制定和修改破产法的经验丰富，制度也更加成熟，我国可以从实际出发，在立足国情的基础上适当借鉴。

五、双重视域下破产税收债权实现之原则和方案

对于我国破产程序中的税收债权在理论和司法实践中出现的问题，在遵循财税法和破产法协同规制的思路下，要从建立并完善破产重整中税收优惠适用制度、完善企业破产法与税法规则互认制度、建立破产重整企业纳税信用修复机制以及完善税务机关与法院的联动机制入手，建立完善的破产税收债权制度。

（一）税收债权问题之解决原则

1. 社会整体性利益优先原则

我国《企业破产法》的立法目的就在于保护社会整体的利益，尤其是保护弱势群体的利益。因此，对破产财产在众多债权人之间进行分配时，注重对社会整体利益的保护是理所应当的。在我国众多法律规定中，体现社会整体性利益优先原则的法律法规并不少见，这说明我国在立法过程中始终坚持以人民为中心的指导思想，注重保障民众群体的利益。

破产企业在进入破产程序以后，将会面对来自各个方面的压力，不仅有来自债权人的压力，也有来自社会民众的压力。企业的高层管理人员和股东们往往并不希望企业最终走向灭失，所以必定会尽全力挽救。但倘若企业依旧不得不进入破产清算，为了最大限度地实现债权清偿，使最多的

债权人权利得到保障，就不可避免地要借助公权力的力量。税收债权问题在破产中往往会阻碍破产程序的推进，此时政府应当承担起宏观调控的责任，履行其保障经济平稳运行的职能。

税收是国家财政的重要来源，也是宏观调控的重要手段，但税收利益并非丝毫不能让步。让税于民有时也是让利于民，尤其是在破产程序中，强制征税只会加重破产企业的负担，不仅可能使原本能够经过破产重整程序获得新生的企业丧失生存能力，也会使众多债权人的合法权利受到侵害。在破产程序中强制征税，无疑是将税负转嫁给了全体无担保财产的债权人，从公平正义的角度来看，税务机关在破产程序中强制征税也是没有合理性的。但这并不是完全否定税务机关的合法权力，而是一种利益权衡，即在国家利益和社会整体利益之间，应当更倾向于代表人民的社会整体利益，尊重社会整体性利益优先原则。实践和历史发展均可证明，以法律手段进行宏观调控，尊重和保护社会整体利益，无论在任何时候，都会有利于经济社会的发展，有利于缓和矛盾。

2. 生存权优位原则

生存权是我国所有公民都享有的基本权利之一，也是宪法规定的公民基本权利。生存权属于使人们保持正常社会生活的底线权利，是公民享受其他权益的基础和前提。企业从广义上来看也可以被赋予"公民"的身份，享有公民的权利。因此，"生存权"是我国企业必不可少的一项权利。《税收征收管理法》第38条规定以及民事诉讼法等法律规定都体现了我国保障生存权。

一般情况下，丧失偿债能力的企业要进入破产清算程序，在破产管理人对债务人企业清算完毕后注销其在工商税务等部门的登记。但是，并非所有企业完全丧失了重生希望。对于出现资不抵债情形但是仍然有重整价值的企业来说，国家和政府应当为他们提供尽可能多的法律手段使其得以存续，逃脱倒闭的命运。倘若越来越多陷入破产清算困境的企业都可以经过重整程序获得新生，那么我国社会经济的发展将会更加富有活力，也有利于良好营商环境的建立。重整制度本身也是保障生存权的一个体现。企业在重整或者清算过程中，税收债权都是至关重要的一部分。高额的欠缴税款无疑会形成毁灭性压力，无论是对已经进入清算的企业，还是正在经历重整程序的企业。

由于其权利主体的特殊性，税收债权更应当遵循生存权优位原则。无论是在破产重整、破产清算抑或破产和解程序中，税收债权都应当对破产企业财产作出适当的让步，从而达到平衡其他债权人受偿金额的结果，进而为破产企业的生存和发展创造更大的空间。具体来说，税务机关应该对有重生希望的破产企业给予相应的特殊政策，如允许重整企业以固定资产、大型设备、生产线等具有价值创造能力的资产作为税款偿还的抵押，给予这类企业以税款缴纳的宽限期或者相应的减免，也可以为这类企业设定税款专门账户，在企业重整成功后，每月或每年自动从企业资金账户中扣除一定金额用于税款偿还。无论如何，都比用沉重的税负压垮孱弱的破产企业更加有利。❶ 何况大多数时候强制征收税款并不能保证税款不流失，相反，得到的税款有时甚至更少。

（二）建立完善破产重整税收优惠制度

税收优惠制度对于破产重整企业来说重要性不容忽视。我国现行重整企业税收优惠制度有许多缺陷，例如权力本位思想影响下的政策制定，使得税收优惠政策多以行政许可的形式实现，这样极大地降低了重整企业的重整效率，为重整企业的重整之路设定了许多关卡，在相当大程度上影响了企业重整实效，不利于我国重整制度的发展。

在问题导向的方法论指引下，应当对破产重整税收优惠制度加以完善。

首先，破产重整程序的税收优惠往往与当下的税收政策整体框架密切相关，倘若在现行税收政策中没有对破产重整企业税收优惠方面的规定，那么重整企业的税收优惠空间必定十分狭小。因为税务机关几乎不可能突破现有的税收政策框架给予破产重整企业特殊的税收优惠。在破产重整案

---

❶ 韩长印：《破产优先权的公共政策基础》，载《中国法学》2002年第6期。

件的实际处理中，往往是破产管理人代表破产企业与税务机关进行洽谈，就税收优惠政策的幅度与种类等方面为破产重整企业争取更大的优惠政策，但是这种方式往往效率低下，且成效甚微，在许多地区，税务机关往往不会与破产管理人进行洽谈。所以，为了提高重整企业的重整效率，我国应当自上而下建立针对重整企业的税收优惠制度，详细地规定税收优惠的种类、范围、幅度、条件等，进而给重整企业以明确的政策指引，鼓励更多效益不理想、产能低下的企业勇于重整，迎接新生。

其次，破产重整企业的纳税评价机制尚不完善，这会导致重整企业在重整成功后无法迅速进入正常的生产经营活动，不利于重整企业快速成长，摆脱先前的困境。应当建立完善的纳税评价体系，确保税务机关能够及时对重整企业进行纳税评级，进而加快重整计划的推进，并且在不违反税收及相关法律规定的前提下，尽可能为重整企业提供更多的税收优惠。同时，税务机关尽早参与重整计划，也有利于补充破产管理人的税收知识，有效避免破产管理人与税务机关产生过多的矛盾。

（三）完善企业破产法与税法的规则互认

如前文所述，企业破产法与税法分属两个法域，破产企业在破产程序中遇到的税收债权问题恰是法际交叠地带。处于此交叠地带之中，就难免产生许多问题，这些问题不仅包括法际固有问题所带来的矛盾，也包括部门法之间规则不能互认的矛盾。在破产审判之中，由于破产法与税法制度的衔接不畅，常常置司法机关于两难的境地。倘若破产法与税法相关规则能够顺畅衔接，那么不仅会大大提高司法机关的工作效率，也会促进整个破产制度和财税法制度的发展。

尽管税收优先权的存在基础有所削弱，但是不可否认的是，我国《企业破产法》和财税法都不同程度地对税收优先权进行了肯定。所以，在破产法领域，应该肯定税收债权可以相对优先得到受偿。根据"课税特区"理论，破产法域是"特区"，因此当破产法与财税法发生冲突时，应当优先适用破产法，但是破产法也应当对财税法领域的政策和原则给予充分的尊重。与此同时，财税法也无法否认破产税收债权的特殊性，其特殊性要求税务机关必须根据破产税收的特殊性对其征税权作出必要的限缩以及必需的调整。税务机关参与企业破产程序，实质上是行政权与司法权的接洽，在这个过程中，破产程序属于司法程序，毋庸置疑的是司法权在破产程序中居主导地位，所以税务机关作为参与司法程序的行政机关，不能肆意干扰司法权的决断性，而要充分尊重其威慑力。倘若税务机关一意孤行，执意干涉司法机关在企业破产程序中的主导作用，则会对企业的破产进程产生阻碍作用，不利于破产制度的发展，也不利于部门法之间的协同规制。

总之，在破产税收债权这一特殊地带，应加快和完善破产法与财税法的规则互认进程，深化二者的规则互认程度，在破产法与财税法之间搭建好沟通的桥梁和通道，在遇到冲突之时及时加以沟通、协调，避免出现司法机关与税务机关各执一词、互不相让的情况。税务机关和司法机关应当相互理解，相互尊重，为破产法与财税法的规则互认进程作出贡献。

（四）建立破产重整企业纳税信用修复机制

纳税信用等级管理的目的是促进企业依法诚信纳税，是一种信用管理的措施。按照《纳税信用管理办法（试行）》规定，我国企业纳税人纳税信用分为 A、B、M、C、D 五个等次，A 级为最高级，D 级为最低级。对纳税信用为 A 级和 B 级的纳税人，税务机关可以采取与金融机构联合支持的方式，对信用等级 B 级及以上的纳税人实行激励措施，如出口退税无纸化审核、税收政策定向推送、缩短退税时间。此外，在评定纳税信用等级后一年内，除举报、协查案件外，税务机关不重复进入企业进行检查。而对于 D 级纳税人，税务机关应当进行严格管理，采取限量供应发票、提高检查频次等方式进行联合惩戒。同时，纳税信用等级还将对企业投融资、工程招投标、资质审核等方面产生影响，使纳税信用等级与企业的经营发展有重大关系。

企业重整后，其投资主体、股权结构以及治理模式等往往发生了重大变化，保留的仅仅是原企业的外壳，重整企业理应被视为全新的企业。但是，重整后的企业在形式上与原企业仍是同一纳税主体。由于相关法律法规并未考虑到企业重整的特殊情况，没有作出相应的规定，导致重整企业无法在较短时间内有效修复其纳税信用，而是只得沿用重整前企业的纳税信用等级。由于重整前企业往往存在欠税等税收失信行为，纳税信用等级一般较低，如果重整后企业继续沿用原纳税信用等级，将给重整后企业的经营发展带来困难。因此，应当修订《纳税信用管理办法（试行）》，针对破产重整企业制定相应例外条款，允许其同新办企业一样适用纳税信用评级，将破产重整后企业作为无失信行为的新办企业对待，评定其纳税信用等级为 M 级，避免其受到失信惩戒，从而产生促进重整企业涅槃重生的作用，使新生企业和新股东的利益得到充分保障。

（五）完善税务机关与法院的联动机制

在破产重整程序当中，无论是在法院以行使司法权的方式主导破产重整程序的推进，抑或是以破产管理人制订并执行重整计划的方式行进，重整案件往往在实践中表现出多元化的法律关系，其利益指向也具有广泛化和社会影响巨大化的特征。面对数量和难度上的双重挑战，必须加强税务机关与法院的交流与联系，完善税务机关与法院的联动机制，逐步细化联动机制的实现方案。例如，建立法院与税务机关的协同工作机制，在法院中成立破产税收问题处理办公室，由税务机关指派专人负责，同时法院也可对税务机关的行政工作人员进行法律知识培训，不仅可以加强税务机关与法院之间的联系，也可以极大地提高破产程序中税收债权问题的解决效率。

在执行方面，也应当建立税务机关与法院的联动机制。税务机关常常面临征税困难、税款征收的执行率低等问题，这与税务机关人员紧缺，执法人员不足有较大关系。倘若建立税务机关与法院的联动机制，就可以利用司法机关的人员资源，不仅可以弥补税款征收不足的缺陷，还可以在破产程序进行的过程中提高税收债权的确认效率，进而缩短企业破产清算和重整的周期，有利于破产企业尽快摆脱困境走向新生。而随着税收债权的确认效率提高，法院审理破产案件的效率也会有质的提升。如此双赢的选择，税务机关和司法机关何乐而不为。

六、结论与展望

破产程序中的税收债权法律问题，始终是破产法领域与财税法领域共同关注的问题，近年来破产案件数量的急剧增加，破产领域税收债权的矛盾争议也逐渐增多。

通过对破产税收债权案例的分析可以得知，阻碍税收债权实现的争议点主要集中在税收优先权制度的存在合理性以及税收滞纳金、新生税款的定性等问题上。税收债权问题的产生与社会经济的发展和立法渊源有着密切的联系。因此，要解决破产程序中的税收债权问题，就要立足于破产法和财税法的冲突地带，在双重视域之下分析破产税收债权产生的原因和解决途径。

研究国外有关破产程序中税收债权的相关规定，对于拓宽我国在相关问题上的解决思路有重要的借鉴意义。我国可以借鉴美国、澳大利亚的相关做法，对税收债权的争议焦点加以分析，从细节入手处理关键性问题。我国无法直接否定税收优先权制度，而且税收优先权在我国仍然具有其存在的社会必要性，所以我们既不能像德国一样直接废除税收优先权制度，也不能像日本一样给予税收债权过高的法律地位，而是在这中间寻求一个平衡、过渡的位置，对破产程序中税收债权问题的处理要徐徐治之，不可急功近利。

从实践层面来看，在坚持税收债权基本原则的前提下，最重要的就是加强税务机关与法院之间的沟通和联系，完善破产法与税法的规则互认，建立税务机关与人民法院的协同工作机制，建立二者之间的联动机制。对于破产重整企业，则要关注税收优惠制度在重整程序中的适用和制度完善，此外还要修正税务机关对于重整企业的纳税信用评定机制，帮助它们尽快恢复到正常的生产经营，合力共同推进破产程序中税收债权问题解决的进程。

总之，破产涉税问题的解决需要多方主体共同努力，在习近平法治思想的指导下，紧密结合我国国情和发展大局，适度借鉴国外成功经验，在理论和实践两个层面积极探索。期望本章能对相关问题的解决提供一些有益的启示，更希望本书能抛砖引玉，引起学界对破产税收债权问题的广泛关注，期待更多高质量研究成果的出现。

第八章　地方税体系构建视角下
我国消费税法改革研究[1]

我国现行消费税法律制度的基本格局奠定于 1993 年国务院出台的《消费税暂行条例》，之后虽历经多次修改完善，但总体上已经落后于"落实税收法定主义""构建现代税收制度"的时代要求。与此同时，作为全面深化财税体制改革、实现国家治理体系和治理能力现代化重大战略的重要一环，构建和完善我国的地方税体系亦成为近年来各界关注的热点问题。随着全面"营改增"工作的深入推进，在《增值税法》和《消费税法》即将出台的时间节点，以规范央地财政关系、完善地方税体系的视角关注我国消费税法的改革，并将研究的重点定位于"消费税法的改革如何促进我国地方税体系的构建"及"地方税体系构建背景下消费税改革面临的主要法律问题"等议题，极具学术意义。

一、地方税体系的构建与我国消费税法律制度改革的路径

地方税体系是我国新时代财税体制改革的关键一环，也是新时代背景下建立现代财政制度亟待重点突破的一个领域。而在中央的顶层设计和改革布局中，消费税亦将成为地方税体系的重要组成部分。故而，由地方税

---

[1]　本章内容源自山东财经大学法学院 2020 届硕士研究生徐长龙的硕士学位论文，指导老师为刘中建。经徐长龙本人同意，收入本书。

体系构建为视角剖析我国消费税法完善思路，可以更加清晰地厘清其改革路向。

（一）地方税体系的概念及我国地方税体系的改革目标

1. 地方税体系的概念及内容

关于地方税的概念，不仅国内学者观点不一，国际上也尚未形成一个共识性的定义。从法律层面而言，绝对意义上的地方税应当是地方政府拥有完整的税收立法权、征收权和收益权的税种。但实际上世界各国满足这些条件的地方税并不多见，更多的是对部分条件的满足，通常指地方政府在无权调整税率和税基的情况下，通过发展本地经济影响税基并负责征收和管理的税种。有学者将地方税划分为三个口径：共享税中由地方政府分享的大口径；收入完全归地方支配的中口径；税权全部属于地方政府的小口径。尤其是党的十八届三中全会召开以后，将共享税界定为地方税或将其归属于地方税体系的观点为更多人所采纳。总之，无论学者对地方税概念的界定持何种观点，都突出强调了地方税的收入归属权。诚然，在界定地方税时，其属性不应因地方政府缺乏某种或几种税权而发生改变，关键在于地方政府是否拥有最基本的税收收入归属权。2018 年国地税机关合并后，所有税种实行统一征收，税收征管权自然也不再作为划分中央和地方税权的依据之一。结合我国国情，本书认为，地方税是指根据法定程序，由中央立法并授权给地方政府特定的税收立法权，由税务部门统一征收，主要收入或全部收入归地方政府支配的各种税的统称。

地方税体系是一个涉及税种、税收、税权、征管等各方面的财政管理体制系统，其基本内容主要包括收入体系、税权体系、税制体系和征管体系。大部分学者认为，分税制以后，我国地方税体系基本建立。❶ 地方税

---

❶ 关于我国现下是否具有地方税体系，主要有两种观点，一种观点认为我国已存在地方税体系，现行地方税体系是分税制改革以后初步建立的；另一种观点认为 1994 年财税改革至今我国的税制建设一直停留于有地方税但无地方税体系的状态，地方税体系至今没有成形。详细论述参见厦门市地方税务局课题组：《新一轮财税改革与地方税体系建设的复合构想》，载《福建论坛》2014 年第 7 期。本书持第一种观点。

收入体系，是地方税体系的关键内容。地方税收入体系的核心在于该收入是否为地方政府所独立享有并支配。需要说明的是，地方税收入与地方税税收收入无论在我国政府公开文件还是学界讨论中，都没有做严格的区分使用，本书亦不再深究。由于本书旨在以地方税体系构建为视角探讨我国消费税改革，因此文中所提及的地方税收入、地方税税收收入均为对税收收入中由地方专享的和共享税中地方分成部分的统称。税权体系主要包括税收立法权和税收司法权。其中，立法权是地方税税权体系的核心，一般包括设税权、税种开征和停征权、税基确定权、税率确定权和税额减免权等。实践中，由于国情和制度的差异，不同国家间的税收立法权配置并非完全依照该分类方式，但在基本构成上区别不大。形成这种区别的一个重要原因就是中央政府对地方的控制力度及监管方式有所不同，税权模式也因此不同。在对税收立法权进行讨论时，必须具体地对每项权能进行区分。由于我国税收立法权多集中在全国人大及其常委会和国务院，地方政府没有独立立法权，因此地方税体系框架下的地方税收立法权主要指地方政府在中央授权范围内所行使的税率、税基、税目、特定减免、纳税期限等方面的调整权。地方税制体系由地方税税种和税制要素构成，主要内容为税种组成、各税种之间的协调。地方税征管体系是地方按照法律规定进行征收管理活动构成的有机整体，它关系到能否有效组织地方税收、实现国家机关职能。在国地税合并的新形势下，地方税征管体系不应局限在税务机关的管理活动，还应注重其他地方政府部门的有效参与和配合。

2. 我国地方税体系现状

2016 年 5 月 1 日，"营改增"试点全面推开，营业税退出历史舞台。全面"营改增"对我国地方税体系尤其是其中的税制体系产生了重大影响。同时，2018 年 1 月 1 日，中央进行环保领域的"费改税"，开征环境保护税。自此，我国现行在征税种为 18 个。取消营业税，开征环境保护税后，我国地方税种为 14 个，其中 11 个为纯地方税种❶，3 个为中央地方共

---

❶　少数学者认为：资源税、印花税中部分收入归中央，因此属于共享税。但主流观点认为资源税、印花税也属于纯地方税。

享税种（见表 8 - 1）。2019 年 9 月 26 日，国务院印发《实施更大规模减税降费后调整中央与地方收入划分改革推进方案》，方案明确指出，继续保持全面"营改增"后 2—3 年过渡期内实行的增值税在中央和地方"五五分成"比例不变。

表 8 - 1　全面"营改增"后地方税税种表

性质	共享税	地方税
税种	增值税、企业所得税、个人所得税	房产税、城市维护建设税、城镇土地使用税、车船使用税、耕地占用税、契税、土地增值税、烟叶税、环境保护税、资源税、印花税

税收收入是地方财政收入的主要来源，地方税收包括地方税及共享税中划归地方的收入。除税收收入外，地方政府的财政收入来源还有行政收费、专项收入、国有资本经营收入等。从图 8 - 1 中可以看出，地方税收收入在地方财政收入中占据着重要的比例，2012—2018 年地方税收收入占地方财政收入的比例始终在 74% 以上。

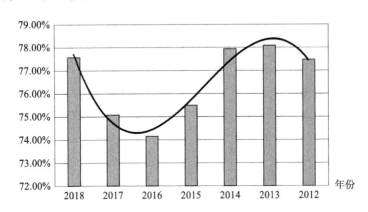

图 8 - 1　地方税收收入占地方财政收入的比重

资料来源：国家统计局官网。

我国地方政府一般预算支出占全国财政支出的 86% 左右，即我国地方政府承担着绝大部分国家基本公共服务的责任，然而通过图 8 - 2 可知，我国地方税收收入仅占国家税收收入的 50% 不到。在地方税收收入不足以支撑地方政府充分发挥其职能的背景下，我国地方政府承担着较大的财政压力。

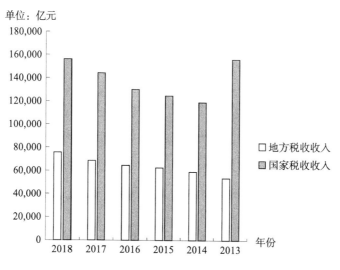

图 8 - 2　地方税收收入与国家税收收入

资料来源：国家统计局官网。

3. 完善地方性体系的现实意义及目标定位

完善地方税体系，是新一轮财税体制改革的必然要求。党的十九大报告提出要加快建立现代财政制度。建立现代财政制度的重点是深化财税体制改革，财税体制改革分为三部分：现代预算制度、现代税收制度和规范化的央地财政关系。其中，对于央地财政关系，党的十九大也明确要求"建立权责清晰、财力协调、区域均衡的中央和地方财政关系"。分税制以来，由于中央集权化的财力划分格局，我国一直存在纵向财政失衡的问题，地方政府面临着巨大压力。我国近些年来取得巨大发展，很大程度上源自地方政府积极性和主动性的发挥。而充分调动地方积极性，就需要让地方获得与其职责相适应的税权，这是新一轮财税体制改革的必然要求，也是实现国家治理体系、治理能力现代化的必然选择。

完善地方税体系，还有利于改善地方财力。2019 年以来，我国实施了大力度的减税降费政策，2019 年全年我国减税降费规模达 2.3 万亿元。❶

---

❶　数据来源：《2019 年国家账本出炉：2.3 万亿减税降费成效明显》，北方网，http：//economy. enorth. com. cn/system/2020/02/11/037987984. shtml。

然而与此同时，地方一般公共预算支出却在持续增长，且一般公共支出增长速度和数额远高于预算收入。尽管中央一直通过各种手段对地方财力进行弥补，但在现有减税降费形势下，地方财政困难已经成为不争的事实。现行地方税体系已经无法满足地方政府财政支出需要，其只能更多地依赖非税收入，尤其是不具有可持续性的土地出让金收入以及极具风险性的地方债务收入。显然，完善我国地方税体系，有助于增加地方政府财力。

结合我国当前国情，根据党的十八届三中全会以来确立的财税体制改革目标和要求，构建地方税体系的目标定位是：在保持央地总体分配格局稳定前提下，以优化税制结构为基础，构建能够稳定地保障地方各级政府公共基本支出需要、有利于加强地方税源控管、维护市场统一、促进社会公平、合理引导地方政府行为的具有中国特色的地方税体系。❶ 为了实现这一总体目标定位，必须完成以下任务：第一，要培育地方主体税种。地方税主体税种在地方税体系中占有重要地位，由于其收入占比高，主体税种深刻影响着地方税体系功能的发挥。通过完善地方税体系，设定新的地方主体税种，从制度层面规范化地方收入来源，使地方政府获得可持续性的税收收入，从而满足其财政支出需要。第二，要建立合理的税权体系。我国幅员辽阔，各地发展水平存在较大的差异，中央集中化税权的模式确保了宏观经济上的稳定，但也限制了地区因地制宜、积极行使职能、优化资源配置的主动性。应在中央集中化税权的前提下，适当地向地方分权，优化中央和地方的财税关系，从而充分调动起地方积极性。第三，要建立科学的税收征管体系。国地税合并后，税收征管工作由国家税务总局统一进行，这也是新时代背景下的必然要求。当前税收征管体系的建设重点是在优化税务部门内部工作流程的前提下，建立业务合作与信息共享的跨部门联动机制，从而提高征管效率，降低征纳成本。

---

❶ 伍红：《资源税的国际借鉴与启示》，载《中国财政》2016 年第 13 期。

（二）消费税基本功能及我国消费税法律制度现状分析

1. 消费税基本功能

一般而言，消费税有财政收入、分配调节、环境保护三大功能。

第一，筹集财政收入。作为世界各国普遍征收的一个税种，消费税的首要功能就是筹集财政收入。我国产品税❶大范围改为增值税以后，税基大幅度缩小，税率也变得更低，与产品税筹集的财政收入相比，增值税所筹集的收入明显减少。为了弥补这一缺口，同时结合我国自改革开放以来人民消费水平增加、消费总量扩大的历史背景，开始设立消费税。消费税是对特定应税消费品进行的征税，这在保证其税基稳定的同时，也深化了其筹集财政收入功能。1994 年工商税制改革以后，消费税收入就成了税收收入的重要部分，且消费税在税收收入中的占比持续增长。

第二，调节收入分配，引导合理消费。我国现行消费税为特别消费税，是在对产品普遍征收增值税的前提下，针对一小部分特定消费品重复课征的一种商品税。我国现行消费税税目中，高档消费品如高档化妆品、珠宝、高尔夫、高档手表等，由于其价格需求弹性较小、消费群体相对固定，消费者承担消费税，在消费过程中额外支付一定支出，在一定程度上可以缩小贫富差距；不宜过度消费品如烟、酒等，其商品价格的提高可以引导消费者去寻找其他替代品或减少对该类商品的消费，从而调节消费行为，进行健康消费。

第三，强化生态功能，保护环境。经济社会的发展，不仅表现在经济体量的增加，还表现在对生态保护的不断重视。但在传统的盲目追求经济增长、看重 GDP 的发展模式下，巨大的负外部性随之显现，随着沙尘暴、雾霾、土地退化等生态环境问题的日益严重，税收的环境保障功能被置于新的高度。电池、鞭炮、实木地板、木制一次性筷子、涂料等消费品的大

---

❶　产品税是以生产、进口或采购的特定产品为征税对象，对其流转额征收的一种税。1993年 12 月 13 日中华人民共和国国务院令第 134 号发布《增值税暂行条例》，标志着产品税退出中国税制历史舞台。

量消耗加重了生态负担，偏离资源友好型社会建设目标。对这类消费品征税，如我国对涂料征收消费税，通过将税负传导到价格端，使得传统涂料产品市场竞争力下降，刺激了环保产材等相关产业的发展。我国已经就环境保护税进行了专门立法，面对日益严峻的生态问题，还应该多管齐下，充分强化消费税的环境保护功能。

2. 我国消费税法律制度的现状及面临的问题

自消费税在我国设立以来，经过一系列的调整，消费税税目、税率等不断完善，其财政、调节、环保等功能有效发挥。2019 年 12 月 3 日发布的《消费税法（征求意见稿）》使我国《消费税法》呼之欲出，与学术界的期冀相比，该意见稿保持了现行税制框架总体不变，体现了一种相对保守、稳妥的立法思路。概言之，经过二十多年的实践，中国的消费税法律制度不断得以完善，其各项功能日益凸显。但相较建设现代税收制度的目标要求以及各界的厚望与诉求，我国的消费税制度尚有较大的改进空间。

首先，消费税税收收入高度集中于少数产品，且征税范围总体偏窄。消费税整体收入中，烟、酒、成品油和汽车四个税目的占比高达 90% 以上，各种应税消费品之间税负差异极大。另外，在征税范围上，消费税应税消费品不仅不包括无形产品或服务，在有形商品上的开征也不尽全面，如高档家具、高档通信产品、高档私人飞机、不可降解包装物等都没有被纳入其中。征税范围过于狭窄直接影响了消费税收入总量，也使得消费税的保护环境及调节收入的功能大打折扣。

其次，消费税的价格联动机制没有得到有效落实。消费税税负不能及时传导到价格端，主要是因为价格管制和征税环节两个方面的原因。国家对一些应税消费品实行价格管制，如烟草，导致税负无法及时传导至价格上；另外，我国现行的 15 类消费税应税税目中仅金银首饰、铂金首饰和钻石及钻石饰品、豪华小汽车在零售环节征收，大多数税目集中在生产环节征收。由于其税基相较于零售端更小，在生产环节征收消费税，消费者的税价分离感受不直观。

最后，我国消费税制度缺乏稳定性，征税范围尤其税率调整变动过于频繁。2006 年消费税税目从 11 个调整为 14 个，现为 15 个。在税率方面，以汽油为例，2014 年 11 月 29 日，我国汽油消费税定额税率调高 0.12 元/升；2014 年 12 月 13 日，这一税率调整到 1.4 元/升；2015 年 1 月 12 日，汽油消费税单位税额再次提高到 1.52 元/升。短短几个月，油类消费税税率出现了"三连跳"。消费税税率稳定性较差的原因很大程度上来自授权立法模式下行政机关立法的恣意性。国务院的税收立法权来自全国人大1984 年、1985 年的两次不尽规范的授权行为，授权立法的不规范违背了税收法定主义的要求。税收法定原则的实质，在于通过规范、民主的程序来限制税权的行使，从而保护纳税人的权利。这就要求实现课税要素法定。

（三）围绕地方税体系构建定位消费税法律制度改革方向的必要性分析

在完善地方税体系这一视角下定位消费税改革方向，既体现了地方税体系改革的必然要求，同时是新时代背景下规范央地财政关系的客观需要，也契合了消费税自身优化的路径目标。

1. 推进地方税体系建设的要求

深化财政体制改革是一个系统工程，完善地方税体系与实现各税种的现代化皆为该项工程的重要环节，体现了建设现代财政制度的不同侧面。将我国消费税法的改革置于完善地方税体系的背景下进行研究，将为拓展我国地方税体系的构建思路提供一种立体视角，体现为一种整体性、多维度思维模式。总体来说，我国当前地方税体系主要存在三个方面的问题：第一，地方税收收入与财政支出相比明显过低。虽然我国地方税种种类较多，但大部分都是些规模小、税源分散、征管难度较大的税种，借此筹集的地方税收收入与地方财政支出相比严重不对称。第二，缺乏主体税种。"营改增"全面推行后，一直作为地方主体税种的营业税退出历史舞台，寻找新的地方主体税种成了税制改革所不可回避的一个问题。第三，地方税种设计不合理。近些年来我国在税收领域作出了诸多改革举措，但基本都是围绕所得税、增值税进行，地方税种呈现出老化的态势，如房产税，无论是在征税范围还是计税依据上都不足以适应时代要求。作为我国第四大税种的消费税，其收入体量较大，税基涉及面较广，税收功能多元，对消费税的改革必然对当前央地财政分权格局尤其是税权分配产生重要影响。在地方税收体系暴露出诸多问题的背景下，如何通过对消费税法的全新设计，达到完善地方税体系、优化央地间财政关系的目标，自然成为一项值得期待的时代课题。

2. 厘清消费税定位之应然的要求

消费税改革的一个重要议题就是消费税收益如何在中央和地方之间予以划分。消费税现为典型的中央税，下一步的改革方案中其定位是继续保持为中央税，还是将其划归为地方税，或者由中央地方共享，引发着广泛的讨论。从现有的相关研究和著作中可以发现，消费税三种定位都具有一定的合理性。消费税作为中央税：与其他税种相比，消费税除了具备筹集财政收入的功能，更兼有调节产业结构、强化生态环境保护的功能，如对烟酒进行征税，很好地实现了对这类消费行为的宏观控制，而这种宏观调控功能由中央行使能保持全国范围内的统筹规划和贯彻力度。消费税作为地方税：在地方财政缺口不断加大且主体税种消失的情况下，通过改造消费税将其作为近期内的地方主体税种，可以在一定程度上起到缓解地方财政压力的功用。消费税作为共享税则是对上述两种方案进行了折中，综合考虑了各种现实问题。综上，我们认为从地方税体系完善的视角切入，将更有利于对消费税定位问题展开深入思考。因此，围绕地方税体系构建这一特定论域展开研究，能够更加清晰地厘清消费税的应然定位。

3. 优化消费税制设计的要求

作为消费税征收的基本法律依据的《消费税暂行条例》施行了20余年，现已明显滞后于时代的要求。在《消费税法》出台之际，如何就其税目、计税方式、税率、征收环节等作出合理的规划显得尤为重要。通过与地方税收体系相关要素的结合，可以实现消费税法更为优化的设计。从税收功能的视角来看，地方税既是地方财政收入的主要来源，又是地方政府调控区域经济、优化公共服务以实现地方治理现代化的重要工具。消费税的设计同样如此。新时代下消费税功能的定位应该是从多层面、立体化的角度来确定，使之为国民经济的发展作出更加突出的贡献。从财权与事权相统一的原则来看，消费税征税范围的确定、税率的调整等税收立法权限如何在中央与地方间进行分配，需要依据不同层级政府之间的事权划分来进行合理设置，既要严禁"一刀切"的做法，又要避免权限过分集中于中央的弊端。从地方税收保障机制构建角度来看，消费税征收如何设置，是在生产环节进行征收还是转移到批发、零售环节，在不同环节征收的实现需要征收机制的保障，显然这方面的确定也需要参照我国地方税收保障机制的实践现状。

（四）地方税体系构建视角下消费税改革面临的主要法律问题

围绕地方税体系完善这一目标，我国现行消费税法律制度在央地立法权配置、税收征管机关的完善、收益权的划分等方面亟待改革完善。

1. 地方税收立法权缺失

税收立法权在税权中居于绝对的核心地位，然而，我国目前几乎所有的税收立法权都集中在中央。中央立法有两种方式：全国人大及其常委会直接进行税收职权立法；通过专门授权或法条授权由国务院立法。与此同时，地方政府仅针对少数税种，在法律授权的范围内拥有诸如实施细则制定、税率税额调整、税款减免等有限权力。中央集中立法权虽然有利于国家的统一稳定并有效保障中央的宏观调控力度，但却遏制了地方的积极性和主动性，限制了地方治理能力的发挥。

在现代民主法治国家，政府间权力的划分是一个重要的宪法命题，央地税权划分也是如此。我国《宪法》明确规定全国人大及其常委会享有国家立法权，还规定国务院负责全国行政事务。但不足的是，在税收领域中，《宪法》所规定的条文显得过于笼统，在实际操作中难免产生各种问题。

根据《消费税法（征求意见稿）》，国务院可以实施消费税改革试点，有权调整税目、税率和征收环节并报全国人大常委会备案。这些可视作接下来对消费税进行深化改革而作出的特别规定，既预留出一定的政策调整空间，又在程序上作出了一定的简化。但在本书看来，该意见稿未能为地方政府预留一定的立法空间，实乃一大遗憾。我们认为，由地方根据自身域情、经济发展水平自主作出一定调整是完善消费税改革、深化地方税体系建设的必要之举。

2. 税收征管机制需要完善

分税制改革以来，税收管理分设国税、地税两套机构，对于调动中央和地方的积极性发挥了一定的作用，但是由于平台不一致、标准不统一、机构不对称等原因使得税收征管难度加大。国地税合并在一定程度上弥补了国地税征管机构分设的不足。依照《税收征收管理法》，各级人民政府负责其辖区范围内的税收征收管理工作的领导或协调，支持、协助税务机关依法执行职务。国地税合并意味着地方政府对于属于自己预算收入的税收征管权被大大削弱，从而造成征管责任和税收收益相脱节的局面。税收征管工作需要多主体、多环节进行有效的衔接和配合，在消费税改革过程中，虽然同增值税或其他一些税种相比，消费税征税范围比较窄，但其应税税目都是贴近群众衣食住行的消费品，同时消费税改革中扩大征税范围亦是大势所趋，因此消费税的征管工作涉及面也更加广泛，要实现有效的征管依赖于多职能部门的协助。基于这种考量，《消费税法（征求意见稿)》也规定了税务机关与公安、生态、交通、海关、市场监管等相关部门建立信息共享和工作配合机制，以加强消费税征收管理。结合各地税收征管保障制度的建设成果来看，要实现部门间的高效税收征管工作的衔接、降低征管成本，仍然有较大的提升空间。

3. 税收收益权归属划分有待明确

尽管近年来我国地方税收入不断保持增长，但却无法跟上地方财政支出增长的速度，地方税收收入与财政支出的差额不断加大，财政自给率降低。以 2019 年为例，根据财政部网站相关数据，该年度我国各省市财政自给率（财政收入/支出）低于 50% 的有 23 个，仅上海、北京、广东、浙江、江苏、天津、山东和福建 8 个省市高于 50%，地方政府收支不足问题突出（见图 8 – 3）。尤其在"营改增"背景下，地方缺乏主体税种，地方政府自主掌控财源能力被进一步削弱。此外，由于大部分优质税源被中央所垄断，留给地方的多是税源较分散、征管难度、成本较高的小税种，进一步加剧了地方政府的财政困难。

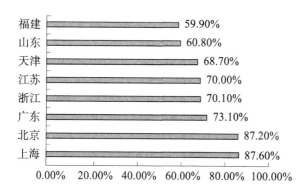

图 8 – 3　2019 年我国部分省市财政自给率

资料来源：国家统计局《中华人民共和国 2019 年国民经济和社会发展统计公报》。

地方政府承担着全国绝大部分的公共服务职责，需要获取与之相对应的财权和收入。在新一轮财税体制改革过程中，中央强调在保持宏观税负水平基本不变的前提下，实现"减税降负"，同时强调要加强地方税体系建设，缓解地方财政压力，作为改革重点的消费税自然被赋予了这一使命。消费税属于纯中央税，作为第四大税种，消费税带来的较为稳定的收入究竟应不应该划归地方，如何确定划分比例等，值得广泛的探讨。

二、消费税改革中地方立法权的配置

作为税权的核心要素，税收立法权的配置是税制改革的重要方面，也是影响中央与地方之间财政关系的重要因素。在长期由国家行政机关行使消费税税收立法权的背景下，我国消费税制度逐渐显现出不规范的一面。本书下文在论述消费税改革中赋予地方税收立法权的必要性的基础上，从法律规定和现实实践两个方面着重进行了可行性分析，并提出了几点关于消费税改革中赋予地方税收立法权的意见。

（一）消费税改革中赋予地方税收立法权的必要性分析

1. 健全分税制财政体制的要求

1994 年的财税体制改革改变了财政包干制下中央的被动地位。经过多年的不断摸索，分税制在我国取得了良好的实践效果，突出表现为中央和地方的财政关系趋于规范、中央宏观调控能力得到增强两个方面。分税制是一种法治化的财政体制，它通过法律对各级政府尤其是中央与地方政府之间的财权予以明确划分。分税制改革主要包括三大方面的内容，即事权划分、财权划分、税收返还和转移支付。其中，事权划分是前提，税收返还和转移支付是重要纽带，而财权划分则是关键。税权尤其是税收立法权在不同层级间的纵向划分通常被认为是财权划分制度的核心。分税制的内在要求，就是在合理划分事权的基础上，通过税种的划分形成中央税收体系和地方税收体系。显然，中央和地方两级税收体系的划分与构建并不仅仅指税种和税收收入的划分，更涵盖包括税收立法权在内的税权的划分，是权、责、利之间的协调。但就我国分税制的现状而言，由于分税制局限于对税种和收入的划分，在支出责任、财力和税权的划分上缺乏一个明确的标准，中央与地方间仍未建立起稳定的、长期的博弈规则，由此导致纵向财政体制出现失衡，财政划分集权化和支出划分分权化的模式使得地方政府面临着巨大的财政压力。由于缺乏相对独立的税收立法权，地方政府难以充分发挥其主观能动性，从而制约和妨碍了其职能的有效发挥。地方税体系的构建和完善虽然自分税制改革实施以来就被列为改革重要事项，由于各种原因，就改革力度和进度来讲仍然落后于中央税，由此也阻碍了新一轮财政体制改革目标的更好实现。因此，完善对地方税收立法权的划分，赋予地方政府一定的税收立法权是当下分税制改革的现实需要，也是进一步完善财政体制实现地方治理现代化的内在要求。

2. 公共产品理论的题中应有之义

在公共产品理论中，税收是公共产品的价格，是人们享受公共服务而必须承担的代价。因此，公共产品理论阐释了政府提供公共产品的必要性，也揭示了税收与公共产品之间的本质联系。由此，地方税收便是地方政府提供公共产品的成本。地方政府为了提升区域内公共产品的提供水平，就必然要为此支出更多的成本，即需要有更多的税收收入作为物质支撑。赋予地方更多的税收立法权，让享受地方公共服务的居民代表（即地方立法机关）在一定幅度内决定地方税负的大小，便具有了理论上的正当性。美国著名经济学家施蒂格勒提出，相较于中央政府，地方政府更了解辖区的具体情况和居民的现实需要，由于不同地区居民对公共产品的种类、数量等的需求不同，从资源配置有效性和公平分配角度考虑，地方政府作出的相关决策往往更具合理性和可行性。所以，由于地方政府在资源配置方面更具信息优势，相较于上级政府更加了解辖区范围内居民对公共产品的需求，天然地处于一种最佳地位，因此可以纠正上级政府的认识偏差。同时，由于地方政府在提供公共产品过程中会直接受到当地居民的监督，其官员会更积极主动地运用职权以谋求公共利益最大化，这都有利于资源配置效率的提高。因此，地方政府享有税权尤其是税收立法权，在经济学上具有充足的理由。

3. 国家治理现代化的需要

党的十八届三中全会将推进国家治理体系和治理能力现代化作为全面深化改革的总目标，这体现了中国共产党对新的历史阶段的深刻把握，对我国的发展具有深远重大的意义。从法学层面看，治理体现为两个明显的特征：分权和法治。联系本文主题，我们认为，在地方税体系构建的语境下，无论是分权还是法治，都需要以法定形式赋予地方一定的税收立法权。从分权角度看，国家治理现代化体现为政府向市场分权、国家向社会分权、中央向地方分权。就地方税体系构建而言，本文关注重点为中央向地方的分权。国家治理现代化的内在要求是治理主体的多元化，即中央向地方分权的目标是为了使地方能够成为一个相对独立的治理主体，从而实现分级治理。判断分级治理效果的优劣要看其是否综合考虑了国情、是否提高了行政管理效率，以及是否能够有效推动社会经济发展。从本质上看，分税制要做到分权、分税、分管，而分权则是根本，中央与地方的分权很大程度上依赖于立法权限的划分来实现。从法治角度看，2014 年 10 月 23 日，中国共产党十八届四中全会通过《中共中央关于全面推进依法治国若干重大问题的决定》，该决定提出"依法治国，是实现国家治理体系和治理能力现代化的必然要求"的命题。也就是说，该决定确立了国家治理现代化与依法治国二者之间的高度关联性。在我国各项事业都取得举世瞩目成就的改革开放进程中，中国特色社会主义法律体系已经形成。但我们也应该看到，我国法律体系还存在诸多待完善之处，如规定中央和地方税收立法权配置的是国务院《关于实行分税制财政管理体制的决定》等位阶较低的法律文件，而不是全国人大制定的《税收基本法》。法治化要求落实税收法定主义，即税收立法权的配置应有明确的宪法、法律支撑。

(二) 消费税改革中赋予地方税收立法权可行性分析

1. 法律上的可行性

我国现行《宪法》第 100 条规定："省、直辖市的人民代表大会和它们的常务委员会，在不同宪法、法律、行政法规相抵触的前提下，可以制定地方性法规，报全国人民代表大会常务委员会备案。"地方性税收法规属于地方性法规的范畴，地方权力机关完全可以在不与上位法产生冲突的前提下，根据地区内的具体情况行使税收立法权，制定地方性税收法规。同时，根据《立法法》第 72 条第 1 款和第 73 条第 1 项的相关规定，省人大及其常委会在不违背上位法、不妨碍央地财政关系、不触碰社会主义市场统一的前提下，可以根据地区发展需要制定地方性税收法规。而且，为了贯彻执行税法、暂行条例的规定，省级人民政府可以就在本地区内实行相关法律制定实施细则，对地方性税收法规作出解释、调整。就消费税来讲，由于其一直属于纯中央税，且目前最高法律规范仍为国务院制定的《消费税暂行条例》。根据《立法法》第 8 条第 6 项，"税种的设立、税率的确定和税收征收管理等税收基本制度"只能制定法律，因此《消费税法》的制定主体应当为全国人大。结合《立法法》的相关规定及地方政府对区域域情的"信息优势"，地方权力机关就消费税制定相关法规具有法律和现实上的合理性。

2. 环保税、资源税立法提供的借鉴

为破解环保工作经费不足的困局，1982 年我国开始正式征收排污费。2007 年环境保护税开始被提上立法议程，并最终于 2016 年 12 月 25 日获得全国人大常委会表决通过，并于 2018 年 1 月 1 日起实施。环保税的立法经验值得消费税立法工作予以借鉴。由于我国分税制的不彻底性，税权高度集中在中央，地方仅享有极其有限的税收立法权。《环境保护税法》由全国人大常委会表决通过，因此立法权主体归属于中央，但是国家也考虑到了环境污染及其治理工作的地区差异性，赋予了地方一定的立法权限，有效保障了"费改税"的平稳过渡。这一立法权限的授予主要体现在两个方面：一方面为税率。根据《环境保护税法》第 6 条的相关规定，中央通过《环境保护税税目税额表》规定浮动税率，其具体数额的确定由省、自治区、直辖市的人民政府根据其地区内的环境承载能力、污染物排放情况和社会经济发展水平来综合具体确定，实施方案经同级人大常委会同意后，报全国人大常委会和国务院进行备案。另一方面为税目。在遵从《环境保护税税目税额表》所规定的应税税目基础上，《环境保护税法》第 9 条赋予了地方增加应税税目的权限，地方政府可以根据本地污染物排放和治理的需要，增加同一排放口应税污染物的项目数，即在四大税目的框架下因地制宜地增设具体的子项目。

《环境保护税法》从税率和税目上给予了地方一定的税收立法权限，可以说是开启了打破"分税不分权"传统格局的先河，为落实"税收法定"原则、促进地方税体系建设、调动中央和地方两个方面的积极性发挥了重要的带头作用。为了加快落实"税收法定"原则，2019 年 8 月 26 日，十三届全国人大常委会第十二次会议表决通过了《资源税法》。《资源税法》在一定程度上继承了《环境保护税法》的立法模式，给予了地方政府一定的税收立法权限，为分税制的深化改革再次增添了浓墨重彩的一笔。在地方税收立法权限的授予上，《资源税法》体现在三个方面：第一，税率。资源税税率分为固定税率和浮动税率，对于实行浮动税率的税目，地方政府可以根据应税资源的开采条件、品位以及对生态环境的影响等因素在浮动区间内确定具体税率，经同级人大常委会决定后报全国人大常委会和国务院备案。第二，计征方式。《资源税法》的《税目税率表》中规定可以选择从量计征或从价计征两种计征方式，具体方式可以由省级人民政府提出，报同级人大常委会决定并向全国人大常委会和国务院进行备案。第三，减免税政策。对于特定情形下资源税的减征或免征优惠，《资源税法》在授予国务院一定权限的同时还给予了省级政府在两种情形下提出具体减征或免征方法的权限。

总之，《环境保护税法》和《资源税法》对于消费税立法的重要借鉴意义在于，它们在分税制确立的税收立法权高度集中在中央的制度框架下，很大程度上考虑到了法律实践的现实诉求，给予了地方在税率、税目、减免优惠等方面的权限，保障了地方的参与度。

(三) 赋予地方消费税立法权的具体方案

1. 加快制定《税收基本法》，排除现实障碍

通过对《消费税法征求意见稿》的解读及与其他税收法律如《环境保护税法》《资源税法》的比较，可以发现，我国现在对授予地方税收立法权并没有一个统一、规范、科学的规定，其原因就在于我国尚未制定《税收基本法》或《地方税法通则》，不能从法律的高度为中央与地方的税权划分、地方税种开征或范围等重大问题提供依据。

税收基本法在法律位阶上低于《宪法》，高于各类单行税法，它将《宪法》中对于政府和公民的各项涉税权利（力）义务的规定进行贯彻，并且以更为具体化、专业化的形式贯穿到如税收征收管理法、各税收实体法等下位法中。所以，《税收基本法》对各单行税法的制定和修订具有统领和指导作用。

现行《立法法》规定了地方权力机关可以在不与上位法相抵触的前提下制定地方性法规，同时《税收征收管理法》也规定"税种的开征、停征以及减税、免税、退税、补税，依照法律规定执行；法律授权国务院规定

的，依照国务院制定的行政法规规定执行。"地方权力机关制定地方性税收法规具有法律上的正当性。但令人遗憾的是，目前我国鲜有地方权力机关就地方税种的开征、减免、退税等方面制定地方性税收法规的先例。目前几乎所有关于地方税种的税收立法权都集中在中央。因此，有必要尽快出台《税收基本法》和《地方税法通则》，从法律层面终结这一状况。

2. 限制对国务院的授权条款

《消费税法（征求意见稿）》第20条规定："国务院可以实施消费税改革试点，调整消费税的税目、税率和征收环节，试点方案报全国人民代表大会常务委员会备案。"这一规定固然有现实考量，更反映出我国长期以来税收立法权一直由国务院主导的体制惯性。然而，随着税收法定主义的兴起，这一条款的合法性值得商榷。征税是一个财产侵权行为，只不过它是为了满足公共利益的需要并以经纳税人代表同意为前提的，因此征税行为是合理的侵权行为，在税制设计时自然要将立法者与税款使用者进行区分，以兼顾国家利益与纳税人利益。严格来说，国务院作为最高行政机关和税款使用者，其本身没有税收立法权，只有在得到最高立法机关即全国人大及其常委会的授权后才享有有限的授权立法权。根据《立法法》的相关规定，税种的设立、税率的确定和税收征收管理等税收基本制度只能制定法律，而这里的法律显然仅指全国人大及其常委会所制定的法律。因此，该条款应该把"试点方案报全国人大及其常委会备案"修改为"报全国人大及其常委会决定"，严格限制对国务院的授权。同时，依据《立法法》中关于授权的相关规定，全国人大及其常委会应该严格限制对国务院授权的目的、范围、时效等，并防止其在制定《消费税法实施条例》中通过相关条款的规定就所授权事项对地方人民政府或其他职能部门进行转授权。

3. 《消费税法》对地方税权的授权条款设计

从《环境保护税法》和《资源税法》中关于对地方税收立法权的相关规定可以看出，在全国最高权力机关制定税法的基础上，部分授权地方在税目、税率的浮动区间内进行自由选择的做法是切实可行的。与国务院不同，地方人大及其常委会与全国人大及其常委会都属于国家权力机关，而且从某种意义上而言它对于地方居民的税收立法需求更为了解，因此赋予地方人大及其常委会一定的税收立法权限实际上也是对税收法定原则的遵守。遗憾的是，《消费税法（征求意见稿）》并未引用这类条款设计。结合《环境保护税法》和《资源税法》的立法经验，《消费税法》也应当在对《消费税税目税率表》作出调整的基础上，规定地方人民政府在服务于地区内经济发展需要的条件下就税目、税率等在范围内作出选择，并报本级人大及其常委会决定。需要说明的是，这一税权的授权对象只能是地方人大及其常委会。

三、消费税征管领域地方税收利益保障机制之构建

地方税收征管体系为地方税体系的重要一环，为保障地方税收利益的实现，近年来各地围绕行政资源整合优化、涉税信息共享、社会综合治税等进行了富有创造性的探索，构建起各具地方特色的税收保障机制，且大多数省级地方及计划单列市都出台了税收保障类的法规或规章。国地税合并所带来的税收征管模式的新变化以及即将进行的《税收征收管理法》的大幅度修订，都给我国现行地方税收保障机制带来巨大的挑战。如何在新形势下进一步完善地方税收保障机制，也是本书从完善地方税体系角度探讨消费税法改革所必然面对的课题。

（一）国地税合并与构建地方税收保障机制

1. 国地税合并对我国税收保障机制的影响

1994 年分税制改革不仅划分了中央税和地方税，还分设了国家税务征管系统和地方税务征管系统。经过二十多年的发展，国地税分别征管虽然在调动中央和地方两个方面的积极性、促进国民经济发展等方面发挥了重要作用，但弊端也开始逐渐显现。基于深化国税、地税征管体系改革的目标，我国自 2015 年 7 月 1 日开始试行国地税合作征管模式。2018 年 3 月，

十三届全国人大一次会议审议通过了《国务院机构改革方案》，决定将省级和省级以下国税、地税机构合并，并于同年 7 月实现了全国范围内所有县级税务机构的统一挂牌，至此我国省市县三级国地税合并工作圆满完成。国地税的合并是一场事关国家治理体系和治理能力现代化的深刻变革，具有重要意义：第一，纳税人办税更为便捷。通过对国地税资源的整合，税务局扩大了服务范围，联合办税服务厅的设置消除了纳税人"两头跑"和重复报送资料的烦扰，切实方便了纳税人。第二，征管效率得到提高。国地税在资源整合、信息共享和征管协同等方面进行了深度创新发展，优化了资源配置，简化了工作流程，从而大大提高了征管效率。第三，有效消除了税收征管盲区。两套征管机构合并后，"一套班子、一个平台"使得税务机关对纳税人信息得以全面掌握，在风险把控上也更加严密，有效消除了征管盲区。

2. 国地税合并对构建地方税收保障机制的意义

一方面，国地税合并有利于促进依法征税。2020 年 3 月 6 日，财政部出台《关于深入推进财政法治建设的指导意见》（财法〔2020〕4 号）。指导意见提出，"到 2020 年底，财政工作全面纳入法治轨道；到 2025 年，财政法律制度体系更加完善；到 2035 年，基本形成较为完备的财政法律制度规范体系"。完善财政立法体制机制、践行依法治税是我国当前财政体制改革工作的重点。按照我国现行税收体制，税收立法权高度集中在中央，地方没有制定区域性税收优惠政策的权力。因此，国地税机构合并前，有些地方政府通过改变税收执法的方式吸引投资，增强地区竞争力，虽然企业名义税率基本一致，但实际税率存在很大差别，大大折损了税收执法刚性。国地税机构合并后，税务局在领导体制上实行国家税务总局为主与地方政府双重领导管理体制。双重领导体制使得地方政府对税收执法的干预能力大幅缩小，以地方政府为主体的地方税收保障机制也向配合税务局落实税收征管工作、提供涉税信息等方向转变，推进了我国依法征税的进程。另外，国地税合并有利于提高地方税收保障机制实现效果，推进财政能力建设。税收工作中财政能力的实现，一靠税收政策，二靠税收管理。

我国税收政策制定权基本集中在中央，这种模式保证了全国政策的步调一致，我国税收政策比较统一。因此税收管理成为推动财政能力建设的重要手段。提高财政能力，并不意味着只实行增税政策，还可以靠提高征管力度来实现。2019 年，全国税收部门组织税收收入 140,439 亿元，同比增长 1.8%。在"减税降费"力度不断加大、经济下行压力较大的背景下，税收收入仍能实现正向增长，很大程度上来源于自金税工程以来我国税务部门涉税信息整合和税源监控能力的大幅提升。税务部门征管能力的提升，固然得益于此次国地税机构合并带来的统一执法、统一平台，征管效率大幅提高，除此之外也倚赖于地方税收保障机制的不断构建完善。国地税机构的合并，使得地方税收保障机制的运行效果更加显现。

（二）构建我国地方税收保障机制的基础

1. 实践基础——基于《山东省地方税收保障条例》的典型分析

分税制改革以来，面对日渐加大的财政支出压力，各地都在积极探索提高地方税收征管质量的保障措施，从制度建设方面来看，山东省走在了各省的前列。2003 年 9 月，山东省政府出台了《山东省地方税收保障办法》，此为全国第一部税收保障方面的地方政府规章。得益于保障办法在立法方面积累的大量经验，2010 年 3 月 31 日，山东省人大常委会正式通过了《山东省地方税收保障条例》（以下简称《条例》），为我国首部有关税收保障的地方性法规。条例的出台，克服了保障办法立法层次低、内容不全面、约束力不够等方面存在的不足，明确了加强地方税收征收工作、规范征税和缴税行为的目的。该条例从税收管理、税收服务、税收监督、法律责任等方面分 7 章 38 条作了规定。其中条例第 17 条规定："县级以上人民政府应当建立和完善地方税收保障信息系统，健全相关部门之间的税源信息交换和共享制度，实现涉税信息的互联互通。"第 28 条规定："各级人民政府应当将地方税收保障工作纳入工作考核范围，对负有地方税收保障责任和义务的相关部门、单位和个人参与税收协助的情况和成效进行考评和奖惩。"后全省各地级市相继就条例出台了贯彻实施意见，进一步明确了工作职责、细化了工作内容。该条例带来最直接的成效是实现了由地税部门单一管理到政府主导下多部门税收保障的转变，初步形成了全方位、多层次、立体化的税收保障机制。

2013 年，金税三期税收管理系统开始在山东上线，实现了税务总局、省税务局和政府部门如财政部门、民政部门的信息共享且以省税务局为主要平台的综合管税机制。2015 年 11 月 3 日，山东省人民政府办公厅印发《山东省人民政府办公厅关于印发山东省税收保障工作实施方案的通知》，根据该通知，山东地方税收保障机制主管部门由地税部门主导改为由财政部门牵头，并启动了对涉税信息采集平台的建设。可以说，《山东省地方税收保障条例》的出台，对于促进当地税收保障机制、实现向国地税合并的平稳过渡发挥了重要且积极的带动作用。

2. 法律基础——《税收征收管理法》的修订为地方税收保障机制的构建提供了契机

在我国缺乏《税法通则》或《税收基本法》的情况下，《税收征收管理法》一直是深刻影响着税务机关和纳税人的通则性税收程序法。我国《税收征收管理法》于 1992 年制定，虽历经三次不同程度的修改，但无论是立法理念还是具体制度的设计都已落后于时代的要求，尤其是无法与现代化的地方税体系相匹配。2015 年，国务院就《税收征收管理法修订草案（征求意见稿）》向社会公开征求意见。从该征求意见稿可以看出，本次修订将要对税收征收管理法进行大幅度的修改。该征求意见稿将现行征收管理法的 6 章 94 条扩充为 11 章 139 条。在全面深化改革的总体要求下，该征求意见稿废除了一些已经过时的规定，增加了一些符合当前治理需要的条文，也显示出了我国加快进行税收征管工作科学化、信息化、国际化的进程。

值得注意的是，该征求意见稿将原有的"税务管理"一章拆分成"税务登记、凭证管理、信息披露、申报纳税"四章，体现了由"重管理"向"重服务"的理念转变，也凸显了税务信息共享在新的税收征管模式下的极端重要性。税务信息共享目标的实现，需要依赖于完善的地方税收保障体制。所谓地方税收保障机制，指的就是在相关法律规定的基础上，以实现税收征收、促进纳税遵从为目标，组建起一个由税务部门、相关政府部门、中介机构等多方位的治理主体，依托信息手段而实施的合作治税。该机制契合于构建现代税收制度的时代要求，体现了依法治税、合作治税和信息治税三位一体的有机结合。对此，征求意见稿第 5 条规定："地方各级人民政府应当依法加强对本行政区域内税收征收管理工作的领导或者协调，支持税务机关依法执行职务，建立、健全涉税信息提供机制。"与原《税收征收管理法》不同的是，该条款取消了"依照法定税率计算税额，依法征收税款"，而改为"建立、健全涉税信息提供机制"。除此之外，征求意见稿还明确规定了公安、工商、土地等 13 个部门对涉税信息的提供义务。因此，本次征求意见稿对税收保障机制给予了足够的重视，尤其是明确了税务部门与政府相关部门间协作配合、涉税信息采集、信息管税等方面的法律依据，为我国构建完善地方税收利益保障机制指明了方向并提供了法律支撑。

3. 《环境保护税法》《增值税法（征求意见稿）》的立法实践

我国《环境保护税法》、即将出台的《增值税法》也都就税收保障工作进行了专门规定，虽然仍存在一定的不足之处，但瑕不掩瑜，对我国接下来的税收立法工作在税收征管方面提供了一定的借鉴。

《环境保护税法》全文分为五章，其中第四章为"征收管理"。该法第 14 条第 3 款规定："县级以上地方人民政府应当建立税务机关、环境保护主管部门和其他相关单位分工协作工作机制，加强环境保护税征收管理，保障税款及时足额入库。"在税务征收工作由税务机关负责的前提下，该条款确定了地方人民政府对税务征收管理的协助责任。同时，该法第 15 条规定："环境保护主管部门和税务机关应当建立涉税信息共享平台和工作配合机制。"环境保护制度的行政主体主要是环境保护主管部门，因此环境保护税也通过专门条文规定了环境行政主管部门对环境保护税征收工作的协同配合责任。与税务部门不同的是，我国地方环境保护部门隶属于同级地方政府，在业务上受上级环保部门指导，但人、财、物等方面则由地方政府予以保障和管理，因此《环境保护税法》第 15 条实质上也是对地方政府责任的规定。《环境保护税法》自 2014 年 11 月发布草案稿，至 2016 年 12 月 25 日在十二届全国人大常委会审议通过，经两次审议，走过数年立法之路，可以说很大程度上权衡了各方面的利益关系，综合考虑了各种现实情况，尤其是关于对地方政府税收征收协助机制的相关规定，对我国税收立法具有很强的借鉴性。

增值税，无论从涉及面还是税收收入层面上讲，都是我国名副其实的第一大税种，因此，增值税的立法动向在很大程度上牵动着我国税收改革的整体框架。2019 年 11 月 27 日，国务院发布《增值税法（征求意见稿)》，其中，第八章为"征收管理"。该法第 44 条规定："国家有关部门应当依照法律、行政法规和各自职责，配合税务机关的增值税管理活动。税务机关和银行、海关、外汇管理、市场监管等部门应当建立增值税信息共享和工作配合机制，加强增值税征收管理。"该条款对涉税信息提供主体、税收工作配合机制主体进行了扩大性规定，涵盖金融、市场、海关等多方面的机构和部门。就地方层面讲，增值税征收工作不仅需要地方政府及相关部门的配合，还需要银行等其他主体的参与，对地方税收保障机制的构建提出了新的要求。

（三）构建我国地方税收保障机制的困境

1. 地方税收保障机制构建实践中暴露的问题

通过对山东省地方税收保障机制构建的分析，可以发现，山东省地方税收保障机制的构建取得了一些领先性的成果，但仍存在诸多问题，且这些问题也折射出我国地方税收保障机制面临的困境：第一，立法层级较低。山东省就《山东省地方税收保障办法》提高了立法层级，转变为条例，已经取得了一定的进步。就我国其他地区来看，为落实地方税收保障机制而出现相关规定的地区不在少数，如 2016 年《北京市税收征收保障办法》、2017 年《江西省税收保障条例》等，立法层级都集中在规章或地方性法规的层面，不属于严格意义上法律。税收保障方面的相关法律文件位阶局限在省级法规层面，这正是我国税收程序法《税收征收管理法》修订工作的滞后造成的，其已经无法满足于地方税收征管保障的需要。立法层级较低带来的直接问题是其约束力不够强，地方税收保障机制往往需要多部门、各层级之间的协作配合，还有可能产生跨地区征管的难题，从而影响了联动机制的构建。第二，地方税收保障主体间配合度差。通过对山东省税收保障机制的了解可以发现，其地方税收保障机制主要由财政部门进行牵头。由于财政部门和其他部门基本属于同级别，在工作开展过程中缺乏权威性，难以发挥领导作用。随着国地税合并工作的完成，国地税之间配合不够紧密的问题得到了有效解决，但税务局与其他政府部门间的合作效果仍然较差，出于部门利益考虑，相关部门参与税务协助工作的积极度普遍不高。第三，"信息管税"推进缓慢。信息管税，是对以票管税理念的转变，指借助现代信息技术完成对涉税信息的收集、整理、分析应用等工作，即税收管理信息化。自 2009 年首次提出"信息管税"理念以来，信息管税已经逐渐深入人心。人们开始普遍通过相关软件处理涉税事项，信息管税数据库的建设也不断成熟。但一方面，人们仍然没有普遍树立起对信息管税的认识，狭隘地认为信息管税就是将纳税申报等工作转移到计算机上进行；另一方面，信息管税对于工作人员的信息化操作水平要求较高，在缺乏正向激励机制的背景下税务工作人员对这方面工作的热情和投入度不高。

2. 《税收征收管理法修订草案（征求意见稿）》的不足

《税收征收管理法修订草案（征求意见稿）》就涉税信息共享等方面作出了一些新的规定。其实，早在 2002 年，国务院信息化工作办公室、国家工商行政管理总局、国家税务总局和国家质量监督检验检疫总局等四部委就已联合发布了《关于开展企业基础信息交换试点的通知》，开始了信息共享的早期试点工作，尤其是在工商与税务部门之间的信息共享的实践上我国已经取得了很好的成绩。但是通过《税收征收管理法修订草案（征求意见稿）》和我国近年来在地方税收保障机制构建方面所做的实践探索的总结来看，仍然存在诸多问题，需要进一步深化完善。如政府各部门间的组织协调是决定信息共享和地方税收保障机制构建的重要影响因素,《税收征收管理法修订草案（征求意见稿）》第 5 条也对此作了一定的规定，但是该规定过于原则化，在缺乏具体规范的情况下在实践中往往会出现部门间职能的模糊甚至相互推诿。再如，虽然征求意见稿专章规定了信息披露，对于信息共享的方式却没有作出规定，从现实的复杂性和操作的灵活性角度来看，不做具体规定是一个较好的选择，但应该从赋权的角度给予地方一定的选择权限，以得到法律上的支撑。另外，从近年来我国税务信息共享的实践来看，也集中暴露出一些问题，如部门间合作不够紧密、责任落实不到位、信息系统构建进度迟缓等。总之，无论是法律文本的不足还是现实操作中的困境，都昭示着我国地方税收保障体系的构建有较大的提升空间。

3. 《消费税法（征求意见稿)》没有对税收征管给予重视

通观《消费税法（征求意见稿)》，除第 15 条"消费税由税务机关征收，进口的应税消费品的消费税由税务机关委托海关代征"这一原则性规定以外，征求意见稿对消费税的征收管理几乎没有作出任何规定。我国现行消费税税目涵盖烟草、酒、成品油、小汽车等 15 类，涵盖面较广。广阔税源的背后，是各个相关部门的分工管理，如烟草局对烟草生产、批发、价格管制等工作负责，环保部门对涂料、木制一次性筷子等高消耗、高污染品进行管理和监控，因此，消费税的征收工作同样需要多个不同部门之间的相互协作。同时，从国务院相关文件中体现出的精神可以看出，消费税的征收环节逐步后移、消费税税收收入逐步下划到地方已经成为消费税改革的趋势。地方政府参与到消费税税收工作中的环节将会更多。《消费税法》作为对消费税各个方面进行统筹引导的单行税法，没有对地方征收保障机制进行规定，实乃一大不足。通过对《环境保护税法》《增值税法（征求意见稿)》的分析，近几年的税收立法工作都突出了对涉税信息共享、征收协作机制等方面的重视，即将出台的《消费税法》在这一方面显得格格不入。

（四）构建消费税地方税收保障机制的具体方案

构建地方税收保障机制，其目的主要在于实现地方税收收入的应收尽收、促进纳税遵从。在相关法律规定的基础上，通过税收保障机制形成一个由税务部门、政府部门、第三方机构等多主体组成的治理协作小组，运用现代信息手段，共同完成税收征收工作。因此，税收保障体制实际上是由"依法治税""合作治税""信息治税"三部分组成的。对构建消费税地方税收保障机制具体方案的思考，也应该从这三个方面分别入手。

1. 依法治税方面：巩固法律基础

一方面，结合实践修订《税收征收管理法》。《税收征收管理法》是我国各地方先后出台地方性税收保障法规的主要法律依据。在我国尚缺乏通则性税法法律的情况下，地方性法规是落实税收保障工作较为行之有效的做法。但从长远来看，借助此次《税收征收管理法》修订的契机，为我国各地出台地方性税收法规提供法律基础是十分必要的。从《税收征收管理法修订草案（征求意见稿）》可以看出，其确实也作出了这方面的努力，但具体运用到实践层面时还远远不能满足需求。因此，对《税收征收管理法》中涉及税收保障的相关条款予以细化和完善，就显得十分必要。《税收征收管理法》应该为地方制定地方性税收保障法规提供法律支撑，同时细化各主体提供涉税信息的义务和追责机制。另一方面，在《消费税法》中对地方税收保障机制作出规定。《消费税法》对地方性税收保障机制的规定，可以在借鉴其他单行税法相关做法的同时更进一步。首先，明确涉税信息提供主体，将市场部门、环保部门、房管部门、地方司法系统等都纳入其中，规定其提供涉税信息的义务；其次，规定地方政府在构建地方消费税税收协调配合机制中的义务；最后，增加追责机制，对于不履行相关义务的主体从法律层面作出惩罚规定。

2. "合作治税"方面：构建以财政部门为主体的地方税收保障机制

在地方实践层面，本书以《山东省地方税收保障条例》为典型分析了我国地方政府在构建地方税收保障机制所作出的探索。《山东省地方税收保障办法》上升到《山东省地方税收保障条例》的过程，也是山东省税务信息系统、税收保障机制不断发展和完善的过程。而且，近年来，北京、重庆、江西、安徽等地都先后出台了税收保障条例或办法❶，各部门和下级政府都纷纷对涉税信息提供和税收执法协助等工作作出了细化。很多地区的地方税收保障体制的协调配合组织都由以税务部门为主转向了以财政部门为主，如《湖北省地方税费征收保障办法》规定，各级人民政府及相关部门、单位在制定规范性文件时涉及地方税费内容的，应当征求同级财政部门和地方税务机关的意见，并按规定备案；《湖南省税收保障办法》规定"审计机关、财政部门对税收收入情况实施审计、财政监督，税务机关应当予以协助"，与很多地区一样，加强了财政部门对税务收入的监督；《福建省税收保障办法》也规定税务机关应当向同级人民政府财政部门提供相关税收信息。丰富多样的立法实践为新形势下构建以财政部门为主的地方税收保障体制提供了充分的经验积累。

在行政体制上，新一轮机构改革之前国税部门由国家税务总局垂直管理，地税部门由地方政府和税务总局双重管理。国地税合并以后，税务机关实行双重领导，即实行以税务总局为主、地方政府为辅的领导体制。新的领导体制削弱了税务机关对地方政府的依附度，地方政府必然会修正其税收保障机制，之前以地方税务机关为枢纽单位的模式也随之发生变化。一般而言，通过同级地方政府不同部门进行综合管理在管理水平和运行成本上会比同一系统不同地方间的协作效果更好一些，尤其在涉及财政收入和经费保障的事务上，各级财政部门处于优势地位。相对于垂直管理的税务部门，地方财政部门更加了解当地实际情况，因此更有发言权，政策动议的效果也更好。尤其是国地税合并后，社保、基金、收费等政府非税收入的征收也转移到税务部门，不仅大幅增加了税务部门的工作量，也对其专业化和业务水平提出了挑战，在这一背景下，由财政部门牵头开展信息共享、综合治税工作显然更具优势。

---

❶ 据笔者统计，自 2003 年以来，由省、自治区、直辖市及计划单列市制定的税收保障条例或规章目前已有 29 部之多。

地方税收利益保障机制构建的首要任务，就是完善信息共享机制，而这一机制的完善，核心在于对义务主体的明确。税务部门与其他部门进行涉税信息共享，实质在于通过税务部门对涉税信息共享权利的行使，促使相关单位履行向其提供涉税信息的义务。在义务主体的确定上，可以借《税收征收管理法》修订的契机，在条文中对主体进行确定。义务主体的确定应拓宽范围，将金融机构、市场监管、法院、公安、民政等多个相关主体都考虑在内。

由于协助部门众多，且在职能、层级上各有差异，因此要达到协调配合、分工并进的效果就必须建立一个科学的组织领导机制。为确保工作顺利推进，应该搭建以财政部门为主导的领导小组，建立税收保障工作联席会议，省政府的领导为总召集人，财政厅、税务局、相关涉税部门为成员单位，联席会议办公室设在财政厅，并由财政厅主要领导作为该小组的事务负责人。

3. "信息治税"层面：推进落实信息治税

现代化的税收征管的追求目标，对征管方法和征管系统提出了更高的挑战和要求。借鉴发达国家的先进税收管理经验时可以发现，获取大量税务信息、优化税收管理系统是各国普遍的做法。同理，我国税务机关要想对税务信息进行全面收集、分析，就必须运用先进的信息化手段，信息治税成为新时代背景下的必然之选。

信息治税的首要工作就是对涉税信息的收集和整合。面对海量的信息数据，要设立一个全国统一的大数据库，对纳税人申报信息及其他税收信息协助主体提供的信息进行处理、储存归集。完成对信息的收集和整合后，同样重要的是对数据的分析和运用。我国不少税务机关目前都设置了信息分析机构，从宏观分析和微观分析相结合的层面，强化对涉税信息的综合分析，找寻税收征收中存在的问题。再者就是税收系统的智能化。一个成熟的数据分析系统应该是能够自动进行决策提供、决策分析的系统，通过相关的数据模型能够筛选出潜在的问题和风险，从而大大提高信息治税的水平。

四、改造消费税作为地方新的主体税种

"营改增"对我国地方税体系形成的直接冲击是长期作为地方主体税种的营业税退出历史舞台，地方主体税种缺失。地方主体税种的选择，需要符合一些特定条件。消费税能否能为新的地方主体税种一直引发着广泛的讨论。本书下文从地方主体税种选择理论出发，对消费税成为地方主体税种的可行性做了分析，并提出将消费税作为我国地方主体税种的现实方案。

（一）地方主体税种选择理论分析

无论是从收入占比还是功能的发挥上，地方税主体税种在整个地方税体系中都处于核心位置。邓子基认为："主体税种是指在某一税种体系中，税源较稳定、税基较宽、征收较易且收入占一定比重的某一类或某几种税种的总称。"❶学者们多数都从主导地位、收入占比、调控能力等方面对地方税主体税种作出界定。一般来说，地方主体税种的选择需要具备以下几个条件：第一，税基宽、税源稳。地方税收收入往往是地方财政收入的主要或重要来源，而主体税种的税收收入又应该占地方税收收入的主要部分，如营业税作为我国地方税主体税种其税收收入一直占地方税收收入的30%左右。因此，选择地方主体税种首先需要考虑的条件就是其财政收入贡献率，这在很大程度上影响着地方税体系和地方财政收入的稳定性。只有选择税基宽广、税源稳定的税种，才能保持这一稳定性。主体税应当对地方财政具有较强的保障功能，如果主体税种的税基较窄、税源不稳定，当地方政府收入不充足且无法进行补足时，其往往会通过设立其他收费名目或超额发行地方债等方式来增加地方财政收入，维持财政支出，这不仅会导致地方政府的公信力下降，而且会使社会秩序、经济发展形势处于失调的状态。第二，便于征管。1994 年分税制改革方案将一些税源分散、征

---

❶ 邓子基：《地方税系研究》，经济科学出版社 2007 年版，第 127 页。

管难度较大的税种划分给了地方，一个重要原因就在于这些税种的征收成本高，交由地方征收更为合适。虽然国地税合并后我国税收征管工作由国家税务总局统筹负责，但在对地方税种的征收过程中仍然需要地方政府相关部门进行配合。因此，在现行征管体制下，选择地方政府更为了解并便于征收的税种作为主体税种仍是地方税主体税种选择的一个必备条件。第三，具备受益性。在一地区内，当政府提供的公共产品与地区内居民因此享受的受益相对应，即公共产品的提供不具有"溢出效应"时，此时征收的某种税便具有受益性。税收是政府提供公共产品的成本，而这种成本是由地区内区民所缴纳的，二者之间应该具有对应性。作为主体税种，其带来的税收收入不仅要与政府提供的相应公共产品相符合，还要对地方经济的发展具有关联效应。当地方经济发展得更好时，主体税种的税收收入随之增加，当地方加大了对主体税种的征收力度时，加大的结果也应该是有利于地方经济的建设和提升。

（二）完善地方税体系主体税种的必要性分析

1. "营改增"使地方财政出现缺口

自 2016 年 5 月 1 日起，"营改增"实现了在全国各行业的全面推广。作为一项涉及面广、影响程度深的税制改革，"营改增"在消除重复征税、整合上下游产业链、优化产业结构等方面都发挥了积极的作用。虽然"营改增"全面推行之后，中央考虑到作为地方重要税收来源的营业税被取消，提出了增值税在中央和地方之间进行"五五分成"的方案，且在 2019 年 10 月国务院印发的《实施更大规模减税降费后调整中央和地方收入划分改革推进方案》中明确提出了继续保持增值税"五五分成"比例不变。由于提高了地方对增值税的分享比例，因此，从近些年的我国地方财政收入的总量来看，并未造成地方财政收入明显减少。但是从表 8-2 看，我国地方财政收入的税收收入的增长速度自 2013 年起开始明显下降。由于地方税收收入占地方财政收入的比例约为 77%，受此影响地方财政收入的增长速度也随之出现了下降。另外，通过图 8-4 可以更为直观地看出，我国地方财政收入与财政支出虽然一直保持逐年上涨的走势，但是收入与支出的差额，即地方财政缺口却逐年增大。

表 8 - 2　我国地方财政收入和税收收入

类　别	2018 年	2017 年	2016 年	2015 年	2014 年	2013 年	2012 年
地方财政收入（亿元）	97,903.38	91,469.41	87,239.35	83,002.04	75,876.58	69,011.16	61,078.29
地方财政支出（亿元）	188,196.32	173,228.34	160,351.36	150,335.62	129,215.49	119,740.34	107,188.3
地方税收收入（亿元）	75,954.79	68,672.72	64,691.69	62,661.93	59,139.91	53,890.88	47,319.08
地方税收收入增长率（%）	9.59	5.80	3.14	5.62	8.88	12.19	
财政收入增长速度（%）	6.57	4.62	4.86	8.58	9.05	11.50	
财政支出增长速度（%）	7.95	7.43	6.25	14.05	7.33	10.48	

资料来源：国家统计局官网。

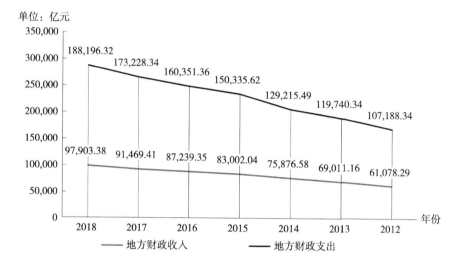

图 8 - 4　我国地方财政收入与财政支出

"营改增"后，我国增值税的减负效应得到了明显的体现，其中一个最直接的原因是营业税和增值税的计税依据存在不同。营业税的计税依据是劳务营业额，而增值税的计税依据是劳务和产品的增值额，劳务营业额通常远远大于劳务和产品的增值额，也就是说若没有实行"营改增"，依照现有体量征收营业税的征收额会大于现在增值税的营业额，同时由于地方对增值税的五成的分享，这又进一步导致地方税收与之前相比而减少。近几年，受"放管服"改革的推动，我国第三产业取得了蓬勃的发展，根据国家统计局发布的数据，就我国第三产业法人年均增长速度来看，2004—2008 年为 6.7%，2008—2013 年为 10.3%，2013—2018 年这一增速达到了 16.2%。市场主体数量的快速增加，带来的是第三产业规模的扩大。从这一角度看，"营改增"对地方财政收入的减削效应还是很明显的。

另外，我国增值税采用的是国际上普遍实行的税款抵扣的方法，简单说即企业应缴增值税额按销项税额减去进项税额的方法来计算。一般情况下，企业销项税额会大于进项税额，企业缴纳增值税。在销项税额保持不变的情况下，增值税收入便随着进项税额的增加而减少。但有时也会存在销项税小于进项税的情况，如生产周期较长、高进低销等，从而出现留抵税额。为了减小企业压力，自 2019 年 4 月 1 日起我国全面试行留抵退税制度，即对于符合条件的企业，企业可以申请退还留抵税款，这一规定也直接增加了地方财政压力。

2. 地方税体系缺乏主体税种

在当前经济新常态下，设置科学的税制结构、划分合理的税权体系、建立规范的央地间分配关系及培育稳定的地方主体税种，一直是深化财政体制的重要内容。自我国实行分税制以来，税源相对集中、稳定且收入较为充足的税种划归中央税或共享税，而税源相对分散、征管难度较大、收入稳定性差的税种大多留给了地方。从我国地方税收入比重看，一直以营业税为主。从表 8-3 中可以看出，在全面实行"营改增"之前，营业税在地方税收收入中的比例一直稳定在 30% 左右，且远远高于作为共享税的增值税和企业所得税收入，成为名副其实的地方主体税种。作为纯地方税种的其他税种，如城市建设维护税、资源税等体量都相对较小，因此一直以来地方也是对营业税常抓不懈，给予了足够的重视。

表 8-3　我国地方税收收入占比　　　　　　　　单位:%

税　种	2010 年	2011 年	2012 年	2013 年	2014 年	2015 年
营业税	33.65	32.85	32.8	31.83	29.95	30.58
国内增值税	15.89	14.56	14.23	15.36	16.49	16.13
企业所得税	15.43	16.4	16	14.81	14.92	15.15
个人所得税	5.92	5.89	4.92	4.89	4.99	5.5

税　种	2010 年	2011 年	2012 年	2013 年	2014 年	2015 年
印花税	1.56	1.5	1.46	1.46	1.51	1.54
城市建设维护税	5.3	5.01	6.2	5.02	5.85	5.91
资源税	1.3	1.44	1.8	1.78	1.76	1.59
纯地方税种	20.97	22.35	22.59	24.85	24.53	24.6

资料来源:《中国统计年鉴》。

"营改增"以后,作为地方税主体税种的营业税在我国税制改革过程中退出了历史舞台,地方主体税种丧失。如图 8 – 5 所示,2018 年我国地方税收收入为 75,954.79 亿元,增值税占比 40.52%,企业所得税占比 17.22%,在我国地方税收构成中,增值税带来的收入比例遥遥领先。单从收入角度看,增值税在一定程度上弥补了地方因为营业税废除而导致的收入减少困境,但由于地方政府对该部分税收收入是一种单纯的被动接受的状态,缺乏税收立法权,主体税种缺失的弊端开始显露。

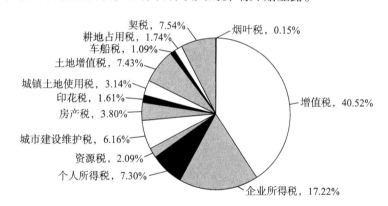

图 8 – 5　2018 年地方税种收入比

资料来源:《中国税务年鉴 2018》,中国税务出版社 2018 年版。

(三) 消费税作为地方税主体税种可行性

1. 消费税税收贡献度角度的可行性

作为中央税种之一的消费税,在我国税收收入总量中一直稳居第四的地位。从表 8 - 4 中可以看出，在税收收入上，我国消费税基本保持稳中增长的趋势，但增长速度逐渐趋于稳定。从消费税收入与中央财政收入的比较可以看出，消费税收入占中央财政收入的比重稳定在 12% 左右，对于中央财政收入的筹集发挥着一定的保障作用。如图 8 - 6，消费税收入在国家税收收入中的比重稳定在 7% 左右，2018 年我国消费税税收总收入为10,631.75亿元，国家税收总收入为 156,402.86 亿元，消费税收入占比6.80%，呈现出稳定态势。

表 8 - 4　我国消费税收入同期数据及相关占比

年度	国内消费税收入 （亿元）	中央财政收入 （亿元）	消费税占比 （%）	国家税收收入 （亿元）	消费税占比 （%）
2012	7875.58	56,175.23	14.02	100,614.28	7.83
2013	8231.32	60,198.48	13.67	110,530.7	7.45
2014	8907.12	64,493.45	13.81	119,175.31	7.47
2015	10,542.16	69,267.19	15.22	124,922.2	8.44
2016	10,217.23	72,365.62	14.12	130,360.73	7.84
2017	10,225.09	81,123.36	12.60	144,369.87	7.08
2018	10,631.75	85,456.46	12.44	156,402.86	6.80

资料来源：国家统计局官网。

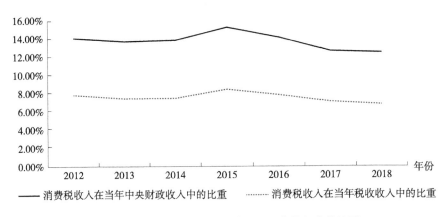

图 8 - 6　消费税收入在财政收入、税收收入中的比重

"营改增"后，我国地方财政缺口逐年增大。2018 年我国地方政府财政收入为 97,903.38 亿元，财政支出为 188,196.32 亿元，财政缺口达到

90,292.94 亿元。为了弥补地方财政困难的现状，中央加大了对地方税收返还和转移支付的力度。以 2018 年为例，转移支付后，中央、地方实际可支配收入分别为 15,766 亿元和 167,586 亿元。

从图 8 - 7 中可以看出，转移支付虽然一定程度上弥补了地方财政收入不足的困境，但接下来产生的两个问题是：一方面，这一举措没有完全消除地方财政缺口，反而使地方政府对转移支付形成依赖性，缺少发挥公共职能的积极性和主动性；另一方面，经过转移支付中央和地方都出现不同程度的收支赤字，需要发行债券来进行弥补。在一味通过转移支付而无法有效解决地方财政问题的背景下，如何通过其他方式解决地方财政缺口问题成为当前财税体制改革的重要任务。通过对消费税加以改造，将消费税收入划归地方，能够快速有效地缓解这一危机。如将消费税收入与地方税收收入进行比较，消费税收入占地方税收收入的 15% 左右，虽然与营业税收入规模相比消费税较小，但综合来看其是目前最为快速便捷的方案。

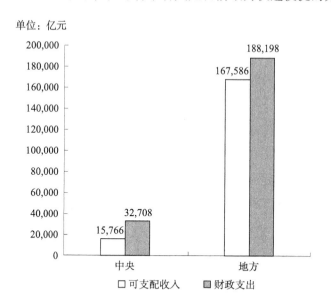

图 8 - 7　2018 年转移支付后中央和地方财政收支

资料来源：国家统计局官网。

2. 消费税功能角度的可行性

在新一轮的财政体制改革过程中，关于消费税的研究尤其是将消费税作为地方税种的呼声一直很高，其原因很大程度上就在于消费税自身特有的功能。前文已从筹集财政收入、调节消费结构、强化生态保护三个角度对消费税的功能做了较为详尽的论述。从与增值税比较的角度来看，增值税宽税基的特点使其在筹集财政收入方面显现出了它的巨大优势。由于增值税对所有中间要素的投入进行同比例课税，由此带来在生产过程中中间要素使用比例变动不大，当反映到消费环节时表现为各类消费品价格上涨幅度基本一致，因此对社会带来收入效应而不会带来替代效应，即商品价格的变化不会对社会上的消费行为产生重大变动。但正是因为增值税这种品质，其在调节产业结构方面的功能就显得较为乏力，而消费税恰好承担了这一重任。在我国全面实行"营改增"和"减税降费"的背景下，增值税的改革方向必然是低税率，尽可能减少对资源配置的扭曲影响，作为补充，消费税在增值税基础上选择部分特殊产品加征税收，从而实现了功能互补。

从经济发展方式来看，长期的"以经济发展为中心"的发展观念和政府层级间绩效考核制度的实施，使我国地方政府一直存在"唯 GDP"论的狂热追求。我国的税制结构以流转税为主，而"营改增"前的营业税和增值税一直是流转税的主要构成部分。出于税收收益的考虑，地方政府疯狂地招商引资、上项目，通过源源不断的投资增加当地税收收入，但是对项目类型、投资结果等却不够重视。在这一背景下，虽然我国税收收入不断增加，但是地区可持续发展能力、居民收入水平等却没有得到相应的提高。根据收入消费函数，居民可支配收入与消费水平一般具有正相关关系，即当地区内消费税税额较高时，往往反映出该地区内居民可支配收入较高。将消费税作为地方税种更能鼓励地方政府转变经济发展方式，透过对消费税的重视来夯实第一产业、做强第二产业、发扬第三产业。另外，消费税的又一显著特点是"消费者付费"，对于一些高污染、高耗能的特殊商品征收消费税，也可以更好地实现地区"绿色发展"的目标。

（四）消费税与其他地方税主体税种选择方案的比较

1. 资源税

资源税是世界各国普遍征收的一个税种，而且多数将其划归为地方税。在美国，有 38 个州征收资源税，每个州根据其地区情况独立进行税目、税率规定，且收入完全归属地方。1993 年 12 月，国务院发布《资源税暂行条例》，在央地收入分享方面，资源税收入绝大部分归地方所有。由于资源税的征收对象如矿产资源、盐等流动性较低，且其需求较为稳定，受经济发展水平影响的波动小，因此资源税符合地方税的受益原则。与此同时，资源税划归地方既不会在地区间出现恶性竞争的情况，地方政府也可以把该部分收入用作地区内的环境保护、生态恢复等方面。

但是，无法回避的一个现实问题是资源税收入在地方税收收入的占比过低，这使其难以担当起地方主体税的角色。从表 8-5 中可以看出，2018 年资源税占地方税收收入的比重为 2.09%；2017 年这一比重为 1.88%。通过对近几年资源税收入比重的观察可以看出，其难以为地方政府提供足够的财力支撑，很难满足作为地方主体税种的条件。而且，由于我国各地区间资源分布不均衡，故而各地资源税收入额亦呈现出较大的差距。以 2017 年为例，当年我国资源税收入总额为 1310.54 亿元，其中山西收入为 140.35 亿元，内蒙古收入为 118.16 元，北京只有 0.75 亿元，上海仅为 0.01 亿元，其间差距之大，可见一斑。虽然我国新颁布的《资源税法》规定了地方政府可根据实际情况适当开征新税目，但由于课税对象的有限性，并不能取得良好的效果。因此，总体而言资源税不适合作为地方税主体税种。

表 8-5　我国资源税收入及收入占比

类别	2013 年	2014 年	2015 年	2016 年	2017 年	2018 年
资源税收收入（亿元）	960.31	1039.38	997.07	919.4	1310.54	1584.75
增长率（%）	12.22	8.23	-4.07	-7.79	29.85	17.30
占地方税收比重（%）	1.38	1.76	1.59	1.42	1.88	2.09

资料来源：根据历年《中国统计年鉴》整理。

2. 房地产税

房地产税，并不是某一税种的称谓，而是一个综合性的概念，即对一系列属于房地产运行活动所征收税种的统称，属于财产税。我国目前尚未构建起一个完善的房地产税体系，相关税种主要包括房产税、城镇土地使用税、契税、土地增值税和耕地占用税。从国外一些国家的经验来看，尽管称谓略有差异，如美国称之为"财产税"、波兰称之为"不动产税"，多数国家都将房地产税作为地方收入的主要来源。我国很早就开始征收房产税，由于房产税的一些特点，有很多学者主张将其打造成新地方税主体税种。

从地方税主体税种选择的相关理论看，房地产税符合作为地方主体税种的基本条件：第一，税基、收入稳定。房产税的征税对象是房产，流动性差，因此税基比较稳定。另外，不管是从存量角度还是增量角度，房地产往往比一般商品具有更强的经济波动承受能力，同时"稳房价"是我国当前房产市场的主基调。第二，符合收益原则。通过征收房产税，地方政府可以在一定程度上收回前期投资，并借此改善地方财政情况和公共服务水平。根据蒂伯特（Tiebout）的"用脚投票"理论，理性经济人会在全国范围内选择所享受的公共服务与所缴纳税款最优组合的地区，在房产本身不具有明显差异性的前提下，房产价值往往会随着周边基础设施、交通、医疗等政府公共服务水平的提高而提高。第三，便于征管。房产税的征管具有一定的难度，与中央政府相比，地方政府在信息掌握、征管成本等方面都具有天然的优势。考虑到房产税计算方法的专业性和流程的复杂性，地方政府的信息优势将大大降低征管成本和税款流失的风险。

由于房地产税的诸多优势，因此对我国现有房产税进行改革，完善房地产税，从而将其打造为地方主体税种固然是一个良好的选择。但结合我国当前国情，本书认为，短期内房产税并不具备成为地方主体税种的条件。首先，从房产税收入来看，合计计算房产税和城镇土地使用税占地方税收收入的比例一直维持在7%左右，不足以支撑地方财政需求。其次，不管是从税制建设还是配套制度上看，全面开征房地产税的条件都不够成熟，如我国现行房产税计税依据为房产原值或租金收入，没有将时间价值和增值部分考虑在内，因此增值部分无法直接体现在税收收入上。最后，正是基于以上原因，党的十八届三中全会才提出对房地产税的改革要实时推进，而2017年11月7日时任财政部部长的肖捷在《党的十九大报告辅导读本》发文时亦指出"按照立法先行、充分授权、分步推进的原则，推进房地产税的建设"。这些都表明开征并改革房地产税将是一个不争的事实，但"适时"而不是"加快"、"分步"而不是"快速"的基调都显示出短期内改革房地产税的条件依然不够成熟。

3. 消费税作为地方主体税种的改良设计

综上，虽然资源税和房地产税都具有成为地方税主体税种的合理性，但资源税的财政收入贡献率明显偏低，房地产税在未来一段时间内实施条件不够成熟。综合消费税作为地方税主体税种的优势及其短期内可以进行适当改革以缓解地方财政缺口、完善地方税体系建设的现实路径，对消费税进行一些改良将其作为接下来一段时间内地方税主体税种，成了不二选择。

消费税收入占税收总收入比重稳定在10%左右，离营业税作为地方主体税种的30%的占比尚有一定距离，因此可以在对消费税自身进行改革的同时将其与车船购置税合并，打造成新消费税。

本书主张将车辆购置税并入消费税并划入地方税体系的主要理由为：首先，我国车辆登记注册制度相对比较成熟，因此在最终消费环节征税、在车辆登记注册地纳税可以更加有效地发挥地方政府对税源的管控，降低征税成本；其次，车辆的购置和使用往往出现在同一地区，车辆购置税不归地方而因车辆使用行为造成空气污染、交通阻塞等问题由地方买单的话，明显不符合受益原则；最后，从收入额度上看，2018年我国车辆购置税收入为3452.53亿元，同比增长4.98%，在税基较为稳定的情况下，将车辆购置税划归地方，与消费税进行合并，无疑对缓解"营改增"后地方财政缺口增大、缺乏主体税种的现状有着相当大的作用。

按上述方案将消费税和车辆购置税进行合并后，经过数据测算（见表

8 - 6）可以得出，与当年地方税收收入相比，消费税收入占比在14%左右，车辆购置税收入占比在4.5%左右，将二者合并成为新消费税其收入占比可达到19%左右。同时考虑到车辆购置税在我国的稳步增长、消费税的扩围等因素，这一比重还将不断提高，其带来的财政收入对于缓解地方财政缺口的作用相当明显。更为重要的是，合并后的新消费税符合地方税收益原则，对征管效率的提高、地方政府主动性和积极性的发挥有重要带动作用。

表 8 - 6　新消费税收入测算

年份	地方税收收入（亿元）	车辆购置税收入（亿元）	占比（%）	消费税收入（亿元）	占比（%）	新消费税收入（亿元）	占比（%）
2012	47,319.08	2228.91	4.71	7875.58	16.64	10,104.49	21.35
2013	53,890.88	2596.34	4.82	8231.32	15.27	10,827.66	20.09
2014	59,139.91	2885.11	4.88	8907.12	15.06	11,792.23	19.94
2015	62,661.93	2792.56	4.46	10,542.16	16.82	13,334.72	21.28
2016	64,691.69	2674.16	4.13	10,217.23	15.79	12,891.39	19.93
2017	68,672.72	3280.67	4.78	10,225.09	14.89	13,505.76	19.67
2018	75,954.79	3452.53	4.55	10,631.75	14.00	14,084.28	18.54

资料来源：国家统计局官网。

五、地方税体系构建视角下的我国《消费税法》立法建议

《消费税法（征求意见稿）》的发布，标志着我国消费税立法工作进入实质性阶段。然而《消费税法（征求意见稿）》中的许多规定都与学界的期望相差甚远。在前文论述的基础上，本书接下来分别从征税范围、税率和征收环节几个方面对我国即将出台的《消费税法》提出一些立法建议。

（一）扩大征税范围

1. 应税商品的范围

当前，消费税不仅承担着筹集财政收入的功能，更是被赋予了强化生

态保护、调整产业结构的期望，为了这些功能的更好发挥，对现行消费税应税商品进行扩围已成必然之势。社会形态的不断变化使得一些消费品的品质属性也随之改变，我国消费税对15个税目进行征税，其中某些税目已经从传统意义上的奢侈品转变为一般生活品或生活必需品，如小汽车、摩托车等，而一些传统意义上的高档品也成了新型的奢侈品，如私人飞机、私人游艇等。本书对消费税应税商品扩围的建议为：第一，将更多的高耗能、高污染产品纳入征税范围，如一次性塑料袋、含磷洗衣粉、含氟利昂产品等；第二，将更多的高档奢侈品纳入征税范围，如私人飞机、高档皮包、实木家具、高档皮草制品等；第三，将高档住宅纳入征税范围。与普通住宅相比，高档住宅在容积率、配套设施、成本溢价、装修豪华度等多方面都有着明显的提升，且消费群体具有明显的收入弹性小、需求弹性小的特点。

2. 将部分服务产品纳入征税范围

消费税的实质是就特定产品在最终消费环节进行征税。产品在形态上天然性地分为有形产品和无形产品两种形态，无形产品一般指的是服务产品。我国现行消费税并未将服务产品纳入征税范围。"营改增"之前，服务业主要缴纳营业税。营业税可以分行业设定多级税率，特定行业如娱乐业一直适用高于其他行业数倍的税率。不同于营业税，增值税追求税率的简化与统一，故而有必要通过消费税扩围这一渠道对某些服务产品实现流转税的量能课税、公平征收。

在应税服务产品的确定上，要对生活性服务业和生产性服务业进行区分：生活性服务业没有经过生产环节而直接在消费端实现同步，其符合消费税的课税原则；而生产性服务业的最终产品是相关制造业的中间投入要素，不符合消费税课税原则。在消费税应税服务产品的具体选择上，要结合消费税功能之定位，分为三类：第一类是超出一般消费水平的高档服务产品，如高档医疗保健、高档休闲服务等；第二类是高耗能、高污染类服务产品，如高档洗浴、高档餐饮等；第三类是可能引发超前消费、过度消费的服务产品，如高档装修、高级家政等。

（二）调整税率

1. 建立税率动态调整机制

从国务院公布的《消费税法（征求意见稿）》所确定的《消费税税目税率表》可以发现，我国消费税税目、税率采取了固定的形式，没有直接设置浮动区间。根据其他国家或地区的经验，大部分都对消费税征税税率采取了动态调整机制。设置税率动态调整机制，一方面可以使消费税更加具有灵活性和时代适应性。国家和社会的经济发展阶段、币值稳定状况、通货膨胀水平往往是多变的，而《消费税法》出于稳定性原则又不能频繁进行修改，设置动态税率机制，从法律上授权国务院、相关部门在机制内的调整权限是比较好的选择。另一方面，作为幅员辽阔的大国，我国各地区之间的经济社会发展水平存在差异，就各地区实际情况设置不同层次的税率水平既可以调动起地方发展的积极性，也有助于消费税功能的最大限度发挥。

另外，对于同一类应税消费品，应当根据更为科学的标准设置不同的税率标准。如我国对烟草征收消费税，其主要目的是出于对健康危害品的消费抑制。按现行消费税法，卷烟从分类上按照价格标准分为甲类卷烟和乙类卷烟，这种分类不利于消费税功能的发挥。烟草对于健康的危害程度很大一个原因在于其尼古丁或焦油含量的不同，如果按照尼古丁或焦油含量的差异化设置不同的税率可能更为科学合理。

2. 对现有消费税税率进行优化

之所以称《消费税法（征求意见稿）》基本是对《消费税暂行条例》的平移，一方面是因为意见稿大量保留了暂行条例的条文；另一方面意见稿在税目、税率设置上也没有作出重大变更。这种立法路线虽然有利于稳定宏观税负，实现税制改革的平稳落地，但在立法的前瞻性上难免有些不足。《消费税法》应当对部分产品进行税率优化，本书具体建议为：第一，提高部分消费品的税率。一是烟草类应税消费品，根据测算，我国烟草类消费品税率在45%左右，与国际上65%—70%的平均水平还有一定的距离，烟草作为有损健康的消费品，我国应该借鉴国际经验提高税率，进一步限制该类消费；二是资源类商品，如我国对实木地板的消费税征税税率为5%，过低的税率在抑制消费、保护生态资源上略显乏力，应该提高税率。第二，降低部分消费品税率。以酒类产品为例，因为酒类产品的过度消费会损害健康，根据《税目税率表》，我国对于酒类产品征收消费税。酒类产品分为四个子税目，分别为白酒、黄酒、啤酒（啤酒又细分为甲类啤酒、乙类啤酒）和其他酒，根据分类的不同设置了不同的税率。但是酒类产品有酒精度含量高和含量低的区分，很多国家都根据酒精度含量的高低设置了不同的消费税税率标准。如澳大利亚对低于1.15%酒精度的啤酒，免税；对大于等于1.15%低于3%酒精度的啤酒，税率为7.51澳元/升；而对大于等于3.5%酒精度的啤酒税率则为30.86澳元/升。我国也同样应该对一些低度酒、保健酒等降低甚至免征消费税。第三，合理设置扩围后的消费品税率。对于扩围后的普通消费品，如一次性消耗品可以参照相近税目的税率水平进行设置。对于扩围后的高档消费品和服务产品，由于其消费动机已经摆脱了基本生存需要，更多的是出于对高品质生活的追求和享受，是消费的高级形式，因此对这部分应税品的税率设置可以适当提高，并以从价计征为主的方式进行税款征收。

（三）后移征收环节

2019年10月，国务院印发的《实施更大规模减税降费后调整中央与地方收入划分改革推进方案》明确："后移消费税征收环节并稳步下划地方，并先对高档手表、贵重首饰和珠宝玉石等条件成熟的品目实施改革。"同时《消费税法（征求意见稿）》也赋予了国务院进行消费税改革试点的权限，而试点内容也将涉及对消费税征收环节的后移。由此，我国已经就消费税征收环节改革作出了一定的制度性安排，消费税征收环节后移将在消费税改革工作中扮演重要角色。

通过对消费税应税税目的扩围，尤其是扩围到服务业，消费税征收环节后移的必要性和优势更加明显。首先，就服务来讲，由于其生产和消费环节几乎是同步的，即其生产过程和消费过程集中在一个环节，因此其自然适合在消费环节进行消费税的征收。其次，由于营业税和增值税的影响，我国地方政府长期热衷于招商引资，而忽视了对地区产业结构的调整和居民可支配收入的关注。在消费环节征收消费税，能够改变地方政府对一些应税消费品产业的过度依赖。如我国烟草生产多集中在西南地区，因此当地政府往往会对这类企业进行一定扶持和依赖，若将烟草消费税征收环节后移至批发或零售环节，则有利于解决这一问题。最后，消费税实质是对特定消费品消费行为的征税，在消费端征税更契合其税制原理，而且在消费环节征收能够明显减少税基侵蚀程度，让税负通过价格传导机制更为直观地体现在应税品目的价格上。

显然，一个不容逃避的问题是，与消费税征税环节后移相伴而来的必然是纳税人数量的激增、征管难度的加大及征收成本的大幅提高。对此，我们主张应秉承立足实际、有序推进、逐步后移的原则，根据应税品目的不同而区别对待。

在消费税各类应税商品中，烟、酒、油及汽车的税收收入贡献率达到90%以上，因此这四类产品的征收环节后移问题应做重点考虑。首先，对于成品油来说，全国炼油厂数量比较有限，且分布较为集中，在生产环节征税能够以较低的征收成本实现征税目标，但如果转移到零售环节，纳税人数量将成几何式地增长，征管难度大幅提升。因此，成品油消费税现阶段宜继续保持在生产环节。其次，对于烟酒类，我国对烟草实行生产环节征收消费税并在批发环节加征的做法，对于酒类则在生产环节征收。由于我国实行严格的烟草政府管控制度和较为严格的酒类管控，因此对于烟酒类消费品可以在批发环节进行征收，这样既可以降低征管成本又可以发挥消费税的调节功能。最后，对于汽车品目。由于我国有较为完善的特殊动产登记制度，故而我们主张小汽车消费税可全部转移到零售环节进行征收。

六、结论与展望

消费税法律制度改革，既涉及中央和地方财政关系的调整，又与地方税体系的构建与完善密切相关，可谓深化财政体制改革的关键举措。围绕地方税体系构建对消费税制改革问题进行研究，既能够为消费税改革指明方向，使之更加合理，又能够借消费税制改革使我国地方税税收体系不断完善。从完善地方税体系的角度，消费税改革需要重点把握三个方面：地方税收立法权的授予、地方税收保障机制的构建和地方主体税种的选择。基于前文的系统论述，本书认为，将消费税作为地方主体税种，赋予地方就税目、税率等一定的立法调整权限，借助现代信息手段完善地方税收保障体系，应成为接下来的改革方向。在消费税立法中，现行公布的《消费税法（征求意见稿）》还有诸多不完善之处，应从税目、税率、征收环节等方面作出全面优化。总之，对于消费税制改革的研究，鲜有学者专门从地方税体系构建的角度进行系统分析，本书将二者进行深度结合，以期能够为我国消费税法律制度改革及完善地方税体系的路径选择贡献一份力量。